현 우 경 上

깨달음의 경전 3

현우경 上

몽산 관일 번역

현우경을 번역하면서

역자가 처음 접한 현우경은 동국 역경원에서 번역 간행한 한글 대장경이었습니다. 그 때까지 해인사 통도사 강원을 오가며, 조사 스님들의 어록과 화엄경 등, 대승경전만 공부하던 역자가, 아함부의 경전과 본연부의 경전을 읽으면서, 미지의 부처님 가르침에 매료 되었습니다. 동국 역경원에서 정년퇴직을 한 저는 본연부의 경전 가운데, 가장 매력적인 현우경 • 잡보장경 • 찬집백연경 등을 새로 번역하여 불은에 보답하고, 또 저를 오늘이 있도록 가르치시고 방향을 제시해 주신 은사 스님의 은혜에 보답하려고 서원하였습니다.

이 경전을 새로 번역하면서, 고려 대장경을 저본으로 번역한 한글 대장경의 현우경은 전 13권 62품인데, 역자는 송본 원본 명본을 참조하여, 고려 대장경에 누락된 7품을 더 실은 신수대장경에서 그 7품을 번역하여 신수대장경의 체재대로 전 13권 69품을 실었습니다. 현우경•잡보장경•찬집백연경은 불경 중에서 등장인물과 줄거리와 주제가 분명한 점 등, 문학성이 짙고, 내용이 일반적인 인과응보 사상을 나타내면서도, 불교의 최고 이상인 인간의 행복을 추구하고 있기 때문입니다. 또 위의 세 경전은 이야기의 보고로서, 중복된 내용이 몇 가지가 있지만 위의 불경에 없는 이야기는 세상의 어떤 책에도 없다는 사실 때문입니다.

실례로 '성을 메운 흙비'•'아라한의 고통'•'유리신발'•'명판관 아파라제목카'•'천 가지 이야기' 등은 '소돔과 고모라'•'오이디푸스비극'•'유리구두'•'명판과'•'아라비안나이트'와 배경과 주인공이 다를 뿐 줄거리와 주제가 엇비슷한 것으로 보아 불경이 이야기의 보고임을 증명하고 있기 때문입니다.

불경을 제외한 모든 책의 내용은 인간이 인간의 행복을 추구한다는 미명 하에 눈앞에 전개된 현상, 그것에 매달린 욕망의 노예가 되어, 불행의 무덤을 스스로 파는 것이 대부분이지만, 부처님의 가르침은 그 어디에도 행복을 추구하기 위해 현상적인 욕망을 부추겨 인생을 불행의 나락으로 이끌거나 현상의 자연 상태를 파괴하는 내용은 그 어디에도 없습니다. 이것이 불경이 지닌 최대의 도덕성이며, 인류의 삶을 가장 값지고, 인류의 생활을 가장 행복하고, 인간답게 살도록 가르친 지남입니다.

위의 세 불경을 가급적 원문에 충실하게 번역하려고 노력했으나, 부득이 한 경우 한문의 문법에 얽매이지 않고, 누구나 읽어서 이해가 될 수 있도록 번역하였으나, 부득이 번역하지 못한 어려운 말은 본문 끝에 풀이를 붙였습니다.

이 경전을 내는 데 많은 도움을 주신 선지 스님과 이수림님, 그리고 (주)은성프린터스 차준은 회장님과 직원들, 김경만님, 김재식님 가족에게 불은이 충만하시기 바랍니다.

불기 2551년 2월 1일

역 자 돈수

차 례

현우경 上

현우경

1권

설법을 청하다

저는 이와 같이 들었습니다.

부처님께서 마가다국의 선승도량善勝道場에서 처음으로 부처님이 되셔서 생각하셨습니다.

'중생들은 미욱하여 그물에 걸리고 삿된 소견에 빠져 교화하기 어렵구나. 내가 이 세상에 오래 살더라도 아무 이익이 없을 것이다. 차라리 남김이 없는 열반에 드는 것만 못하겠구나.'

그 때에 범천왕이 부처님의 생각을 알고 곧 하늘에서 내려와 부처님께 나아가 땅에 엎드려 예배하고 꿇어 앉아 합장하고 간청하였습니다.

"세존이시여, 법을 펴시고 열반에 들지 마시옵소서."

부처님께서 대답하셨습니다.

"범천왕님, 중생들은 번뇌에 덮여 세상의 쾌락만 즐기니 지혜가 없소. 비록 내가 세상에 머물러 가르치더라도 그 공이 헛될 것이오. 내 생각 같아서는 열반만 즐거울 것 같소."

범천왕은 다시 땅에 엎드려 사뢰었습니다.

"세존이시여, 지금 법 바다는 가득 찼고 법 깃대는 섰습니다. 중생을 인도하여 건지실 때는 바로 지금입니다. 또 중생들 가운데 제도할 만한 이도 적지 않은데, 어찌하여 세존께서는 열반에 드셔서 저 중생들로 하여금 영원히 그 보호함을 잃게 하려 하시옵니까?

세존께서는 과거 무수한 겁에 항상 중생을 위하여 법약法藥을 캐어 모으실 적에, 한 구절의 시를 듣기 위하여 몸과 처자妻子를 보시하지 않으셨습니까? 그러하온데 어찌하여 그것을 생각하시지 않으시고 버리려 하시옵니까?"

청법 하나

옛날에 묘색妙色왕은 덕이 견줄 데 없고, 백성들을 잘 보호해서 풍성하고 즐겁기가 끝이 없었습니다. 그 때에 왕은 생각하였습니다.

'나는 지금 중생들에게 재물로써만 베풀고, 어떤 도리로써 가르쳐 그들을 행복하게 하지는 못한다. 이것은 내 허물이다.

얼마나 안타까운 일인가? 지금 견실한 법을 구해 그들을 모두 해탈하게 하리라.'

그는 곧 잠부드비파 안에 명령을 내렸습니다.

'누구든지 세상의 이치를 알고 있어, 나를 위해 설명하는 분이라면 그 분이 필요한 것을 물어, 조금도 어기거나 거역하지 않겠습니다.'

사방으로 두루 찾아보았으나 아무도 응하는 사람이 없자, 왕은 매우 근심하고 슬퍼하였습니다. 그 때에 바이슈라마나毘沙門왕은 이런 사실을 알고, 그를 시험해 보려고, 곧 몸을 야차로 변화시켰습니다. 얼굴빛은 검푸르고 눈은 피처럼 붉으며 날카로운 이빨은 위로 뻗고 머리털은 곤두서고 입으로는 불을 뿜으면서 궁문 앞에 와서 말하였습니다.

'누가 법을 듣고자 하는가? 내가 그를 위해 법을 말하리라.'

왕은 이 말을 듣고 기쁨을 이기지 못하고 몸소 나가 맞이하여 예배한 뒤에 높은 자리를 만들어 앉게 하였습니다. 그리고 곧 대신들을 모아, 앉을 사람은 앉고 설 사람은 선채 법을 듣고자 하였습니다.

그 때에 야차는 다시 왕에게 말하였습니다.

'법을 배우기란 어려운 일, 어떻게 보답도 없이 법을 들으

려 하는가?'

왕은 합장하고 말하였습니다.

'법을 말씀하시면 무엇이든 필요한 것은 다 바치겠습니다.'

'그대의 사랑하는 처자를 내가 먹게 주면 그들을 먹고 법을 말하겠다.'

왕은 사랑하는 부인과 아들 중에서도 가장 훌륭한 아들을 주어 야차에게 먹게 하였습니다. 야차는 그것을 받아 여럿이 보는 앞에서 삼켜 버렸습니다. 여러 왕들과 관리와 신하들은 왕의 그러한 행동을 보고, 괴로워 울고 땅에 뒹굴면서 그 일을 그만 두도록 왕에게 호소하였습니다. 그러나 왕은 법을 위하기 때문에 결심을 돌리지 않았습니다. 그 때에 야차는 그 부인과 태자를 다 삼키고 나서 왕을 위하여 시를 읊었습니다.

모든 현상은 덧없는 것이어서
태어나면 모두 다 괴로움 있느니라.
다섯 가지 쌓임 텅 비어 실상 없으니
나랄 것도 없고, 그리고 내 것이랄 것도 없네.

이 시를 읊자, 왕은 매우 기뻐하면서 조금도 후회하지 않고,

머리털만큼 가는 글자로 그것을 베껴 써서 사람을 시켜 잠부드비파 안에 돌려 모두 외우고 익히게 하였습니다. 그 때에 바이슈라마나왕은 본래 형상으로 돌아와 왕을 칭찬하였습니다.

'장하시고 놀랍습니다.'

물론 그 부인과 태자는 본래처럼 살아 있었습니다. 그 때의 그 왕은 지금의 부처님이십니다. 세존께서 옛날에는 법을 위해 그렇게 하셨거늘 어찌하여 지금은 중생들을 버리고 일찍 열반에 드시고 그들을 구제하려 하시지 않습니까?

청법 둘

또 세존께서는 오랜 과거 아승기 겁 전, 이 잠부드비파에서 건사니바리라는 이름으로 큰 나라 왕이 되셨습니다. 왕은 자비로워 일체를 가엾이 여겼으므로 백성들은 힘을 입었고, 곡식은 풍성하여 모두 왕의 은혜에 대해서 인자한 아버지를 우러르듯 하였습니다.

그 때에 왕은 생각하였습니다.

'나는 지금 제일 높은 왕의 지위에 있다. 백성들은 나의 나라 안에서 모두 행복하게 살고 있다. 그러나 이것만으로 나는 만족할 수가 없다. 오묘하고 보배스런 이치를 배워 저들을 이롭게 하여야 하겠다.'

이렇게 생각하고는 사신을 각 처에 보내어 명령을 내려 두루 알렸습니다.

'누구든지 오묘한 이치를 알고 있어, 나에게 설명해 주는 분이라면 반드시 필요한 것을 드리되, 그 분이 하고 싶어 하는 대로 따르겠습니다.'

그 때에 노도차라는 바라문이 궁전 앞에 와서 말하였습니다.

'나는 그러한 이치를 알고 있습니다.'

왕은 그 말을 듣고 매우 기뻐하면서 곧 나가 맞이하여 예배하고 좋은 자리를 펴서 앉게 한 뒤에 신하들과 함께 합장하고 아뢰었습니다.

'원컨대 대사는 어리석은 저를 가엾이 여기시고 오묘한 이치를 설명하여 그것을 듣고 알게 하소서.'

노도차는 다시 말했습니다.

'내가 아는 이치는 오랫동안 배우고 익힌 것이라 듣기가 쉽지 않았습니다. 어떻게 보답도 없이 지혜를 들으려 하십니까?'

왕은 대답하였습니다.

'필요한 것을 말씀하시면 무엇이든지 다 이바지 하겠습니다.'

노도차는 다시 말하였습니다.

'만일 대왕이 지금 몸에 천 개의 심지를 박아 등불을 켜서 시방의 성현들께 공양을 올리면 오묘한 이치를 말하겠습니다.'

왕은 그 말을 듣고 못내 기뻐하며, 하루에 팔만 리를 달리는 코끼리에 신하를 태워 온 잠부드비파에 두루 알리게 했습니다.

'건사니바리왕은 지금부터 이레 뒤에 오묘한 이치를 배우기 위하여 그 몸에 천 개의 심지를 박아 등불을 켤 것입니다. 보고 싶은 사람은 누구든지 오십시오.'

여러 작은 나라의 왕들과 모든 백성들은 이 말을 듣고 근심하면서 모두 왕에게 나아가 예배하고 아뢰었습니다.

'지금 이 나라에서 살아가는 백성들이 대왕을 의지해 사는 것은, 마치 장님이 길잡이를 의지하고, 어린애가 어머니를 의지하는 것과 같사온데 왕이 돌아가시면 저희들은 누구를 의지하겠습니까. 만일 몸에 천 개의 등불을 켜신다면 반드시 옥체가 온전치 못할 것입니다. 어떻게 그 바라문에게 가르침을 받기 위해 이 나라와 모든 백성을 버리려 하십니까?'

그 궁중에 있던 태자와 대신들은 말할 것도 없고 다른 이들도 모두 합장하고 위와 같이 호소하였습니다.

왕은 대답하였습니다.

'너희들은 부디 위없는 이치를 알고자 하는 나의 마음을 꺾지 말라. 나는 그렇게 함으로써 맹세코 부처가 될 것이요, 부처가 된 뒤에는 반드시 너희들을 먼저 제도하겠다.'

백성들은 왕의 뜻이 정당한 줄 알면서도 괴로워 울면서 땅에 쓰러졌습니다. 그러나 왕은 그 뜻을 고치지 않고 바라문에게 말하였습니다.

'지금 내 몸에 천 개의 등불을 켜소서.'

바라문은 곧 왕의 몸에 기름심지를 박았습니다. 사람들은 그것을 보고 기절하였다가 다시 일어나 땅에 쓰러지니 마치 큰 산이 무너지는 것 같았습니다.

왕은 다시 말했습니다.

'원컨대 대사는 나를 가엾이 여겨 먼저 오묘한 이치를 말씀하소서. 그리고 등불을 붙이소서. 혹 내 목숨이 먼저 끊어져 듣지 못할까봐 그러하옵니다.'

노도차는 곧 아래와 같은 시를 읊었습니다.

항상하다는 것들 죄다 없어지고
높은 데 있는 것은 반드시 떨어진다네.
만난 것은 반드시 떠나게 되며
태어난 이는 모두 다 죽네.

이 시를 마치고는 곧 불을 붙였습니다.

그 때에 왕은 매우 기뻐하면서 조금도 후회하는 마음이 없이 스스로 서원을 세웠습니다.

'나는 지금부터 진리를 구하여 불도를 성취할 것이다. 부처가 된 뒤에는 지혜의 광명으로써 중생들의 결박을 풀어주고 어둠을 비추어 깨닫게 할 것이다.'

이렇게 서원하자 천지가 크게 진동하여, 정거천淨居天의 궁전까지 모두 흔들렸습니다. 그들은 보살이 법공양을 짓되 그 몸을 태우며 목숨을 돌보지 않는 것을 보았습니다. 모두가 슬피 울며 허공을 덮고 내려오면서 흘리는 눈물이 마치 쏟아지는 비와 같았습니다. 그리고 하늘 꽃을 뿌려 공양을 올렸습니다. 그 때 제석천왕이 왕 앞에 내려와 갖가지로 칭송하면서 물었습니다.

'대왕은 지금 매우 고통스러워하십니다. 혹 마음에 후회하

는 일은 없습니까?'

'없습니다.'

'지금 왕의 몸을 보니 벌벌 떨면서 편치 못합니다. 후회가 없다고 스스로 말씀하지만 누가 그것을 믿겠습니까?'

왕은 다시 서원을 세웠습니다.

'내가 만일 처음부터 지금까지 마음으로 후회하지 않았거든 내 몸의 상처가 당장 나아지이다.'

이렇게 말하자 몸은 바로 회복되었습니다.

그 때의 그 왕은 바로 지금의 부처님이십니다. 세존께서 옛날에 그처럼 고통을 받으면서 진리를 구한 것은 모두 중생을 위하심이었사온데, 그 법을 지금 다 성취하시고도 어찌하여 저희들을 버리고 열반에 드셔서 일체 중생들로 하여금 영원히 큰 법의 광명을 잃게 하려 하시옵니까?

청법 셋

또 세존께서는 지난 세상 어느 때 잠부드비파에서 큰 나라의 임금이셨는데 이름은 비릉갈리였으며, 여러 나라와 팔만 사천 마을을 다스렸으며, 이만 명 부인과 오백 명 왕자와 만 명의 신하가 있었으며, 그 임금은 자비로워 백성들을 아들처럼 여겼습니다. 그 때에 왕은 마음으로 바른 법을 좋아하여, 곧 신하를 보내어 온 나라에 명령을 내렸습니다.

'누구든지 경전에 있는 진리로써 나를 위해 설명하는 이라면 반드시 그 분의 뜻을 따라 필요한 것을 공급하되 풍족하게 해드리겠습니다.'

그 때에 노도차라는 바라문이 궁전 문 앞에 와서 말하였습니다.

'나는 큰 진리를 알고 있다. 누구나 듣고자 하면 나는 말하리라.'

왕은 이 말을 듣고 기쁨을 이기지 못하고 몸소 나가 맞이하여 머리를 발에 대어 예배하고 안부를 물은 뒤, 궁전으로 모시고 가서 높은 자리에 앉게 하고는 합장하고 아뢰었습니다.

'원컨대 대사께서는 저를 위해 설법해 주소서.'

'내가 아는 진리는 사방을 돌아다니면서 여러 해를 수고하여 얻은 것입니다. 대왕은 어떻게 그것을 보답도 없이 들으려 하십니까?'

왕은 합장하고 말하였습니다.

'분부하시면 필요한 것 일체를 대사께 바치되 아까워하지 않겠습니다.'

노도차는 곧 말하였습니다.

'만일 왕의 몸에 쇠못 천 개를 박아 시방의 성현들께 공양을 올리면 설법하겠습니다.'

'지금부터 이레 뒤에 그렇게 하겠습니다.'

그 때에 왕은 곧 사람을 보내어 하루 팔만 리를 달리는 코끼리를 타고, 온 잠부드비파 안에 두루 알리게 했습니다.

'비릉갈리 대왕은 지금부터 이레 뒤, 그 몸에 쇠못 천 개를 박아 시방세계 성현들께 공양을 올리려합니다. 참관하고 싶은 사람은 누구나 다 오십시오.'

신하와 백성들은 그 말을 듣고 구름처럼 모여 와서 왕에게 아뢰었습니다.

'저희들은 멀리 사방에 있으면서 왕의 은덕을 입고 모두 편히 살아가고 있습니다. 원컨대 대왕은 저희들을 위하여 그 몸을 상하게 하시지 마소서.'

궁중의 왕후 · 궁녀 · 태자 · 대신들이 모두 모여 한꺼번에 왕에게 호소하였습니다.

'원컨대 대왕은 저희들을 생각하셔서 진리를 배우시려고, 온 국토와 백성을 버리지 마소서.'

'나는 오랫동안 나고 죽는 동안에 수없이 몸을 버렸다. 탐욕과 성냄과 어리석음 때문에 버렸으니, 그 백골을 헤아리면 수미산보다 높을 것이요, 머리를 베어 흘린 피는 다섯 강물보다 많을 것이며, 울면서 흘린 눈물은 네 바다의 물보다 많을 것이다. 이런 갖가지 일이 있었지만 그것은 헛되이 목숨을 버린 것이요, 진리를 위한 것은 아니었다. 나는 지금 내 몸에 쇠못을 박아 공양을 올림으로써 부처님께서 가르치신 진리를 구하는 것이니, 부처가 된 뒤에는 지혜의 날카로운 칼로 너희들의 번뇌의 줄을 끊어 버릴 것이다. 그런데 어찌하여 나의 불도를 구하는 마음을 막으려 하는가.'

여러 사람들은 잠자코 말이 없었습니다. 이에 왕은 바라문에게 말하였습니다.

'원컨대 대사는 은혜를 베풀어 먼저 설법하신 뒤에 못을 박으소서. 혹 내 목숨이 먼저 끊어지면 불법을 듣지 못할까 염려되옵니다.'

그 때에 노도차는 곧 다음 시를 말하였습니다.

일체는 다 덧없는 것이며
태어나면 다 괴로움 있느니라.
모든 법은 공하여 실체 없나니
진실로 내가 가질 것 아니네.

이런 시를 마치고 곧 몸에 쇠못 천 개를 박았습니다. 여러 작은 나라의 왕과 신하들과 대중들이 땅에 쓰러지는 것이 마치 큰 산이 무너지는 것 같았고, 땅에 뒹굴고 울면서 사방을 분별하지 못하였습니다. 그 때에 천지는 여섯 가지로 진동하였는데, 욕계와 색계의 여러 하늘 사람들은 그 이유를 괴상히 여겨 모두 내려다보다가, 보살이 법을 위해 그 몸에 못을 치고 아파하는 것을 보고는 한꺼번에 울어 그 눈물이 마치 쏟아지는 비와 같았습니다. 그리고 하늘 꽃을 뿌려 공양을 올렸습니다.

그 때에 제석천왕은 왕 앞에 나아가 물었습니다.

'대왕이 지금 불법을 위하여 고통을 싫어하지 않는 것은 소원이 있으시기 때문입니다. 무엇을 구하려 하십니까? 제석천왕이나 전륜왕이 되려 하십니까? 마왕이나 범천왕이 되기를 원하십니까?'

'저의 소원은 이 세상의 즐거움을 구하는 것이 아닙니다.

이 공덕으로써 불도를 구하는 것입니다.'

'왕은 지금 몸에 상처가 나서 고통이 심하십니다. 과연 후회하는 마음이 없습니까?'

'없습니다.'

'지금 왕의 몸을 보니 스스로 가누지 못하는데, 후회함이 없다고 말하지만 무엇으로 증명하겠습니까?'

왕은 곧 서원을 세웠습니다.

'만일 내가 지극한 정성으로써 후회하는 마음이 없으면 지금 내 몸은 본래처럼 회복되어 지이다.'

이렇게 말하자 몸은 곧 회복되었습니다. 하늘 사람들과 사람들은 한량없이 기뻐하며 뛰었습니다.

'세존이시여, 지금 불법의 바다는 가득 찼고, 공덕은 모두 갖추어졌습니다. 그런데 어찌하여 일체 중생을 버리고 빨리 열반에 들어 설법하려 하시지 않으십니까?'

청법 넷

“또 세존이시여, 먼 옛날 한량없는 아승기 겁 이전에 이 잠부드비파에 큰 나라 왕이 있었는데, 이름은 범천왕이라 하였고, 그 태자 이름은 담마감이라 하였습니다. 태자 담마감은 바른 불법을 좋아해 사람을 보내어 사방으로 불법을 아는 이를 두루 찾았으나 찾지 못하여 근심하고 번민하였습니다. 제석천왕은 그 지성을 알고 바라문으로 변하여 궁문으로 나아가 말하였습니다.

‘나는 불법을 안다. 누구라도 듣고자 한다면 설명해 주겠다.’

태자는 이 말을 듣고 곧 나가 맞이하여 머리를 발에 대어 예배하고 궁전으로 모시고 가 좋은 자리를 펴고 앉게 한 뒤에 합장하고 아뢰었습니다.

‘원컨대 대사께서는 가엾이 여겨 설법해 주소서.’

‘배우는 일은 매우 어려워 오랫동안 스승을 찾아다녀야 얻어지는 것입니다. 태자는 어떻게 그것을 보답도 없이 들으려 하십니까? 그것은 이치적으로 옳지 못합니다.’

태자는 다시 말하였습니다.

‘대사께서 필요한 것을 분부하시면 내 몸이나 처자까지라

도 조금도 아까워하지 않고 드리겠습니다.'

바라문이 말하였습니다.

'만일 지금 태자께서 깊이가 열 길 되는 큰 불구덩이를 만들어 그 안에 가득히 불을 붙이고, 거기에 몸을 던지면 설법하겠습니다.'

태자는 그 말대로 큰 불구덩이를 만들었습니다. 왕과 왕후 · 궁녀 · 신하들은 그 말을 듣고 안절부절 못하며 모두 모여 태자궁으로 나아가 태자에게 충고하고 바라문에게 호소하였습니다.

'원컨대 저희들을 사랑하고 가엾이 여겨 태자로 하여금 불구덩이에 들어가게 하지 마시옵소서. 만일 필요하시다면 이 나라와 처자와 내 몸까지라도 드리겠습니다.'

바라문은 말하였습니다.

'나는 태자를 핍박하지 않았고, 다만 그 생각을 따른 것뿐입니다. 만일 그렇게 한다면 설법할 것이요, 그렇지 않으면 설법하지 않을 것입니다.'

사람들은 그 뜻이 견고한 것을 알고 모두 잠자코 있었습니다. 왕은 곧 사자를 보내어 하루 팔만 리를 달리는 코끼리를 타고 온 잠부드비파 안에 두루 알렸습니다.

'담마감 태자는 불법을 배우기 위하여 지금부터 이레 뒤에 불구덩이에 몸을 던질 것이다. 그것을 보고 싶은 이는 빨리 모여라.'

여러 작은 나라의 왕들과 사방 국경의 백성들까지 약한 이는 부축을 받아 가면서 구름처럼 모였습니다. 그들은 태자에게 나아가 꿇어앉아 합장하고 꼭 같은 말로 아뢰었습니다.

'저희 신하들은 태자님 우러르기를 부모처럼 하나이다. 만일 태자께서 불구덩이에 몸을 던지시면, 이 천하는 모두 부모를 잃고 믿을 곳이 없게 될 것입니다. 저희들을 가엾이 여기시고, 불법을 듣기위해 저희들을 버리지 마소서.'

'나는 오랜 옛날부터 나고 죽는 동안에 몸을 수없이 잃었다. 인간에서는 탐욕 때문에 서로 해쳤고, 천상에서는 수명이 다해 쾌락을 잃고 근심하고 괴로워했다. 또 지옥에서는 불에 타고 끓는 물에 삶기며, 도끼 · 톱 · 창 · 칼 · 칼산 속에서 하루 동안에도 헤아릴 수 없이 몸을 버렸는데, 마음과 골수에 사무치는 고통은 이루 말할 수 없었다. 아귀로 있을 때에는 온갖 독毒이 몸을 찔렀고, 축생으로 있을 때에는 뭇 입에 몸을 제공하였고, 무거운 짐을 지고 풀을 먹는 등 그 고통은 헤아리기 어려웠다. 그러나 그것은 부질없이 온갖 고통만 겪고 헛되이 신명만 버렸지, 일찍 착한 마음으로 불법을 위해 한 일은 아니었다.

나는 지금 이 냄새나고 더러운 몸으로써 불법을 위해 공양을 올리려 하는데, 너희들은 어찌하여 나의 위없는 도심道心을 꺾으려 하는가. 내가 이 몸을 버리는 것은 불도를 구하기 위함이다. 내가 불도를 이룬 뒤에는 너희들에게 법을 베풀 것이다.'

여러 사람들은 잠자코 있었습니다. 그 때에 태자는 불구덩이 위에 서서 바라문에게 아뢰었습니다.

'원컨대 대사는 나를 위해 설법하소서. 혹 내 목숨이 빨리 끝나면 불법을 듣지 못할까 걱정됩니다.'

바라문은 곧 다음 시를 읊었습니다.

언제나 사랑하는 마음을 실천하여
성내고 해치려는 생각 없애고
슬퍼하는 마음으로써 중생을 불쌍히 여겨
애태우며 비 오듯 눈물 흘려라.

따라서 기뻐하는 마음 길러
내가 법을 얻은 것 같이 하여라.

뜻으로써 중생을 구제하고 보호하면
그것이 바로 보살의 행이니라.

이 시를 마치자, 태자는 곧 불구덩이에 몸을 던지려 하였습니다. 그 때에 제석천왕과 범천왕이 각각 그의 한 손씩을 붙들고 말렸습니다.

'이 잠부드비파 안의 모든 중생들은 모두 태자님 은혜로 행복하게 살고 있습니다. 지금 태자께서 불구덩이에 몸을 던지면 온 천하는 그 아버지를 잃게 됩니다. 어찌 스스로 그 몸을 죽여 일체 중생을 버리려 하십니까?'

태자는 그 천왕들과 백성들에게 대답했습니다.

'어찌하여 나의 위없는 도심을 막으려 하는가.'

하늘 사람들과 사람들은 모두 잠자코 있었고, 태자는 곧 몸을 날려 불구덩이에 떨어졌습니다. 그 때 천지는 크게 진동하고 허공의 하늘 사람들은 한꺼번에 울부짖어, 그 눈물이 마치 쏟아지는 비와 같았습니다. 불구덩이는 갑자기 연못으로 변하고 태자는 그 못 속의 연화대蓮花臺에 앉아 있었고, 하늘 사람들이 뿌린 꽃은 태자의 무릎에까지 이르렀습니다. 그 때의 그 범천왕은 지금의 부왕 정반왕이요, 어머니는 지금의 마야

부인이며, 태자 담마감은 바로 지금의 세존이십니다.

세존께서 그 때에 그처럼 법을 구하신 것은 중생을 구제하기 위해서였습니다. 지금은 그 소원이 이미 성취되었사오니, 마땅히 저 불법에 목마른 무리들을 적셔주셔야 할 것입니다. 그런데 지금은 어찌하여 저들에게 설법하지 않으시고 열반에 들려 하시옵니까?"

청법 다섯

"또 세존이시여, 과거 한량없는 아승기겁 이전에 바라나시에는 오백 명 선인이 있었고, 울다라라는 그들의 스승이 있었습니다. 그는 항상 바른 불법을 사모하여 공부하려고 사방으로 그 스승을 찾아 온 나라에 두루 알렸습니다.

'누구든지 바른 불법을 알고 있어 나를 위해 설명해주면 그분이 하고 싶어 하는 것은 죄다 반드시 이뤄지도록 하겠습니다.'

어떤 바라문이 와서 말하였습니다.

'나는 바른 불법을 알고 있다. 누구나 듣고자 한다면 설법하리라.'

그 때에 그 선인 스승 울다라는 합장하고 아뢰었습니다.

'원컨대 저를 가엾이 여겨 그 불법을 설명해주소서.'

바라문은 말하였습니다.

'불법을 아는 일은 매우 어려워 오래 고행하며 수행해야 얻어지는 것, 어찌하여 너는 보답도 하지 않고 그것을 들으려 하는가. 그것은 이치에 맞지 않다. 그대가 만일 지성으로 불법을 얻으려 하거든 마땅히 내 분부를 따르라.'

선인은 아뢰었습니다.

'대사님 분부를 어찌 감히 거역하겠습니까!'

바라문은 말하였습니다.

'만일 네가 지금 피로써 내 불법을 받아쓰면, 너를 위해 설법하리라.'

울다라는 이 말을 듣고 기뻐 뛰면서 불법을 위해 곧 왼손의 네 손가락 끝을 잘라 피를 받아 붓을 들고 우러러 아뢰었습니다.

'지금이 바로 그 때입니다. 원컨대 빨리 설법해주소서.'

바라문은 곧 다음 시를 말하였습니다.

항상 몸의 행동 잘 단속해
살생과 도둑질과 음행을 하지 말고
이간질과 나쁜 말 하지 말고
거짓말과 비단결 같은 말 하지 말라.

마음으로써 온갖 것 탐하지 말고
성내거나 독한 생각 가지지 말고
온갖 삿된 소견을 버린다면
그것이 바로 보살행이니라.

이 시를 마치자 울다라는 곧 받아써서, 그것을 사람을 보내어 잠부드비파 안의 모든 사람들로 하여금 베껴 쓰게 하고 읽고 외워 그대로 수행하게 하였습니다. 그 때에 세존께서는 중생을 위해 이같이 불법을 구하되 마음에 조금의 후회도 없었습니다. 그런데 지금은 어찌하여 일체 중생을 버리고 열반에 드셔서 설법하지 않으려 하십니까?"

청법 여섯

"또 세존께서는 오랜 옛날 아승기 겁 이전에, 이 잠부드비파에서 시비라는 이름의 큰 나라 왕이 되셨습니다. 왕이 있는 성 이름은 제바발제로서 한량없이 풍성하고 즐거웠습니다. 그 때 제석천왕은 다섯 가지 공덕이 몸에서 떠나 그 목숨이 끝나게 되자 매우 근심하고 걱정하였습니다. 비수갈마는 그것을 보고 곧 나아가 아뢰었습니다.

'왜 슬퍼하고 얼굴에는 근심하는 빛이 있습니까?'

'나는 곧 죽을 것이다. 죽을 징조가 이미 나타났다. 지금 세상에는 불법이 이미 사라지고 또 큰 보살들도 없다. 내 마음은 어디에 귀의할는지 모른다. 그래서 근심하는 것이다.'

'지금 잠부드비파에 큰 나라 왕이 있어 보살도를 행하는데 이름을 시비라 합니다. 그는 뜻이 굳세고 훌륭하게 정진하니 반드시 불도를 이룰 것입니다. 거기 가서 귀의하시면 반드시 보호하고 재앙에서 구원해 줄 것입니다.'

제석천왕은 다시 말하였습니다.

'만일 그가 보살이라면 나는 먼저 그것이 진실인가 아닌가를 시험해 보리라. 너는 비둘기로 변하여라. 나는 매로 변하겠다. 그래서 나는 급히 네 뒤를 쫓고 너는 쫓기면서 그 왕에게 가서 보호를 구하라. 그것으로 시험하면 그의 진실여부를 알 수 있을 것이다.'

비수갈마는 말하였습니다.

'보살 대인에게는 괴로움을 주지 말고 공양을 올려야 합니다. 그런 어려운 일로 핍박할 것이 아닙니다.'

그 때에 제석천은 곧 다음 시를 말하였습니다.

> 나도 나쁜 마음으로 그러는 것 아니다.
> 순금은 반드시 확인해 보는 것과 같나니
> 그렇게 보살을 시험함으로써
> 지극한 정성 여부를 알 수가 있느니라.

이 시를 마치자, 비수갈마는 스스로 비둘기로 변하고 제석천왕은 매로 변하여 비둘기의 뒤를 급히 쫓으며 곧 잡아먹으려 하였습니다. 그 때 비둘기는 매우 황급히 대왕의 겨드랑이 밑으로 날아들어 왕에게 목숨을 의지하였습니다.

매는 곧 그 뒤를 쫓아 와서 궁전 앞 나뭇가지에 앉아 왕에게 말하였습니다.

'그것은 저의 밥인데 왕의 품에 안겨 있습니다. 빨리 저에게 돌려주십시오. 저는 매우 굶주려 있습니다.'

시비왕은 말하였습니다.

'나의 본래 서원은 일체 중생을 제도하는 것이다. 이것이 나에게 와서 의지하였다. 나는 결코 너에게 주지 않겠다.'

'대왕은 지금 일체 중생을 제도한다고 말씀하셨습니다. 만일 그 먹이를 놓치면 제 목숨은 끊어집니다. 저와 같은 무리는 일체 중생에 들지 않습니까?'

'만일 너에게 다른 고기를 주면 너는 먹겠는가?'

'다만 갓 잡아 따뜻한 기운이 있는 고기라야 먹습니다.'

왕은 생각하였습니다.

'지금 갓 죽인 따뜻한 고기를 구한다면 그것은 하나를 죽여 다른 하나를 구제하는 것이니 이치에 맞지 않다.'

왕은 다시 가만히 생각하였습니다.

'모든 짐승은 다 목숨이 있고, 그들은 다 스스로의 목숨을 아까워 하니, 내 몸의 살을 베어 주는 방법밖에 없구나.'

곧 날카로운 칼을 가져다 자기 다리의 살을 베어 그것을 매에게 주고 비둘기 목숨과 바꾸려 하였습니다.

그 때 매는 말하였습니다.

'임금님께서 시주가 되어 일체를 평등하게 보시니 제가 비록 조그만 새이지만 이치에 어긋나는 일은 하지 않습니다. 만일 임금님의 살로써 이 비둘기와 바꾸려고 하시면 저울로 달아서 무게가 같아야 할 것입니다.'

왕은 곧 좌우에 명령하여 빨리 저울을 가져오게 하여 양쪽에 그릇을 얹고, 비둘기를 가져다 한쪽에 놓고 벤 살을 다른 한쪽에 얹었습니다. 그러나 다리 살을 다 베어도 비둘기보다 가벼웠습니다. 그래서 다시 두 팔과 두 옆구리 살을 다 베었지만 여전히 비둘기 무게보다 가벼웠습니다. 그 때에 왕은 몸을 일으켜 저울판에 오르려 하였으나, 힘이 부대껴 발을 헛디디는 바람에 땅에 쓰러져 까무라쳤다가 한참만에야 깨어나 스스로 그 마음을 꾸짖었습니다.

'나는 오랜 옛날부터 너의 몸으로 말미암아 시달려 삼계를 윤회하면서 갖가지로 고초를 맛보았으나 아직 복을 짓지 못하였다. 그러니 지금은 정진하는 실행을 앞세울 때요, 게으를 때가 아니다.'

이렇게 자신을 꾸짖고는 억지로 일어나 저울판에 오르게 되었습니다. 그래서 마음으로 기뻐하면서 스스로 잘 하였다고 생각하였습니다. 그 때에 천지는 여섯 가지로 진동하고 모든 하늘 궁전들이 다 흔들렸습니다. 그리고 욕계의 여러 하늘 사람들은 한꺼번에 내려와, 보살이 어려운 행을 행하느라 칼로서 몸을 베면서, 마음으로써 큰 법을 기약하고 신명을 돌보지 않는 것을 허공에서 보고는 모두 한꺼번에 우니 쏟아지는 눈물이 비와 같았습니다. 그리고 하늘 꽃을 뿌려 그것으로써 공양을 올렸습니다. 그 때에 제석은 본래 형상으로 돌아와 왕 앞에 서서 말하였습니다.

'지금 누구도 따르기 어려운 그런 행동은 무엇을 구하려 하는 것입니까? 전륜성왕이나 제석천왕이나 마왕이 되려고 하는 것입니까? 삼계 가운데서 무엇을 구하고자 하는 것입니까?'

'제가 구하려는 것은 삼계의 영화로운 즐거움이 아닙니다. 제가 짓는 복의 갚음은 불도를 구하려고 하는 것입니다.'

'왕의 몸은 지금 칼로써 베어 그 고통이 골수에 사무칠 것입니다. 혹 후회하는 마음이 없습니까?'

'없습니다.'

'비록 없다고 말씀하지만 그것을 누가 알 수 있습니까? 지금 왕의 몸은 쉬지 않고 떨고 있으며, 말하는 기운이 끊어질 것 같습니다. 그러면서 후회함이 없다고 하시니 무엇으로 그것을 증명하겠습니까?'

왕은 곧 서원을 세웠습니다.

'내가 처음부터 지금까지 털끝만큼도 후회하지 않았으니, 내가 원하는 것은 반드시 그 결과를 얻을 것이다. 지성은 헛되지 않는 터, 내 말과 같다면 내 몸은 곧 회복 되어지이다.'

이 서원을 마치자 몸은 곧 회복되어 전보다 더 훌륭해졌습니다. 하늘 사람들과 사람들은 일찍 없었던 일이라 칭송하고 기뻐 뛰면서 어쩔 줄을 몰라 했습니다.

시비왕은 바로 지금의 부처님이십니다. 세존께서 옛날에 그처럼 한 마리의 비둘기를 위하여 신명을 돌보시지 않으셨습니다. 지금 법의 바다는 이미 찼고, 법의 깃대는 이미 섰으며, 법의 북은 이미 울었고, 법의 등불은 이미 밝았사오니, 중생을 제도할 때는 바로 이 때이옵니다. 그런데 세존께서는 어찌하여 일체 중생을 버리고 열반에 드셔서 설법하지 않으려 하시옵니까.

범천왕은 여래 앞에서 합장하고 찬탄하면서, 여래께서 전생에 중생을 위하여 법을 구한 실례 일 천 가지를 말하였습니다. 그 때에 세존께서는 범천왕의 청을 받아들이고, 곧 바라나시의 사슴동산으로 가셔서 법을 펴시니, 그로 말미암아 삼보가 처음으로 세상에 나타났습니다. 그 때에 하늘 사람과 사람 · 용 · 귀신 등 여덟 부류의 무리는 이 말을 듣고 모두 기뻐하며 실행하였습니다.

몸을 보시하다

저는 이와 같이 들었습니다.

어느 때 부처님께서 슈라바스티국의 제타 숲 외로운 이 돕는 절에 계셨습니다. 세존께서는 걸식할 때가 되어 가사를 입고 바루를 가지시고 아난다만 데리고 성에 들어가 걸식하셨습니다. 어떤 노모가 두 아들을 두었는데 그들이 남의 재물을 함부로 훔치자, 재물 주인이 그들을 붙들어 왕에게 나아가 재판에 부치니 왕은 그들에게 죄 값으로 사형을 명하였고, 왕은 그들을 사형집행인에게 맡겨 사형장으로 끌고 가 사형을 집행하도록 했습니다. 그 모자 세 사람은 멀리서 부처님을 뵈옵고, 이마로써 땅을 치며 애걸하였습니다.

"원컨대 천존天尊께서는 제 아들의 목숨을 이 위기에서 구제하여 주소서."

이렇게 애통하게 비는 모습은 차마 볼 수 없었습니다. 세존께서는 가엾이 여겨 곧 아난다를 왕에게 보내 그들을 살려주기를 간청하였고, 왕은 부처님 분부를 받고 그들을 곧 놓아 주었습니다. 그들은 그 화를 벗어나자 부처님 은혜에 감격하여 한량없이 기뻐하며, 곧 부처님께 나아가 땅에 엎드려 예배한 뒤 합장하고 사뢰었습니다.

"부처님의 자비와 은혜를 입사와 구제되어 목숨이 남았습니다. 원컨대 천존께서는 저희들을 사랑하고 가엾이 여겨 제자가 되도록 허락해주시옵소서."

"어서 오너라! 비구들아."

그들의 수염과 머리는 저절로 떨어지고 입은 옷은 가사로 변하였습니다. 그들은 공경하는 마음이 솟아나고 믿음은 더욱 굳어졌습니다. 부처님은 그들을 위해 설법하셨고, 그들은 온갖 번뇌가 아주 없어져 아라한의 도를 얻었으며, 그리고 그 어머니도 법을 듣고 아나가민이 되었습니다. 그 때에 아난다는 눈으로 직접 이 사실을 보고 일찍 없었던 일이라 칭송하면서, 여래의 여러 가지 덕행을 찬탄한 뒤에 여쭈었습니다.

"저 세 모자는 전생에 어떤 복을 지었기에 지금 세존을 만나 중한 벌을 면하고 열반의 안락을 얻었으며, 또 무슨 인연으로써 특별한 은혜를 입었습니까?"

"저 세 사람은 오늘만 내 힘을 빌려 살아난 것이 아니라 과거에도 내 은혜를 입어 죽음의 일보직전에서 살아나게 되었느니라."

"알고 싶습니다, 세존이시여. 과거 세상에서 저 세 사람을 살리신 일은 어떠하였습니까?"

"오랜 옛날 아승기 겁 이전에 이 잠부드비파에 큰 나라 왕이 있었느니라. 이름을 마하라단나라하였는데, 그는 작은 나라 오천을 다스렸으며, 그에게는 세 아들이 있었다. 첫째는 이름이 마하부나영이요, 둘째는 마하데바요, 셋째는 마하살타였다. 그 중에서도 막내아들은 어려서부터 자비를 실행하여 일체 중생을 가엾이 여겼느니라.

어느 날 왕은 신하들과 부인과 태자를 데리고 산으로 산책을 나갔다가 피곤해 조금 쉬고 있었다. 세 아들은 숲 속에서 놀다가, 호랑이가 새끼 두 마리에게 젖을 먹이다가 굶주림을 못 견뎌 그 새끼를 도로 잡아먹으려는 것을 보았다. 막내는 두 형에게 말하였다.

'저 호랑이는 바짝 말라 죽을 것 같습니다. 더구나 젖을 빨리고 있는데, 굶주림에 못 견뎌 그 새끼를 잡아먹을는지도 모르겠습니다.

두 형은 대답하였다.

'그렇구나.'

아우는 다시 물었다.

'저 호랑이는 지금 무엇을 먹을 수 있습니까?'

'갓 잡은 짐승의 더운 피나 고기라면 먹을 것이다.'

길을 걸으면서 아우는 또 물었다.

'혹 어떤 사람이 그것을 마련하여 저 목숨들을 구제하여 살도록 할 수 있겠습니까?'

'그것은 매우 어려운 일이다.'

막내는 가만히 생각하였다.

나는 오랜 옛날부터 나고 죽는 동안에 수없이 몸을 버렸지만 그것은 헛되이 버렸다. 탐욕 때문이었고, 혹은 성내고 어리석었기 때문이었고, 불법을 성취하기 위해서는 더욱 아니었다. 그런데 이제 복밭을 만났으니, 이 몸을 이대로 유지한들 무엇하겠는가!'

이렇게 결심하고 두 형에게 말하였다.

'형님들은 먼저 가십시오. 저는 볼 일을 좀 보고 곧 뒤따라 가겠습니다.'

이렇게 말하고는 오던 길로 달려가 호랑이 있는 곳에 이르러 그 앞에 몸을 던졌다. 그러나 굶주린 호랑이는 입을 다물고 먹지 못하였다. 그 때에 마하살타는 날카로운 나무꼬챙이로 자기 몸을 찔러 피를 냈다. 호랑이는 그 피를 핥다가 피를 어느 정도 먹은 뒤에야 입을 벌려 그 살을 먹었다. 두 형은 오래 기다렸으나 아우가 돌아오지 않자, 그 자취를 따라 찾아가면서 조금 전에 아우가 하던 말을 떠올렸다.

'아마도 그 굶주린 호랑이에게 몸을 주었을 것이다.'

언덕에 올라 내려다보니 마하살타는 이미 죽고 호랑이가 그것을 먹고 있는데 피와 살이 낭자하였다. 두 형은 그것을 보고 가슴을 치면서 땅에 쓰러져 기절했다가, 한참 뒤에 깨어났다. 울고 뒹굴며 정신을 잃고 까무라쳤다가 다시 살아나곤 하였다.

왕후는 꿈에, 세 마리 비둘기가 숲에서 놀고 있는데 매가 와서 그 작은 놈을 잡아먹는 것을 보았다. 왕후는 깨어나 놀랍고 두려워 왕에게 말하였다.

'상말에 비둘기는 자식이라 합니다. 지금 작은 비둘기가 잡아먹히는 꿈을 꾸었으니 우리 아이에게 무슨 불상사가 있는 듯합니다.'

곧 사람을 보내어 사방으로 찾아보았다. 오래지 않아 두 아들이 왔다. 부모는 그들에게 물었다.

사랑하는 막내 마하살타는 어디에 있느냐?'

두 아들은 목이 메고 가슴이 막혀 말을 하지 못하다가 한참 만에야 말하였다.

'제발로 걸어가서 호랑이에게 잡아 먹혔습니다.'

부모는 이 말을 듣고 땅을 치고 기절하여 정신을 잃었다가 한참 만에 깨어났다. 왕은 곧 두 아들과 부인과 궁녀들을 데리고 그 시체가 있는 곳으로 달려갔다. 그러나 이미 호랑이가 그 살을 다 먹고 해골만이 어지러이 땅에 흩어져 있었다. 어머니는 그 머리를 붙잡고 슬피 울부짖으면서 까무라쳤다가 다시 깨어나기를 몇 번이나 계속하였다. 마하살타는 목숨을 마친 뒤에 도솔천에 태어났다. 그는 생각하였다.

'나는 무슨 수행을 말미암아 여기 와서 이 갚음을 받았느냐?'

그는 트인 하늘눈으로 다섯 가지 세계를 두루 살펴보다가, 전생의 자기 시체가 아직도 산 속에 있고, 그 부모가 슬퍼하고 괴로워하는 것을 보았다. 그는 그 부모가 어리석어 사리를 분별하지 못하고 너무 슬피 울다가, 혹 거기서 목숨을 잃지 않을까 하고 가엾이 여겨, 그들이 마음을 돌릴 수 있도록 깨우쳐 주리라 결심하였다. 그는 곧 하늘에서 내려와 공중에 머물러 갖가지 말로 그 부모를 깨우쳤다. 부모는 쳐다보고 물었다.

'너는 어떤 귀신이냐? 말해보라.'

하늘 사람은 대답하였다.

'저는 바로 왕자 마하살타의 후신입니다. 저는 몸을 버려 굶주린 호랑이를 구제하였기 때문에 도솔천에 태어났습니다. 대왕님, 아소서. 모든 존재하는 법은 없음으로 돌아갑니다. 한 번 나면 반드시 마침이 있습니다. 악을 지으면 지옥에 떨어지고, 선을 실행하면 하늘에 나는 것입니다. 나고 죽음은 떳떳한 길이온데 지금 대왕님은 왜 홀로 근심 걱정과 번뇌의 바다에 빠져 있으면서, 온갖 선을 부지런히 닦으려 하지 않으십니까?'

'너는 큰 자비를 행하여 그 사랑이 일체 중생에 미쳤다. 그러면서 나를 버리고 목숨을 마치니 너를 생각하는 우리 마음은 한없이 슬프고 창자가 마디마디 끊어져, 그 고통은 견디기 어렵구나. 너는 어찌 그처럼 큰 자비를 닦을 수 있었느냐?'

하늘 사람은 다시 여러 가지 오묘하고 좋은 시로써 부모에게 대답하였다. 이에 부모는 조금 깨닫고, 칠보로 된 함을 만들고 그 안에 뼈를 넣어 매장한 뒤에 그 위에 탑을 세웠다. 하늘 사람은 곧 하늘로 올라가고, 왕과 대중들은 모두 궁전으로 돌아갔느니라."

부처님은 이어 아난다에게 말씀하셨습니다.

"그 때의 왕 마하라단나는 지금의 부왕 숫도다나요, 왕후는 지금의 어머니 마하마야요, 마하부나영은 지금의 미륵이요, 그 둘째 태자 마하데바는 지금의 바수밀다라고, 마하살타는 다른 사람이 아니라 바로 나였느니라. 그리고 그 때의 그 어미 호랑이는 지금의 저 노모요, 두 마리 새끼는 지금의 저 두 아들이니라. 지난 옛날에도 그들의 위급한 목숨을 구제해 안전하게 하였다. 그런데 지금 내가 부처가 되어서 그 재난을 구제하여 생사의 큰 고통바다를 아주 떠나게 하였느니라."

그 때에 아난다와 여러 대중들은 부처님 말씀을 듣고 기뻐하였습니다.

팔 관재

저는 이와 같이 들었습니다.

부처님께서 슈라바스티국의 기타 숲 외로운 이 돕는 절에 계시던 어느 때, 하늘 사람 둘이 초저녁에 부처님께 왔는데, 그들 몸의 광명은 기타 숲을 두루 비추어 모두 금빛 같았습니다. 부처님은 그들에게 알맞은 오묘한 법을 연설하셨고, 그들은 마음이 열려 도의 자취를 얻은 뒤, 땅에 엎드려 부처님께 예배하고 하늘로 돌아갔습니다. 이튿날 아침에 아난다는 부처님께 여쭈었습니다.

"어젯밤에 와서 부처님을 뵌 두 하늘 사람은 위엄스런 모습이 두드러지고 깨끗한 광명이 빛났습니다. 그들은 옛날에 어떤 공덕을 지었기에 그런 미묘한 과보를 얻었습니까?"

부처님께서 말씀하셨습니다.

"카샤파 여래가 열반한 뒤 남기신 법이 끝나려 할 때 어떤 두 바라문이 여덟 가지 재계를 받았다. 한 사람은 하늘에 나기를 원하였고, 다른 한 사람은 국왕이 되기를 원하였다. 그

중에 한 사람이 자기 집에 돌아갔을 때, 아내는 그에게 밥을 같이 먹자고 하자 남편은 아내에게 말하였다.

'아까 부처님께 재계를 받았는데, 한낮이 지난 뒤부터 다음 날 동이 틀 때까지 음식을 먹지 말라고 하셨소.'

아내는 다시 말하였다.

'당신은 범지로서 나름대로 지키는 법이 있는데 무엇 때문에 이교도들의 재계를 받듭니까? 지금 내 말을 거스르고, 나와 같이 밥을 먹지 않으면 이 사실을 다른 범지들에게 일러 당신을 배척해 몰아내고 같이 모이지 않도록 하겠습니다.'

그는 이 말을 듣고 겁을 내어, 곧 그 아내와 함께 한낮이 지나서 밥을 먹었다. 두 사람은 명대로 살다가 각각 목숨을 마쳤다. 왕이 되기를 원한 사람은 재계를 온전히 지켰기 때문에 왕으로 태어났고, 하늘에 나기를 원한 사람은 재계를 어겼기 때문에 용으로 태어났다. 여덟 가지 재계를 지켜 왕이 된 왕궁의 동산지기가 된 어떤 사람이 갖가지 과실을 왕에게 보냈다. 그는 어느 날 우물 속에서 이상한 버찌 한 개를 주웠는데 빛깔이 매우 곱고 향기가 대단히 좋았다. 그는 생각하였다.

'내가 궁중을 드나들 때마다 이 왕궁의 문지기한테 언제나 업신여김을 당하니, 이것을 그에게 주어 환심을 사야 하겠다.'

문지기에게 그 버찌를 주자 문지기는 그것을 받고 생각하였다.

'내가 궁중에 일을 보러 갈 때 마다 항상 저 내시한테 신세를 졌다. 이것을 그에게 줘야겠다.'

문지기는 그 버찌를 내시에게 주었다. 이렇게 하여 그 버찌는 왕후에게까지 올라갔고 왕후는 그것을 왕에게 바쳤다. 왕이 그것을 먹어보니 매우 달고 맛이 있자, 왕은 왕후에게 물었다.

'이것은 어디에서 왔소?'

왕후는 곧 사실대로 대답하였다. 거기서부터 다시 되물어 동산지기에게까지 이르렀다. 왕은 동산지기를 불러 물었다.

'내 동산 안에 이렇게 좋은 과실이 있는데 왜 내게는 바치지 않고 다른 사람에게 주었는가?'

이에 동산지기는 그 내력을 사실대로 아뢰었다. 왕은 다시 명령하였다.

'지금부터는 이 버찌를 늘 보내도록 하라.'

'이 버찌는 종자가 없습니다. 이것은 우물에서 건진 것입니다. 식사를 맡은 관리를 아무리 보내셔도 마련할 도리가 없습니다.'

'만일 그것을 구하지 못하면 네 목을 베리라.'

동산지기는 물러나와 동산으로 돌아가 근심하고 번민하다가 소리 내어 크게 울었다. 어떤 용이 그 우는 소리를 듣고 사람 몸으로 변화하여 그에게 와서 물었다.

'무슨 일로 그리 슬피 우는가?'

동산지기는 자초지종을 말하였다. 그러자 용은 물로 들어가, 아름다운 버찌를 수북이 금쟁반에 받쳐 가지고 나와 그에게 주면서 말하였다.

'이 과실을 가지고 가서 왕에게 바치고 내 뜻을 전하라. 나와 왕은 전생에 친한 친구였다. 옛날 세상에 있을 때 둘 다 범지로서 여덟 가지 재계법을 배워 지키며 각각 소원하는 것이 있었다. 왕은 계율을 온전히 지켰기 때문에 인간의 왕이 되었고, 나는 계율을 온전하게 지키지 못했기 때문에 용으로 태어났다. 나는 지금 재계를 지키고 공부하여 이 몸을 버리려고 한다. 그래서 여덟 가지 재계 책을 찾는다. 그것을 구해 내게 보내라. 만일 내 말을 어기면 나는 네 나라를 뒤엎어 큰 바다로 만들 것이다.'

이에 동산지기는 그 과실을 왕에게 올리고 곧 용의 말을 전하였다. 왕은 이 말을 듣고 매우 걱정하였다. 그 때에는 이미 세상에 불법이 없고 또 여덟 가지 재계 책은 다 없어져 구할 수 없었는데, 만약 용의 뜻을 들어주지 않으면 큰 해를 입을 것이기 때문이었다. 왕에게는 가장 공경하고 존중하는 신하가 있었다. 왕은 그에게 말하였다.

'신룡神龍이 내게 여덟 가지 재계 책을 요구하니, 그대는 그것을 구해 나에게 주시오.'

'지금 세상에 불법이 없는데 어떻게 구하겠습니까?'

'만일 그대가 그것을 구하지 못하면 나는 그대에게 벌을 주겠소.'

대신은 이 말을 듣고 매우 걱정하면서 자기 집으로 돌아갔다. 그 대신에게는 늙은 아버지가 있었다. 아들이 밖에서 돌아오면 항상 온화한 얼굴과 즐거운 빛으로써 그 아버지의 마음을 위로했는데, 그 날은 아들의 얼굴빛이 평상시와 다른 것을 보고 아들에게 물었다.

'무슨 일이 있었느냐?'

대신은 아버지에게 자세한 사실을 말씀드렸다. 그 아버지는 말하였다.

'우리 집 마룻대에서 늘 너희들이 모르는 빛이 뻗친다. 시험삼아 쪼개 보아라. 혹 국왕이 찾는 경전이 있을는지 모른다.'

아들은 아버지의 분부를 받고, 사람을 시켜 마룻대의 뒷면을 살펴보게 하였다. 그 속에서 불경 두 권이 나왔다. 하나는 열두 가지 인연경이요, 다른 하나는 여덟 가지 재계 책이었다. 대신은 그것을 가져다 왕에게 바쳤다. 왕은 기뻐 어쩔 줄 몰라 하며 그 경책을 금쟁반 위에 받쳐 용에게 보냈다. 용은 그 경책을 받고는 몹시 기뻐하고 즐거워하며 많은 보배를 왕에게 보냈다. 그리고 용은 여덟 가지 재계를 다시 익혀 부지런히 수행하고 목숨을 마친 뒤에는 하늘 궁전에 태어났다. 또 그 왕도 다시 여덟 가지 재계법을 공부하고 익혀 수행하다가 목숨이 다했을 때 천상에 나서 한 곳에 살게 되었다. 어젯밤에 그들이 함께 와서 법의 교화를 받고는 이내 스로타판나가 되어, 세 가지 나쁜 길을 떠나 인간과 천상의 길에 있으니, 지금부터는 반드시 열반을 얻으려고 노력할 것이다."

부처님께서 이렇게 말씀하실 때 여러 대중들은 모두 기뻐하며 실천하였습니다.

연봉 전부로써 공양을 올리다

저는 이와 같이 들었습니다.

부처님께서 슈라바스티의 기타 숲 외로운 이 돕는 절에 계시던 어느 때, 그 나라의 어떤 장자가 아들을 낳았는데 얼굴은 단정하고, 태어난 지 얼마 안 되었는데도 말을 잘 하였습니다.

그는 부모에게 물었습니다.

"세존께서 계십니까?"

부모는 대답하였습니다.

"지금 계신다."

"존자 샤리푸트라님과 아난다님도 다 계십니까?"

"암, 계시고말고."

부모는 그 아들이 태어나자마자 곧 말하는 것을 보고 사람이 아니라고 매우 괴상히 여기면서 부처님께 여쭸습니다.

부처님께서 말씀하셨습니다.

"그 아이는 복이 있으니, 괴상히 여길 건 없느니라."

부모는 기뻐하면서 집으로 돌아가자 아이는 또 말했습니다.

"원컨대 부모님께서는 저를 위해 부처님과 스님들을 초청해주소서."

부모는 말하였습니다.

"부처님과 스님들을 초청하려면 공양거리가 필요한데 갑자기 마련할 수 없지 않느냐."

아이는 아뢰었습니다.

"집을 깨끗이 청소하고 자리를 배열하되, 높은 자리 하나와 스님들의 자리와 그 아래에 자리 세 개를 만들어 놓으면 백 가지 맛난 음식이 저절로 생길 것입니다. 또 저의 전생 어머니가 지금 바라나시에 살아 계십니다. 저를 위해 초청해주소서."

부모는 그 말을 따라 사람을 시켜 코끼리를 타고 달려가 전생의 어머니를 불러다가 자리를 만들었습니다. 하나는 여래를 위한 것이요, 첫째는 아버지를 위한 자리며, 둘째는 현재의 어머니를 위한 자리며, 셋째는 전생의 어머니를 위한 자리였습니다.

부처님과 스님들이 집에 들어와 차례로 좌정하시자 맛나고 아름다운 음식이 저절로 풍족해졌습니다. 부처님은 그들을 위해 설법하셨고, 그 아버지와 두 어머니와 온 집안 노소들은 법문을 듣고 기뻐하면서 모두 스로타판나를 얻었습니다. 그 아이는 차츰 자라나자 부모를 하직하고, 집을 떠나 바른 법을 알뜰히 닦아 아라한이 되었습니다.

아난다가 부처님께 여쭈었습니다.

"저 사문은 전생에 어떤 공덕을 심었기에 부귀한 집에 태어나 나자마자 말을 하고 또 도를 배워 신통을 얻게 되었습니까?"

부처님께서 말씀하셨습니다.

"그 사문은 전생에 바라나시의 어떤 장자의 아들로 태어났었다. 그 아버지가 죽은 뒤에 집안 살림이 점점 줄어들어 매우 빈궁하게 되었으므로 부처님 세상을 만났으나 공양을 올릴 재물이 없어 늘 마음이 황송하고 편치 않았다. 그래서 그는 양반의 성을 버리고 나그네가 되어 돈 천 냥을 벌려고 어떤 장자의 집에 일꾼으로 들어가 일 년 동안 열심히 일했다.

장자가 물었다.

'너는 장가를 가려고 하느냐?'

'아닙니다.'

'돈은 어디에 쓰려느냐?'

'부처님과 스님들께 공양을 올리려고 합니다.'

'만일 부처님을 초청하고 싶으면 내가 너에게 돈을 줄 것이다. 그리고 우리 집에서 공양을 올리도록 하라.'

그는 승낙하고 곧 음식을 차려 부처님과 스님들께 공양을 올렸다. 그 인연으로써 목숨을 마친 뒤에 지금의 장자 집에 태어났고, 또 지금 나를 초청해 법을 듣고 도를 얻었느니라."

부처님께서 이어 말씀하셨습니다.

"과거의 그 가난한 사람이 지금의 이 장자 아들 비구니라."

부처님이 이렇게 말씀하실 때 여러 대중들은 모두 기뻐하였습니다.

한 모금 물

저는 이와 같이 들었습니다.

부처님께서 슈라바스티의 기타 숲 외로운 이 돕는 절에 계시던 어느 때, 그 나라에는 오백 명 상인이 보배를 캐러 바다로 들어가면서 서로 의논 하였습니다.

"지혜로운 사람을 구해 길잡이로 삼자."

그들은 곧 다섯 가지 계율을 지키는 어떤 우파사카를 초청해 큰 바다로 함께 들어가 항해하여 배가 바다 복판에 이르렀을 때, 바다 신이 야차로 몸을 변화했는데, 그 형체는 추악하고 빛깔은 검푸르며, 입에는 긴 어금니가 있고 머리 위에는 뿔이 있었습니다.

그가 배를 붙잡고 상인에게 물었습니다.

"이 세상에 나보다 더 두려운 것이 있는가?"

그 현명한 이는 대답했습니다.

"너보다 몇 배나 더 두려운 것이 있다."

"그것은 어떤 것인가?"

"세상에서 어리석은 사람은 온갖 나쁜 죄를 짓되, 살생하고 도둑질하며 음행하며 절도가 없고, 거짓말 · 이간질 · 나쁜 말 · 비단 말 하고, 탐욕 · 성냄과 삿된 소견에 빠져 있다가, 죽어서는 지옥에 떨어져 만 가지로 고통을 받는다. 옥졸은 여러 죄인을 붙들어다 갖가지로 다스리되, 칼로 베기도 하고 수레로 몸을 찢기도 하며 몸을 부수어 수천 조각을 내기도 하고, 절구에 찧기도 하며, 혹은 돌에 갈기도 한다. 칼 산 · 칼 나무 · 불 수레 · 끓는 솥 · 찬 얼음 · 끓는 분뇨 등 이러한 곳에서 고통을 받으면서 수천만 년을 지낸다. 이런 것이 너보다 더 두려운 것이다."

바다 신은 붙잡았던 배를 놓아주고는 형체를 숨기고 떠났습니다. 배가 몇 리를 더 나아갔을 때 바다신은 다시 한 사람으로 변화하여 나타났는데, 형체는 바짝 말라 힘줄과 뼈가 서로 이어졌습니다. 그는 또 와서 배를 붙잡고 사람들에게 물었습니다.

"이 세상에서 여윈 형상으로서 나보다 더한 형상이 있는가?"

"너보다 더 여윈 것이 있다."

"누가 더한가?"

"세상에서 어리석은 사람은 심성이 매우 나빠 아끼고 탐하고 질투하며 보시할 줄을 모르면, 그는 죽어서 아귀에 떨어져 몸은 산처럼 큰데 목구멍은 바늘귀 같으며, 머리털은 길어 흩어지고 몸은 새까맣고, 수천 년 동안 물과 곡식을 먹을 수 없다. 그런 것들의 형상은 너보다 더 여위었다."

바다 신은 붙잡았던 배를 놓고 이내 사라져 나타나지 않았습니다. 배가 몇 리를 더 나아갔을 때 바다신은 다시 얼굴이 아주 단정한 사람으로 변화하여 나타났는데, 그는 와서 배를 붙잡고 상인들에게 물었습니다.

"사람으로서 아름답기가 나와 같은 이가 있는가?"

"너보다 수천만 배나 더 훌륭한 이가 있다."

"누가 나보다 훌륭한가?"

"세상에서 지혜로운 사람은 온갖 선을 받들어 실천하고, 항상 몸과 말과 뜻으로써 하는 행위가 남에게 칭찬을 받으며, 삼보를 믿고 공경하여 때에 맞춰 공양을 올리는 사람이 그 목숨을 마치면 천상에 나는데, 얼굴은 희고 깨끗하여 단정하기 그지없어, 너보다 수천 배나 훌륭하다. 너의 용모를 거기에 비교하면 마치 애꾸눈 원숭이를 저 아름다운 여자에 견주는 것과 같다."

바다신은 가지고 온 물을 한 모금 마시며 물었습니다.

"이 한 모금 물이 많은가, 바닷물이 많은가?"

"한 모금 물이 많다."

"네가 지금한 말을 논리에 어긋나지 않게 설명하여라."

"그 말은 진실이요, 거짓이 아니다. 왜냐하면 바닷물이 아무리 많아도 반드시 마를 때가 있다. 이 세계가 끝나려 할 때 두 개의 해가 한꺼번에 나타나면 우물과 못물은 모두 마르고, 세 개의 해가 뜰 때에는 작은 강물이 모두 마르고, 네 개의 해가 뜰 때에는 큰 강과 바닷물이 다 마르며, 다섯 개의 해가 뜰 때에는 큰 바다가 점점 줄고, 여섯 개의 해가 뜰 때에는 그 삼분의 이가 줄며, 일곱 개의 해가 뜰 때에는 바닷물이 전부 없어지고 수미산이 무너지며, 밑으로 금강지金剛地의 살피까지 모두 다 타고 만다. 그러나 만일 어떤 사람이 믿는 마음으로 한 움큼의 물로써 부처님께 공양을 올리거나, 스님들에게 보시하거나, 부모님께 올리거나, 빈궁한 이를 구제하거나, 혹은 짐승에게 주면 그 공덕은 억 겁을 지나더라도 다하지 않는다. 이로써 보면 바닷물은 적고 한 움큼의 물이 많은 줄 알 수 있다."

바다신은 못내 기뻐하면서 곧 온갖 보배를 현명한 이에게 주고 또 묘한 보배를 보내어 부처님과 스님들에게 보시하게 하였습니다. 그 때에 여러 상인들은 곧 그 현명한 이와 함께 보배를 만족할 만큼 캐어 가지고 본국으로 돌아왔습니다. 그리고 현명한 이와 오백 명 상인들은 모두 부처님께 나아가 땅에 엎드려 부처님 발에 예배한 뒤에, 제각기 그 보물과 또 바다 신이 준 것을 가지고 부처님과 스님들에게 보시하였고, 그리고 모두 꿇어앉아 합장하고 부처님께 사뢰었습니다.

"원컨대 제자가 되어 청정한 교화를 받고 싶습니다."

부처님께서 허락하시고 말씀하셨습니다.

"어서오너라, 비구들아."

그러자 그들의 수염과 머리털은 저절로 떨어지고 가사가 그 몸에 입혀졌으며, 부처님께서 그들의 정도에 맞게 설법하시자 그들은 곧 마음이 열리고 깨닫게 되어 온갖 욕심이 모두 깨끗이 없어져 아라한이 되었고, 거기 모인 대중들은 부처님 말씀을 듣고 모두 매우 기뻐하였습니다.

한 목숨을 구하다

저는 이와 같이 들었습니다.

부처님께서 라자그리하의 칼란다카 대숲 절에 계시던 어느 때, 그 나라에 어떤 정승이 있었는데, 그 집은 큰 부자였으나 아들이 없었습니다. 그 때에 갠지스 강가에 마니발다라는 천신을 모신 사당이 있어, 온 나라 사람들이 모두 공경하고 받들었으며, 그 정승도 그 사당에 나아가 빌었습니다.

"나는 아들이 없습니다. 듣건대 천신님은 공덕이 한량없어 중생들을 구호하고 능히 그 소원을 들어주신다 하기에, 이렇게 일부러 와서 소원을 빕니다. 만일 이 소원을 들어주어 아들을 점지해 주시면 금·은으로써 천신의 몸을 장식하고 유명한 향으로써 이 사당에 칠을 하겠습니다. 그러나 만일 영험이 없으면 사당을 부숴버리고 당신 몸에 똥칠하겠습니다."

천신은 이 말을 듣고 가만히 생각하였습니다.

'이 사람은 호걸이요, 부자며 또 세력가여서 보통 인물이 아니다. 그에게 아들을 얻게 하고자 하나 나는 덕이 적어 그

소원을 들어 줄 수가 없다. 만일 그 소원을 이뤄주지 않으면 반드시 큰 변을 당할 것이다.'

생각다 못한 그 천신은 마니발라에게 가서 아뢰었고, 마니발라는 그 힘이 미치지 못하여 바이슈라마나왕에게 가서 이 사실을 아뢰었습니다. 바이슈라마나는 말하였습니다.

"내 힘으로도 그가 아들을 가지게 할 수 없으니 제석천왕께 나아가 그 원을 풀어주도록 하리라."

바이슈라마나왕은 곧 하늘로 올라가 제석천왕에게 아뢰었다.

"저의 신하 마니발라는 근일에 제게 와서 말하였습니다. 라자그리하에 사는 어떤 정승이 아들을 낳기 위해서 원을 세우되, 만일 소원을 이루게 되면 곱으로 공양을 올릴 것이요, 소원을 이루지 못하면 저의 사당을 부수고 욕을 보이겠다 합니다. 그는 사람됨이 호걸답고 사나워 반드시 그렇게 할 것입니다. 바라건대 천왕은 그로 하여금 아들을 갖게 해주소서."

"그것은 매우 어려운 일이므로 어떤 인연을 찾아야 할 것이다."

어떤 하늘 사람이 있었는데 다섯 가지 덕이 그 몸에서 떠나 곧 목숨을 마치게 되었음을 알고, 제석천왕은 그에게 말하였습니다.

"그대의 하늘 목숨은 곧 끝나게 되었다. 저 정승 집에 태어나기를 발원하라."

"저는 다음 생에는 출가하여 바른 행을 닦으려고 합니다. 만일 호강 받을 집에 태어나면 속세를 떠나기가 매우 어려울 것이며, 뜻한 바를 성취하지 못할 것입니다."

"그저 거기 가서 태어나도록 하라. 만일 도를 배우고자 한다면 내가 도와주리라."

그는 목숨을 마치고 정승 집에 태어났는데 얼굴이 매우 단정하였고, 정승은 관상가를 불러 그 이름을 짓게 하였습니다. 관상가가 물었습니다.

"본래 어디에 빌어서 이 아기를 얻었습니까?"

"전에 갠지스강 가의 천신에게 빌어 얻었소."

그래서 곧 이름을 항하달이라 하였고, 그는 차차 자라나자 불법에 뜻이 있어 그 부모에게 아뢰어 출가하기를 간청하였습니다.

부모는 말하였습니다.

"우리는 지금 귀족이고 부유하다. 아들이라고는 너 하나뿐이다. 우리 가업을 이어 맡아 내가 편히 살 수 있도록 하여라."

아버지는 끝내 들어주지 않았습니다.

아들은 제 뜻을 이루지 못하게 되자 매우 낙망하며, 곧 몸을 버리고 다시 평범한 집에 태어나면 그런 집에서는 집을 떠나기는 매우 쉬우리라고 생각하였습니다. 그래서 그는 몰래 집을 나와 높은 바위에서 땅에 떨어졌지만, 아무데도 다친 데가 없었고, 다시 강으로 나가 물속에 몸을 던졌으나, 물에서 도로 밀려 나와 아무 고통이 없었으며, 또 독약을 먹었으나 독 기운이 돌지 않아 죽을 길이 없었습니다.

그는 가만히 생각하였습니다.

'나라의 법을 범해 왕의 손에 죽으리라.'

마침 왕과 부인과 궁녀들이 동산 못에 목욕을 하면서, 모두 옷을 벗어 나뭇가지에 걸쳐 둔 것을 보고, 그는 몰래 숲 속으로 들어가 그 옷을 안고 나오며 일부러 넘어지니, 경호원이 그를 붙들고 가서 아자타사트루왕에게 아뢰었습니다.

왕은 그 말을 듣고 매우 성을 내며 곧 활을 잡아 직접 쏘았으나, 그러나 날아가던 화살은 도로 왕을 향해 돌아갔고, 이렇게 세 번을 되풀이 하였으나 그를 맞추지 못하니, 왕은 겁이 나서 활을 던지고 그에게 물었습니다.

"너는 하늘 사람이냐, 용이냐, 귀신이냐?"

항하달은 대답하였습니다.

"저의 한 가지 소원을 들어주시면 자세히 말씀하겠습니다."

"들어주겠으니 어서 말해보라."

"저는 하늘 사람도 아니요, 용이나 귀신도 아닙니다. 저는 라자그리하 아무개 정승의 아들입니다. 저는 집을 떠나 부처님의 제자가 되려 하였으나 부모가 허락하지 않았습니다. 할 수 없이 스스로 목숨을 끊어 다른 집에 태어나려고, 바위에서 떨어지기도 하고, 강에 몸을 던져 물에 빠지기도 하였으며, 독약을 마시기도 하였으나 죽지 않았습니다. 그래서 일부러 왕의 법을 범해 죽기를 바랐던 것입니다. 그리고 대왕께서 지금 저를 죽이려 하였으나 죽이지 못하셨습니다. 사정이 이러하오니, 저를 가엾이 여겨 제가 출가하여 부처님 제자가 되도록 도와주시옵소서."

"네가 출가하여 거룩한 불도록 닦도록 허락한다."

왕은 그를 데리고 부처님께 나아가 지금까지의 내력을 아뢰었습니다. 세존께서 그에게 사문이 되기를 허락하시자 가사가 저절로 그의 몸에 입혀져 비구가 되었습니다. 부처님은 그를 위해 설법하셨고, 그는 마음이 환히 열려 아라한의 도를 이루고, 세 가지 밝음과 여섯 가지 신통과 여덟 가지 해탈을 갖췄습니다.

아자타사트루왕은 곧 부처님께 여쭈었습니다.

"이 항하달은 전생에 어떤 좋은 일을 하였기에 산에서 떨어져도 죽지 않고, 물에 몸을 던져도 빠지지 않으며, 독약을 마셔도 고통이 없고, 활을 쏘아도 다치지 않으며, 더구나 성인을 만나 생사를 건너게 되었습니까?"

"오랜 과거 세상에 바라나시라는 나라가 있었고, 그 나라 왕의 이름은 브라흐마닷타라 하였소. 왕이 여러 궁녀들을 데리고 숲 속에서 놀 때 궁녀들이 소리를 높여 노래를 부르자, 밖에서 어떤 사람이 높은 소리로 화답하였소. 왕은 그 소리를 듣고 곧 성을 내고 사람을 보내어 그를 붙들어다 죽이라고 명령하였소. 그 때 어떤 대신이 밖에서 오다가, 그 사람이 붙잡혀 오는 것을 보고 곁에 있던 사람들에게 물었소.

'무슨 일로 그러느냐?'

그 사람이 그 사정을 자세히 이야기하니, 대신은 왕에게 말하였소.

'저 사람의 죄는 그리 중한 것이 아닌데, 왜 죽이려 하십니까? 비록 그 소리에 화답하였으나 얼굴은 보지 않았습니다. 더구나 교제하였거나 간음한 일이 없사오니, 가엾이 여겨 그 생명을 살려주소서.'

왕은 그 말을 거스를 수 없어 용서하여 죽이지 않았소. 그는 죽음에서 벗어나게 되자, 그 대신을 받들어 섬기되 그 정성이 변하지 않았소. 여러 해를 지내다가 그는 스스로 생각하였소.

'음욕이 사람을 해치는 것은 칼보다 더 무섭다. 내가 지금 이런 액을 당하는 것도 다 음욕 때문이다.'

그는 곧 대신에게 청하였소.

'제가 출가하여 도 닦는 것을 허락해주소서.'

'만류할 수 없구나. 공부해서 도를 이루거든 돌아와 다시 만나자.'

그는 산으로 들어가 열두 가지 묘한 이치를 알뜰히 생각하더니 마음이 열려 프라데카 부처가 되었소. 그는 성안 대신의 집으로 갔소. 대신은 매우 기뻐하면서 공양을 올리고 맛난 음식과 깨끗한 옷 등 네 가지로써 섬기되 모자람이 없게 했소. 그 때에 프라데카 부처는 허공에서 신통변화를 나타내었소. 즉 몸에서 물과 불을 내뿜고 큰 광명을 놓았소. 대신은 그것을 보고 한량없이 기뻐하면서 곧 서원을 세웠소.

'저 성자는 성자가 되기 전에 죽을 목숨을 제가 구제하였습니다. 저로 하여금 태어나는 세상마다 부귀하고 오래 살며, 뛰어나고 특별하기를 지금보다 수천만 배나 되게 하고, 저의 지혜와 덕이 성자와 서로 같게 하소서.' 라고 하였소."

부처님께서는 이어서 왕에게 말씀하셨습니다.

"그 때 한 사람을 구원해 살려 도를 얻게 한 대신은 바로 지금의 항하달이며, 그는 그 인연으로 태어나는 곳마다 일찍 죽지 않았고, 지금 나를 만나 아라한을 이루게 되었소."

부처님께서 이렇게 말씀하시자, 거기 모인 대중들은 모두 믿고 공경하고 기뻐하였습니다.

부처가 된 보시

저는 이와 같이 들었습니다.

부처님께서 라자그리하성의 대숲 절에 계시며 가사를 입고 바루를 가지고 아난다와 함께 성에 들어가 걸식하시던 어느 때, 어떤 늙은 부부가 있었는데, 그들은 두 눈이 멀고 가난하고 외로우며 의지할 곳이 없어 성문의 다리 밑에서 살고 있었으며, 그들에게는 외아들이 있었습니다. 나이는 일곱 살이었으나, 항상 구걸하여 부모를 봉양하였습니다. 그는 과일이나 나물을 얻으면 좋고 맛난 것은 부모에게 드리고, 시거나 떫거나 냄새나고 나쁜 것은 자신이 먹었습니다. 그 때에 아난다는 그 아이가 나이는 비록 어리지만 부모에게 공손하고 효도하는 것을 보고 마음속으로 매우 사랑하였습니다. 부처님께서 걸식을 마치고 절에 돌아와 대중들을 위해 경법經法을 연설하실 때에 아난다는 꿇어앉아 합장하고 부처님 앞에 나아가 사뢰었습니다.

"아까 부처님을 모시고 성에 들어가 걸식할 때, 눈 먼 부부가 성문의 다리 밑에 사는데, 그들의 어린 아들이 효도하는 것을 보았습니다. 그는 사방으로 다니면서 물건을 구걸하여 밥이나 나물이나 과일을 얻으면 맛나고 좋은 것은 먼저 부모에게 먹게 하고, 부스러기나 냄새나고 나쁜 것은 자신이 먹으면서 날마다 그렇게 하는 듯했습니다. 참으로 사랑하고 공경할 만하였습니다."

"집을 떠난 이나 집에 있는 이가 효도하는 마음으로 부모를 봉양하면 그 공덕은 특별하고 뛰어나 헤아리기 어렵다. 나도 오랜 과거에, 효도하는 마음으로 부모에게 이바지했고, 심지어 살을 베어 부모님의 위급한 재난을 구제한 일이 있었다. 그래서 그 공덕으로 위로는 하늘 임금이 되었고 아래로는 성왕이 되었으며, 더 나아가 부처가 되어 삼계에서 뛰어난 것도 다 그 복 때문이니라."

"알고 싶습니다. 세존께서 과거 세상에 부모에게 효도하여 신명을 아끼지 않으시고, 몸의 살을 베어 부모의 위급한 목숨을 구제하신 그 사실은 어떠한 내용입니까?"

부처님께서 말씀하셨습니다.

"옛날 헤아릴 수없는 아승기 겁 이전에 이 잠부드비파에 큰 나라가 있었는데 이름은 특차시리였고, 그 나라 왕의 이름은 제바라였다. 그 나라 왕에게는 태자 열 명이 있어 각각 여러 나라를 다스렸고, 제일 끝 태자는 이름이 수바라제치라 하였는데, 그 나라의 경치는 가장 아름다웠고 백성은 풍족하고 행복했으며, 그 나라의 귀신들도 태자를 공경하였다. 그의 부왕 곁에 나후라는 한 대신이 있었다. 그는 늘 반역할 생각을 품고 있다가 끝내 대왕을 시해하였다. 대왕을 죽인 뒤에는 바로 왕이 되었고, 곧 군사를 여러 나라에 보내어 여러 태자를 죽였다. 그 때에 막내 태자는 풍경을 구경하러 동산으로 들어가자, 어떤 야차가 땅에서 솟아올라 꿇어앉아 아뢰었다.

'나후 대신이 반역해 부왕을 시해하고, 다시 군사를 보내 왕의 여러 형들을 죽이고, 이제는 사람을 보내어 왕을 죽이러 올 것입니다. 왕은 잘 생각하셔서 그 화를 피하십시오.'

왕은 그 말을 듣자 의식이 몽롱하고 두려워하다가 그날 밤이 되어 여러 가지로 생각했으나 도망칠 수밖에 없었다.

그 때에 왕에게는 수사제라는 한 아들이 있었다. 나이는 일곱 살인데 단정하고 지혜로워 왕은 그를 몹시 사랑하였다. 왕은 나갔다 돌아와 그 아들을 안고 슬피 울면서 탄식하였다. 부인은 왕이 돌아와서 매우 두려워하며 우는 것을 보고 물었다.

'무엇 때문에 그렇게 두려워하십니까?'

'그대가 알 일이 아니오.'

'나는 당신과 함께 신명을 같이 하고 위험을 같이 합니다. 나를 버리지 마시오. 지금 어떤 일이 있는지 알려주십시오.'

'내가 오늘 동산에 갔더니, 어떤 야차가 땅에서 솟아 꿇어앉아 내게 말하였소. 지금 나후 대신이 반역하여 이미 부왕을 시해하고 또 군사를 보내어 나의 형들을 죽이고 이제는 나를 죽이러 올 것이니 피해야 한다고 했소. 그 말을 듣고 몹시 두려워 그 군사들을 피해 바삐 도망하려는 것이오.'

부인은 꿇어앉아 말하였다.

'모시고 따라가겠습니다. 버리지 마십시오.'

왕은 아내와 아이를 데리고 서로 의지하여 다른 나라로 떠났다. 성을 떠나 머지않아 두 갈래 길에 도착하였다. 한 길은 이레가 걸려야 목적지에 도착하는 길이요, 다른 한 길은 열나흘이 걸리는 길이었다. 처음 출발할 때에는 마음이 황급하여 이레 동안의 양식을 준비하면서 한 사람 몫만을 계산하였다. 그리고 성을 나와서는 정신이 없어 그만 열나흘 길로 들어섰다. 며칠이 지나자 양식이 떨어져 굶주려 헤매었으나 다른 방법이 없었다. 그는 아들을 사랑하였기 때문에 곧 그 아내를 죽여 스스로도 살고 또 아이도 살리려 하였다. 아내를 시켜 아이를 업고 앞서 가게 하고, 뒤에서 칼을 빼어 아내를 죽이려 하였다. 그 때에 아이는 돌아보다가, 아버지가 칼을 빼어 어머니를 죽이려는 것을 보고는 합장하고, 그 아버지에게 말하였다.

'원컨대 대왕이여, 차라리 저를 죽일지언정 어머니는 죽이지 마십시오.'

이렇게 간절히 그 아버지께 말하여 어머니 목숨을 구하였다. 그리고 그 아버지에게 이어서 말하였다.

'저를 즉시에 죽이지 마시고 조금씩 살을 베어 먹으면 며칠은 지낼 수 있을 것입니다. 만일 저의 목숨을 끊어버리면 살이 썩어 오래가지 못할 것입니다.'

그 부모는 아이 살을 베어 먹으려 하다가 슬피 울면서 번민하였다. 그러나 어쩔 수 없이 베어 먹었다. 날마다 베어 먹으니 살은 차츰 없어지고 오직 뼈만 남아 있었다. 아직 다른 나라에는 도착하지 못하고 주림은 더욱 심하였다. 아버지는 다시 칼을 잡아 뼈마디를 헤치고 살을 찾아 조금씩 먹었다. 그리고 그 부모는 아이를 버리고 떠나려 하였다. 아이는 말하였다.

'저의 목숨은 아직 남아 있습니다. 원컨대 부모님은 아까 베어 낸 그 살을 조금만 저에게 주십시오.'

부모는 그 말을 거스를 수 없어 곧 그 살을 세 몫으로 나누어 두 몫은 자기들이 먹고, 나머지 한 몫과 부스러기 살은 모두 주고 떠났다. 그 아이는 곧 서원을 세웠다.

'나는 지금 내 몸의 살로써 부모님께 공양을 올렸다. 이 공덕으로써 불도를 구하고 일체 중생을 두루 제도하여, 그들로 하여금 온갖 괴로움에서 벗어나 열반의 즐거움에 이르게 하리라.'

이렇게 발원할 때에 삼천 대천세계가 여섯 가지로 진동하였다. 욕계와 색계의 여러 하늘 사람들은 모두 깜짝 놀랐다. 무엇 때문에 궁전이 흔들리는지 몰랐던 그들은 하늘눈으로 세상을 살펴보다가, 보살이 몸의 살로써 부모에게 공양을 올리고 불도를 이루어 중생을 건지리라고 서원하는 것을 보았다. 이에 하늘 사람들은 모두 내려와 허공을 덮고 슬피 울었다. 그 때에 제석천왕이 그를 시험하려고 내려와 늑대로 변해 아이를 잡아먹으려 하였다. 아이는 생각하였다.

'이 짐승들이 나를 먹고자 하는 것은 내 몸에 남아 있는 뼈와 살과 골수 때문이다.'

그래서 그것을 모두 다 주었다. 그는 마음속으로 기뻐하며 조금도 후회하지 않았다. 그 때에 제석천왕은 그의 뜻이 흔들리지 않는 것을 보고 제석천왕의 몸으로 돌아가 아이 앞에 서서 말하였다.

'그대는 자신의 살로써 부모를 봉양하는 효도를 실행하였다. 그 공덕으로써 무엇을 구하려 하는가. 제석천왕인가 마왕인가 혹은 범천왕인가?'

아이는 대답하였다.

'저는 삼계의 쾌락을 원하지 않습니다. 이 공덕으로써 불도를 구하여 한량없는 일체 중생을 제도하기를 원합니다.'

'너는 네 몸의 살로써 부모를 봉양하였다. 그러고도 부모에게 원한이 없는가?'

'저는 지금 지극한 정성으로 부모님을 봉양하였고, 털끝만큼도 원한이 없습니다.'

'내가 지금 너를 보니 몸에 살이라곤 하나도 없으면서 후회하지 않는다고 말하지만 그것은 믿기 어렵다.'

'만일 내 소원대로 부처가 될 수 있다면 내 몸은 본래와 같이 될 것입니다.'

이 서원을 마치자 몸은 곧 회복되었다.

그 때에 제석천과 여러 하늘 사람들이 칭송하였다. 그리고 그 부모와 아이에 대해 소문을 들은 온 나라 사람들은 모두 아이에게 와서 전에 없는 일이라고 찬탄하였다. 그 때에 그 나라 왕은 태자의 기특한 일을 알고는 더욱 더 공경하고 한량없이 기뻐하였고, 그리고 그 부모와 태자를 데리고 궁중에 들어가 공양을 베풀고 공경하며, 또 그 태자를 가엾이 여겼다.

왕은 직접 군사와 말을 거느리고 수바라제치왕과 수사제 태자와 함께 수바라제치왕의 본국으로 돌아가 나후를 죽이고 수바라제치로써 왕을 삼았다. 그들 부자 대대로 그 나라는 풍성하고 행복한 태평성대를 이루었느니라."

부처님께서 이어 아난다에게 말씀하셨습니다.

"그 때의 수바라제치왕은 바로 지금 나의 아버지 백정왕이시고 그 때의 그 어머니는 바로 지금 나의 어머니 마하마야시며, 그 때의 수사제 태자는 바로 지금의 나였느니라.

나는 과거 세상에 효도하는 마음으로써 몸의 살로써 부모님의 고난을 구제하였다. 그 공덕으로써 천상이나 인간에서 항상 뛰어나고 높은 집에 태어나 한량없는 복을 받았고, 또 그 공덕으로써 부처가 되었느니라."

그 때에 대중들은 부처님께서 스스로 전생 인연을 말씀하시는 것을 듣고 모두 슬퍼하고 감탄하면서 동시에 부처님의 특별하고 뛰어난 효도에 감격하였습니다. 그리고 그 중에는 스로타판나를 얻은 이도 있고, 사크리다가민 · 아나가민 또는 아라한을 얻은 이도 있었으며, 위없이 바르고 참된 도를 공부하겠다는 마음을 내는 이와 물러나지 않는 자리에 머무르는 이도 있었으며, 모든 대중들은 크게 기뻐하고 실천하였습니다.

현우경

2권

허물 벗은 여자

저는 이와 같이 들었습니다.

부처님께서 슈라바스티의 기타 숲 외로운 이 돕는 절에 계시던 어느 때, 프라세나짓 왕의 큰 부인 말리가 공주를 낳았는데 이름을 파사라(금강이란 뜻)라 하였습니다. 그 공주는 얼굴이 추악하고 살갖은 거칠어 낙타 가죽 같았으며, 머리털은 억세어 말총 같았습니다. 왕은 그 공주를 보면 조금도 기쁜 마음이 없었습니다. 그래서 생각다 못해 관리인을 두고 궁 안의 일정한 곳에서 생활하도록 철저히 단속하여 외부 사람들이 그를 보지 못하게 하였습니다. 왜냐하면 비록 그 얼굴은 추악하여 사람 같지 않으나, 그는 말리 부인의 소생이기 때문에 남모르게 사람을 시켜 잘 보호하도록 명령하였습니다. 그 공주가 차츰 자라 시집 갈 나이가 되자, 왕은 매우 걱정하다가 곧 신임이 두터운 신하를 불러 남모르게 조용히 말했습니다.

"그대는 원래 좋은 집안이었으나, 지금은 고아로서 혼기의 나이가 된 아주 가난하되 생김새가 그럴싸한 젊은이를 찾아 데리고 오너라."

신하는 분부를 받고 수소문하여 지금은 빈궁하나 원래 좋은 집안 출신의 젊은이를 찾아내어, 그를 왕에게 데리고 가자, 왕은 그를 데리고 다른 사람이 없는 곳으로 가서 자세한 사정을 그에게 이야기했습니다.

"나에게 공주가 하나 있는데 얼굴이 매우 추악하여 시집보낼 곳을 찾으려 하였으나 아직 적당한 곳이 없다. 들으니 그대는 좋은 집안에 태어났으나 지금은 가난하다니 모든 것을 내가 공급하겠다. 그대는 거절하지 말고 내 공주를 아내로 삼아라."

그는 꿇어앉아 아뢰었습니다.

"대왕님의 분부를 받들겠습니다. 설령 대왕님께서 무슨 말씀을 하셔도 거절할 수 없사온데 하물며 공주님과 결혼하는 것이겠습니까."

왕은 곧 그 가난한 이를 부마로 삼고, 그들을 위해 궁전과 집을 짓고 문을 일곱 겹으로 만들고, 그리고 부마에게 명령하였습니다.

"혹 밖에 나갈 일이 있거든 너는 자물쇠를 가지고 문을 밖에서 잠가야 한다. 공주는 세상에 더없이 추악하니, 바깥사람들이 그 모습을 보지 못하도록 항상 문을 잠그고 밖에서 볼 수 없는 곳에서 생활하도록 하여라."

왕은 곧 재물과 모든 필요한 것을 부마에게 대주어 모자람이 없게 하고, 또 벼슬까지 주어 대신으로 삼았습니다. 그는 여러 귀족들과 정해진 날마다 번갈아가면서 연회를 베풀었고, 그 연회 때에는 부부가 같이 모여 남녀가 섞여 서로 재미있게 놀았습니다. 그런데 다른 사람들은 모일 때마다 모두 부인을 데리고 나오는데 부마만은 언제나 혼자였습니다. 그래서 여러 사람들은 이상하게 생각하였습니다.

"저 사람의 부인은 얼굴이 단정하고 아름다운 미인이거나 아니면 너무 추악해 데리고 오지 아니할 것이다. 우리는 꾀를 부려 그의 부인을 한번 보도록 하자."

이렇게 의논한 뒤 어느 모임 때에 자꾸 술을 권하여 취해서 잠들게 해놓고, 그가 가진 열쇠를 찾아 다섯 사람을 집으로 보내 문을 열어 보게 했습니다. 그 날 공주는 부마가 출타한 뒤 마음으로 괴로워하고 스스로 그 죄업을 꾸짖으면서 한탄하였습니다.

'나는 전생에 무슨 죄를 지었기에 부마의 미움을 받아 항상 어두운 방에 갇혀 해도 달도 사람들도 보지 못하는가.'

그리고 이렇게 생각하였습니다.

'지금 부처님께서 세상에 계시면서 일체 중생을 이익하게 하시므로 고난을 만난 이는 모두 부처님의 구원을 입는다는데.'

그렇게 생각한 그녀는 지극한 마음으로 멀리 계시는 세존께 예배하면서 빌었습니다.

"원컨대 저를 가엾이 여기셔서 제 앞에 오셔서 잠깐 가르쳐 주소서."

공주의 정성과 공경하는 마음은 순수하고 돈독하였습니다. 부처님께서 그 뜻을 아시고 곧 그 집 앞에 가셔서 땅에서 솟아올라 검푸른 머리털을 나타내어 공주가 보게 하셨습니다. 공주는 고개를 들어 부처님 머리를 보고 못내 기뻐하며 공경하는 마음이 더욱 깊어졌습니다. 그러자 공주의 머리털도 저절로 가늘고 부드러워지면서 검푸른 색으로 변했습니다. 부처님께서 다시 얼굴을 나타내시니 공주가 부처님의 얼굴을 보고 기뻐하자 얼굴이 단정해지면서 추악한 모양과 거친 살결이 저절로 사라졌습니다. 부처님께서 다시 상반신을 나타내어 금빛처럼 빛나는 몸을 공주가 보게 하시니, 공주는 부처님 몸을 보고는 더욱 기뻐하였고, 기뻐하였으므로 추악한 모양은 곧 사라지고 몸이 단정해졌습니다. 마치 천녀처럼 아름다워 세상에서 아무도 따를 이가 없었습니다. 부처님께서는 공주를 가엾이 여기시고 다시 온 몸을 나타내셨습니다. 공주는 자세히 살펴보며 눈도 깜짝이지 않고 기뻐서 어쩔 줄 몰랐습니다. 그러자 공주의 온 몸도 단정해져 그 모양은 보통이 아니어서 세상에서 드물었으며, 추악한 모양은 흔적도 없이 사라졌습니다. 부처님께서 그를 위해 설법하시자, 설법을 들은 공주는 곧 온갖 허물이 없어지고, 어느새 스로타판나의 도를 얻었고, 공주가 도를 얻자 부처님은 이내 자취를 감추셨습니다.

그 때 다섯 사람은 문을 열고 안으로 들어가 보았습니다. 그 부인의 단정하고 뛰어나게 아름다운 모습은 따를 이가 없자, 그들은 서로 말하였습니다.

"부마가 공주를 데리고 다니지 않는 것을 이상히 여겼더니, 공주가 너무나 아름다웠기 때문이었구나."

그들은 부인을 보고는 도로 문을 닫고 돌아가서 열쇠를 부마의 허리띠에 다시 매어 두었습니다. 그는 술이 깨어 연회를 파하고 집으로 돌아가 문을 열고 얼굴이 단정하고 매우 아름다우며, 특별히 뛰어나 인간세상에서는 보기 어려운 모습의 여자를 보고 그는 놀라 물었습니다.

"당신은 누구요?"

"저는 당신의 아내입니다."

"당신은 아침까지 지금처럼 아름답지 않았소?"

"제가 부처님을 뵈었더니 몸이 이렇게 변했습니다."

공주는 그 동안의 일을 자세히 설명하고 이어 말하였습니다.

"저는 지금 부왕을 뵙고 싶습니다. 당신은 저의 뜻을 전해 주십시오."

그는 공주 말대로 곧 왕에게 가서 아뢰었습니다.

"공주가 지금 와서 뵙고자 합니다."

"그런 말 말고 어서 문을 굳게 잠그고 밖으로 나오지 못하도록 하게."

"어찌 그렇게 하겠습니까. 공주는 지금 부처님 은혜를 입고서 얼굴이 아름답기가 천녀와 같사옵니다."

"만일 그렇다면 어서 가서 데리고 오게."

곧 수레를 보내 공주를 불러왔습니다. 왕은 그 딸이 뛰어나게 아름다운 것을 보고 기뻐서 어쩔 줄 몰랐습니다. 다음 날 오전 왕은 곧 부인과 공주와 부마를 데리고 부처님께 나아가 예배하고는 한쪽으로 물러나 꿇어앉아 부처님께 사뢰었습니다.

"이상합니다. 이 아이는 전생에 어떤 복을 지었기에 부유하고 행복한 왕가에 태어났으며, 또 어떤 허물을 지었기에 추하고 더러운 몸을 받아 피부와 모발은 거칠고 억세어 축생보다 더하였습니까? 원컨대 세존께서는 말씀해 주소서."

"사람이 세상에 태어남에 단정하고 추한 것은 다 전생에 지은 죄와 복의 갚음으로 그렇게 되는 것이오. 지나간 먼 세상에 바라나시라는 큰 나라가 있었고, 또 그 나라에는 재물이 한량없이 많은 큰 장자가 있었소. 그 장자의 온 집안 식구들은 프라데카 부처에게 늘 공양을 올렸소. 그런데 그 프라데카 부처는 몸이 거칠고 얼굴은 추하며 여윈 그 꼴은 차마 볼 수가 없었소. 그 때 그 장자에게는 딸이 하나 있었소. 그는 날마다 오는 그 프라데카 부처를 보고 미워하고 업신여기고 흉을 보았소.

'얼굴이 추하고 피부는 거친 것이 어찌 저리 미운가.'

그러나 프라데카 부처는 자주 그 집에 가서 공양을 받았소. 프라데카 부처는 세상에 오래 살다가 열반에 들려고 하였소. 그래서 그 단월을 위해 갖가지 신통을 부렸소. 즉, 허공에 솟아올라 몸에서 물과 불을 뿜으면서, 동쪽에서 솟아 서쪽으로 사라지고, 서쪽에서 솟아 동쪽으로 사라지며, 남쪽에서 솟아 북쪽으로 사라지고, 북쪽에서 솟아 남쪽으로 사라졌으며, 또 허공에서 앉기도 하고 눕기도 하면서 갖가지 변화를 나타내어 집 안 사람들을 모두 보게 한 뒤 허공에서 내려와 그 집으로 들어갔소. 장자는 그것을 보고 한량없이 기뻐하였고, 그 딸은 곧 잘못을 뉘우치고 스스로 꾸짖고는 사죄하였소.

'존자께서는 용서하소서. 저는 전에 나쁜 마음으로 지은 죄가 너무 무겁습니다. 바라옵건대 마음에 두지 마시고 모든 죄를 다 용서하소서.'

프라데카 부처는 그 참회를 들어주었소."

부처님께서 이어 말씀하셨습니다.

"그 때의 딸이 바로 지금의 공주요. 그 때에 공주가 마음으로 프라데카 부처를 비방한 죄업을 지었기 때문에 그 이후로는 언제나 추한 형상을 받았고, 신통을 보고 스스로 참회하였기 때문에 도리어 단정한 몸을 받고, 다른 사람보다 뛰어난 재주는 아무도 따를 이가 없었으며, 그 프라데카 부처에게 공양을 올렸기 때문에 태어나는 세상마다 부귀했고, 이제 해탈을 얻었소. 대왕님, 이와 같이 형상이 있는 일체 중생은 부디 몸과 입을 잘 단속해 함부로 남을 업신여기거나 나쁘게 말하지 말아야 합니다."

그 때에 프라세나짓왕과 여러 신하들과 대중들은 부처님께서 말씀하시는 인연과 과보를 듣고 모두 믿고 공경하며 부처님 앞에서 감탄하였습니다. 그들은 믿는 마음으로 말미암아 첫째 결과에서 넷째 결과까지 얻는 이도 있었고, 위없이 평등한 뜻을 내는 이도 있었으며, 또 물러나지 않는 자리에 머무는 이도 있었으며, 모두 간절히 우러러 마음으로 부처님의 교훈을 공경히 받들고 기뻐하며 실천하였습니다.

두 닢 보시

저는 이와 같이 들었습니다.

부처님께서 슈라바스티의 기타 숲 외로운 이 돕는 절에서 큰 제자 천이백오십 명과 함께 계시던 어느 때, 그 성 안에 큰 장자가 있었고, 그 부인은 아이를 낳아 이름을 금재金財라 하였습니다. 그 아이는 단정하고 뛰어나 세상에 비교할 만한 아이가 드물었고, 그 아이는 날 때 주먹을 쥐고 태어나 부모는 놀라고 괴상히 여겨 상서롭지 못한 일이라 생각하고 손금을 보려고 아이의 두 주먹을 폈다가 돈 두 닢을 쥐고 있는 것을 보았습니다. 부모는 기뻐하며, 그것을 거두면 그 손에서 돈이 다시 생기고, 거두면 다시 생기곤 하였습니다. 이렇게 부지런히 거둔 돈이 창고에 가득 찼지만 그 아이 손에서는 계속 돈이 생겼습니다. 아이는 장성하자 부모에게 아뢰어 출가하기를 간청하였습니다. 부모는 허락하였습니다. 그 때에 금재는 부처님께 나아가 땅에 엎드려 예배하고 사뢰었습니다.

"원컨대 세존께서는 저를 가엾이 여겨 제가 출가하여 도를 구할 수 있도록 허락해주십시오."

"너의 출가를 허락하노라."

금재는 부처님의 허락을 받아 수염과 머리를 깎고 가사를 입고 사미가 되었습니다. 나이가 차서 큰 계를 받게 되자, 여러 스님들을 모으고 구족계를 받게 하였습니다. 그는 단壇에 나아가 여러 스님들에게 차례로 예배하였습니다. 예배할 때에 두 손을 땅에 짚으면 손을 짚은 곳에는 돈 두 닢이 있었고, 이렇게 차례차례 전부에게 예배하니 예배하는 앞앞에 모두 돈이 있게 되었습니다. 그는 계율을 받고 부지런히 공부하여 아라한이 되었습니다.

아난다가 부처님께 사뢰었습니다.

"알 수 없습니다. 세존이시여, 이 금재 비구는 전생에 어떤 복을 지었기에 태어나면서 손에 돈을 쥐고 태어났습니까? 원컨대 세존께서는 말씀해주십시오."

부처님께서 말씀하셨습니다.

"내가 지금부터 설명할 테니, 잘 듣고 기억하라.

먼 옛날 구십일 겁 전에 비파시인이라는 부처님이 세상에 나타나 바른 법으로써 교화하여 헤아릴 수 없는 중생들을 제도하셨다. 그 부처님이 스님들을 데리고 시내로 들어가시면 여러 귀족들과 장자들은 음식을 마련하여 부처님과 제자들께 공양을 올렸다. 그 때에 어떤 가난한 사람은 항상 들에 나가 나무를 해다 팔았는데, 마침 나무를 팔아 돈 두 닢을 받았다. 그는 부처님과 스님들이 왕의 초청을 받는 것을 보고, 기쁘고 공경하는 마음으로 곧, 그 돈 두 닢을 부처님과 스님들에게 보시하였다. 부처님은 그를 가엾이 여겨 그것을 받아 주셨느니라."

부처님께서 이어 말씀하셨습니다.

"그 때에 그 가난한 사람은 돈 두 닢을 부처님과 스님들에게 보시하였기 때문에 구십일 겁 동안 항상 돈을 쥐고 마음대로 쓰되 다하는 일이 없었다. 그 때의 그 가난한 사람이 바로 저 금재 비구였다. 비록 그가 도를 얻지 못하였더라도 미래의 과보는 한량없다. 그러므로 아난다야, 일체 중생은 모두 부지런히 보시하는 업을 지어야 할 것이다."

그 때에 아난다와 대중들은 부처님 말씀을 듣고 모두 믿었습니다. 그리고 스로타판나의 결과를 얻는 이도 있고, 사크리다가민 · 아나가민 · 아라한을 얻는 이도 있었으며, 위없는 바르고 참된 도를 공부하겠다는 마음을 내는 이도 있었고, 물러나지 않는 자리에 머무르게 된 이도 있었으며, 모든 대중들은 부처님 말씀을 듣고 힘써 실천하였습니다.

정성이 든 야생화

저는 이와 같이 들었습니다.

부처님께서 슈라바스티국의 기타 숲 외로운 이 돕는 절에서 큰 비구들 천이백오십 명과 함께 계시던 어느 때, 그 나라 안에 어떤 장자는 아들을 낳았는데, 아이의 얼굴이 단정했습니다. 그 아이가 태어나니 하늘에서 온갖 꽃이 내려와 온 집 안에 가득하자, 아이 이름을 화천華天이라 하였고, 아이는 장성하여 부처님께 나아가 견줄 데 없는 부처님 상호를 뵙고, 기쁜 마음이 생겨 가만히 생각하였습니다.

'나는 세상에 나서 성인을 만났다. 이제 부처님과 저 스님들을 초청하리라.'

그는 부처님 앞에 나아가 사뢰었습니다.

"원컨대 세존께서는 스님들과 함께 내일 저의 집에 왕림하셔서, 나물밥이나마 받아주시면, 제게는 큰 복이요, 경사이겠습니다."

부처님은 그의 능력을 아시고 그의 초청을 받아 주셨습니다.

이튿날 공양 때가 되어 부처님과 스님들은 그의 집으로 가셨습니다. 화천은 곧 신통으로써 보배 자리를 만들어 온 집 안에 두루 펴서 엄숙하게 장엄하였고, 부처님과 스님들은 그 자리에 앉으셨습니다. 또 화천이 갖가지 음식을 준비하려고 생각하자, 그의 복덕으로써 음식은 저절로 차려졌습니다.

부처님과 스님들은 공양을 마치고 바루를 거두고는, 그를 위해 온갖 법을 자세히 설명하시니, 화천의 집 안 사람들은 모두 스로타판나를 얻었습니다. 그 때에 화천은 곧 부모를 하직하고 집을 떠나 부처님 제자가 되기를 간청하니 부모는 허락하였습니다. 그는 곧 부처님께 나아가 땅에 엎드려 부처님 발에 예배하고, 비구가 되어 부처님의 교훈 받기를 소원하였습니다. 부처님은 그가 도에 들어오기를 허락하시고 칭찬하셨습니다.

"잘 왔구나! 비구야."

이렇게 말씀하시자, 그의 수염과 머리는 저절로 떨어지고 가사가 몸에 입혀져 스님이 되어 부처님의 교훈을 따라 수행하여 아라한이 되었습니다.

아난다는 이 사실을 보고 부처님께 나아가 꿇어앉아 사뢰었습니다.

"세존이시여, 이 화천 비구는 전생에 어떤 복을 심었기에 하늘 꽃이 저절로 내려오고 또 능히 자리와 음식을 신통으로 만들었습니까? 세존이시여, 이 궁금증을 풀어주십시오."

"알고 싶으면 잘 들어라. 과거에 비파시인이라는 부처님이 세상에 나와 중생들을 제도하셨다. 그 때에 스님들이 촌락으로 다니다가 귀족들에게 가 거기서 모두 공양을 받았다. 그 때에 어떤 사람은 가난하여 재물이 없었다. 스님들을 보고 기뻐하는 마음이 있었으나 공양거리가 없는 것이 한스러웠다. 그는 들에 나가 온갖 꽃을 꺾어 스님들에게 흩으면서 진심으로 예배하고 떠났느니라."

부처님께서 이어 말씀하셨습니다.

"그 때에 스님들에게 꽃을 올린 가난한 사람이 바로 지금의 저 화천 비구이니라. 그는 과거에 믿고 공경하는 마음을 내어 꽃을 꺾어 스님들에게 흩으면서, 지극한 마음으로 서원하였기 때문에 구십일 겁 동안 태어나는 곳마다 몸이 단정하였고, 마음속으로 음식이나 자리나 침구가 필요하다고 생각하면 그것들은 곧 생각대로 생겨났으며, 그 복으로 말미암아 스스로 도를 얻었느니라.

그러므로 아난다야, 일체 중생은 작은 보시는 복이 없다 하여 가벼이 여기지 말아야 한다. 지금 저 화천이 모든 것을 스스로 얻는 것과 같으니라."

그 때에 아난다와 대중들은 부처님 말씀을 듣고 기뻐하며 힘써 실천하였습니다.

진실이 담긴 조약돌

저는 이와 같이 들었습니다.

부처님께서 슈라바스티의 기타 숲 외로운 이 돕는 절에 계시던 어느 때, 어떤 장자가 아들을 낳았는데, 아이가 날 때에 하늘에서 일곱 가지 보배가 집 안에 두루 내려 가득하였습니다. 그 장자는 곧 관상 보는 이를 불러 아이 상을 보였습니다. 관상가는 그 기이한 상을 보고 장자에게 말하였습니다.

"이 아이 상은 뛰어나고 특별합니다."

장자는 이 말을 듣고 못내 기뻐하면서 이름을 지어 달라고 하였습니다. 관상가가 물었습니다.

"이 아이가 날 때 어떤 징조가 있었습니까?"

"이 아이가 날 때 하늘에서 일곱 가지 보배가 쏟아져 우리 집 안에 가득하였소."

"그것은 이 아이의 복덕입니다. 그러니 이름을 천보天寶라 하십시오."

아이는 차츰 자라나자 온갖 기술을 다 통달하였습니다. 그는 부처님의 신성함과 뛰어난 덕이 짝할 데 없다는 말을 듣고, 마음으로 간절히 사모하여 집을 떠나려고 하였습니다. 그는 부모를 하직하고 부처님께 나아가 땅에 엎드려 예배하고 사뢰었습니다.

"원컨대 세존께서는 저의 출가를 허락해주십시오."

"잘 왔구나! 비구야."

그러자 그의 수염과 머리는 저절로 떨어지고 가사가 몸에 입혀졌습니다. 아난다가 부처님께 여쭈었습니다.

"알 수 없습니다. 세존이시여, 저 천보 비구는 전생에 어떤 복을 지었기에 그가 날 때에 하늘에서 온갖 보배가 내렸고, 옷과 밥은 저절로 생겨 모자람이 없습니까?"

"지난 세상에 비파시인이라는 부처님이 세상에 나와 헤아릴 수 없는 중생을 제도하셨다. 그 때에 여러 스님들이 촌락을 다니면 그 촌락의 여러 거사들은 모두 스님들을 초청해 갖가지로 공양을 올렸다. 그 때에 어떤 가난한 사람은 스님들을 뵙고 기쁜 마음을 가졌으나 집에는 재물이나 공양거리가 없었다. 그는 곧 구슬과 같은 흰 조약돌을 한 줌 쥐어 스님들에게 흩으면서 큰 서원을 세웠느니라."

부처님께서 이어 말씀하셨습니다.

"그 때에 조약돌로써 공양을 올린 가난한 사람이 바로 저 천보 비구니라. 그는 과거에 믿고 공경하는 마음으로 구슬 같은 흰 조약돌을 스님들에게 흩었기 때문에 구십일 겁 동안 한량없는 복을 받아 재물과 보배가 많았고, 옷과 밥이 저절로 생겨 모자람이 없었으며, 그 때에 믿고 공경하는 마음이 있었기 때문에 지금 나를 만나 도를 깨닫게 되었느니라."

그 때에 대중들은 부처님 말씀을 듣고 스스로 믿는 마음이 생겨, 첫째 결과를 얻는 이도 있었고, 나아가서는 넷째 결과까지 얻는 이도 있었으며, 마음을 내어 물러나지 않는 자리에 머무르는 이도 있었으며, 대중들은 부처님 말씀을 듣고 기뻐하며 힘써 실천하였습니다.

인연이 소중하다

저는 이와 같이 들었습니다.

부처님께서 라자그리하의 대숲 절에 계시던 어느 때, 세존께서는 처음으로 도를 얻어 아즈냐타카운디냐 등을 제도하시고 다음에는 우루벨라카샤파 형제들 천 명을 제도하셨습니다. 사람을 제도하시는 범위는 점점 넓어져 그 은혜를 입는 이가 많았습니다. 그러니 라자그리하 사람들은 한량없이 기뻐하면서 찬탄하지 않는 이가 없었습니다.

"여래께서 세상에 나오심은 참으로 기이하고 특별한 일로서, 중생들은 모두 고통에서 벗어나는구나."

또 카운디냐 등과 우루벨라 무리들을 칭송하였습니다.

"저 대덕 비구들은 전생에 여래와 무슨 인연이 있었기에 법북이 처음 울리자 남보다 먼저 듣게 되었으며, 단 이슬 법 맛을 먼저 맛보았는가."

그 때에 비구들은 여러 사람들의 이런 칭송을 듣고, 곧 부처님께 나아가 그 사실을 자세히 사뢰었습니다.

부처님께서 말씀하셨습니다.

"나는 과거에 저 무리들과 함께 있으면서, 만일 내가 도를 이루면 먼저 저들을 제도하겠다는 큰 서원을 세웠느니라."

비구들은 이 말씀을 듣고 다시 부처님께 사뢰었습니다.

"오랜 과거에 함께 사시면서 서원을 세우신 그 사실은 무엇입니까? 저희들을 가엾이 여겨 설명해주십시오."

"자세히 듣고 잘 기억하여라. 오랜 과거 한량없고 가없으며 헤아릴 수 없는 아승기 겁 이전에, 이 잠부드비파에 바라나시라는 큰 나라가 있었고, 당시 국왕의 이름은 가리였다. 그 나라에는 찬제파리라는 큰 선인仙人이 있었는데, 그는 오백 명 제자들과 함께 숲 속에 살면서 인욕忍辱을 수행하고 있었다. 어느 때 국왕은 신하들과 부인과 궁녀들을 데리고 산에 들어가 놀게 되었다. 그 때에 왕은 피로해 누워 쉬고 있었고, 여러 궁녀들은 돌아다니면서 꽃으로 뒤덮인 숲을 구경하였다. 그러다가 찬제파리가 단정히 앉아 생각에 잠겨 있는 것을 보고 저절로 공경하는 마음이 생겨, 온갖 꽃을 따다 그 주위에 흩어 놓고 이내 그 앞에 앉아 그의 설법을 듣고 있었다. 왕이 잠에서 깨어 사방을 둘러보니 여인들이 보이지 않자 네 대신을 데리고 같이 가서 찾아보았다. 그러다가 그 여인들이 선인 앞에 앉아 있는 것을 보고 곧 선인에게 물었다.

'너는 네 가지 공한 선정空定을 얻었는가?'

'얻지 못했습니다.'

'네 가지 무량심無量心은 얻었는가?'

'얻지 못했습니다.'

'네 가지 선정은 얻었는가?'

'얻지 못했습니다.'

왕은 화를 내며 말하였다.

'너는 그런 공덕을 모두 얻지 못하였으니 범부에 지나지 않는다. 그러면서 혼자 여인들과 으슥한 곳에 있으니 어떻게 믿을 수 있겠는가?'

'……'

'너는 항상 여기 있다고 하는데, 어떤 사람인가. 또 무엇을 수행하는가?'

'인욕을 수행하고 있습니다.'

왕은 곧 칼을 빼며 말하였다.

'만일 욕됨을 참는다면 나는 지금 네가 참을 수 있는가를 알아보리라.'

곧 그의 두 손을 끊고, 그리고 또 물었다.

'그래도 욕됨을 참는다고 말할 수 있겠는가?'

또 두 다리를 끊고 물었다.

'그래도 욕됨을 참는다고 말할 수 있겠는가?'

다음에는 그 귀와 코를 베었지만 그는 얼굴빛도 변하지 않았다.

'그래도 욕됨을 참는다고 말할 수 있겠는가?'

그 때에 천지는 여섯 가지로 진동하고, 그 선인의 오백 명 제자는 허공을 날면서 스승에게 물었다.

'그런 고통을 당하고도 인욕하는 마음을 잃지 않습니까?'

스승은 대답하였습니다.

'마음은 변하지 않느니라.'

왕은 깜짝 놀라면서 다시 물었다.

'너는 참는다고 말하지만 무엇으로 증명하겠는가?'

'만일 내가 참는 것이 진실이요 거짓이 아니라면 피는 젖이 되고 몸은 예전처럼 회복될 것이다.'

그 말이 끝나자 피는 곧 젖이 되고 몸은 전처럼 회복되었다. 왕은 그 참음의 증명을 보고 더욱 두려워하여 말했다.

'아, 제가 질투하여 큰 선인을 비방하고 욕보였습니다. 원컨대 가엾이 여겨 참회를 받아주소서.'

'왕은 여자로 말미암아 칼로써 내 몸을 해쳤지만 나의 참음은 땅과 같습니다. 나는 뒤에 부처가 되면 먼저 지혜의 칼로써 당신의 세 가지 독을 끊을 것입니다.'

그 때에 산중에 있던 여러 용과 귀신들은 가리왕이 인욕하는 선인을 해치는 것을 보고, 모두 걱정하여 큰 구름과 안개를 일으키고 뇌성벽력을 치면서, 그 왕과 권속들을 해치려 하였다.

선인은 하늘을 우러러 말하였다.

'나를 위한다면 저 왕을 해치지 마시오.'

가리왕은 참회한 뒤에는 늘 선인을 왕궁으로 초청하여 공양을 올렸다. 그 때 다른 범지들 천 사람은 왕이 찬제파리를 공경히 대우하는 것을 보고 매우 시기하여 그가 앉은 곳에 티끌과 흙과 더러운 물건들을 끼얹었다.

선인은 그렇게 하는 그들을 보고 곧 서원을 세웠다.

'내가 지금 인욕을 수행하여 중생들을 위해 쉬지 않고 그 행을 쌓으면, 뒤에는 반드시 부처가 될 것이다. 만일 불도를 성취하면 먼저 법의 물로써 너희들의 티끌과 때를 씻고, 탐욕의 더러움을 없애 영원히 청정하게 해 주겠다.'

그 때의 그 찬제파리는 지금의 나며, 그 때의 가리왕과 네 대신은 바로 지금의 아즈냐타카운디냐 등 다섯 비구요, 내게 티끌을 끼얹던 천 범지는 바로 지금의 우루벨라 등 천 비구니라. 나는 그 때에 인욕을 수행하면서 저들을 먼저 제도하겠다고 서원을 세웠다. 그러므로 내가 도를 이루자 그들이 먼저 괴로움에서 벗어나게 되었느니라."

그 때에 비구들은 부처님 말씀을 듣고, 일찍 없는 일이라고 찬탄하고 기뻐하며 힘써 실천하였습니다.

피를 먹이고 십선을 권하다

저는 이와 같이 들었습니다.

부처님께서 슈라바스티의 외로운 이 돕는 절에 계시던 어느 때, 공양을 마친 존자 아난다는 숲 속에서 좌선하다가 가만히 생각하였습니다.

'여래께서 세상에 나오심은 참으로 놀라운 일이다. 중생들은 모두 그 힘으로 안락하구나.'

또 생각하였습니다.

'아즈냐타카운디냐 등 다섯 큰 비구는 어떤 선善을 심고 어떤 인연에 의지하여 법의 문이 처음으로 열리자 먼저 들어가게 되었고, 법의 북이 처음으로 울리자 먼저 듣게 되었으며, 단 이슬 법이 내리자 먼저 젖게 되었을까?'

이렇게 생각하고는 자리에서 일어나, 부처님께 나아가 생각한 것을 자세히 사뢰었습니다.

부처님께서 말씀하셨습니다.

"아즈냐타카운디냐 등은 전생에 참으로 나와 인연이 많았다. 지나간 세상에 나는 내 몸의 피로써 그들의 굶주림과 목마름을 충족시켜 편안하게 하였다. 그러므로 그는 지금 몸으로써 먼저 내 법을 듣고 해탈을 얻게 된 것이다."

아난다는 다시 여쭈었습니다.

"과거에 피로써 그 굶주림을 구제한 그 일은 어떠한 내용이었습니까? 자세히 가르쳐 주시고, 또 이 대중들로 하여금 모두 알게 해주십시오."

"오랜 과거 아승기 겁 이전에 이 잠부드비파에 자력慈力이라는 큰 나라 왕이 있었다. 왕은 자비스러웠고 네 가지 평등한 마음을 갖추어 일체 중생을 항상 가엾이 여기되, 일찍 게으르거나 싫증을 내지 않았고, 언제나 열 가지 선행으로써 백성을 가르치니 사방이 모두 왕의 교화와 다스림을 흠모하였으며, 나라가 안락하니 모두가 행복하고, 의지하지 않는 사람이 없었다.

온갖 돌림병 귀신들은 항상 사람 피를 먹고 살아가는데, 그 때 사람들은 몸과 말과 뜻을 잘 단속하여 열 가지 선행을 철저히 실천했기 때문에, 온갖 삿된 것과 나쁜 병도 감히 가까이 침범하지 못했고, 굶주림과 병과 가난과 쇠약도 힘을 쓰지 못하였다. 그 때 다섯 야차가 왕에게 와서 말하였다.

'우리 무리들은 사람의 피와 기운을 먹어야 신명을 보전하게 됩니다. 그런데 왕의 교훈과 지도로 말미암아 백성들은 모두 열 가지 선을 실천합니다. 그러므로 우리들은 지금부터 먹고 마실 것이 없어, 굶주림과 목마름과 가난에 시달려 살 길이 없습니다. 대왕께서는 자비로우신데 어찌 저희들만 가엾이 여기지 않으십니까!'

왕은 그 말을 듣고 매우 슬퍼하고 가엾이 여겨, 곧 몸에 다섯 군데 핏줄을 찔러 선혈이 낭자하니, 다섯 야차는 제각기 그릇을 가지고 와서 피를 받아 마시고 배가 부르자, 그들은 모두 왕의 은혜를 입고 한량없이 기뻐하였다.

왕은 말하였다.

'너희들은 이제 배가 불렀으면 열 가지 선을 생각하고 닦아라. 나는 지금 내 몸의 피로써 너희들의 굶주림과 목마름을 해결하여 편안하게 하였다. 내가 뒷날 부처가 될 때에는, 마땅히 법 몸의 계율과 선정과 지혜의 피로써 너희들의 세 가지 독과 온갖 탐욕과 굶주리고 목마름을 없애고, 안락한 열반의 세상에서 편히 살게 하리라.'

아난다야, 알고 싶으냐. 그 때의 자력왕은 바로 나요, 다섯 야차는 바로 지금의 카운디냐 등 다섯 비구니라. 나는 세상마다 '저들을 먼저 제도하리라' 고 서원을 세웠다. 그러므로 내가 처음 설법할 때 저들은 그것을 듣고 곧 해탈하였느니라."

그 때에 존자 아난다와 대중들은 부처님 말씀을 듣고, 모두 더욱 공경하고 우러르고 기뻐하였습니다.

이교도를 항복 받다

저는 이와 같이 들었습니다.

부처님께서 라자그리하의 대숲 절에서 천이백오십 명의 비구들과 함께 계시던 어느 때, 빔비사라왕은 이미 '첫째 결과'를 얻어 믿고 공경하는 마음이 더욱 독실하여, 항상 품질이 가장 좋은 네 가지 필요한 물품을 부처님과 비구 스님들이 사용하시도록 올렸습니다. 그리고 백성들과 착한 일 하기를 즐기고 백성들에게 불법을 권하고 가르쳤습니다.

그 나라에 푸루나카샤파 등 여섯 이교도의 무리들이 있었으니, 그들은 일찍부터 세상에 나와 삿된 소견과 뒤바뀐 주장으로써 사람들을 속이고 유혹하였으므로, 어리석고 어두운 무리들은 그 사교邪教를 믿고, 또 널리 퍼뜨려 나쁜 무리들이 나라에 가득 하였습니다. 왕에게는 아우가 있었고, 그는 그 여섯 이교도들을 공경히 받들면서 그들의 삿되고 뒤바뀐 소견에 홀리어 믿고 거기에 참된 도가 있다고 하여, 집안의 많은 재산을 그들에게 바치고 있었습니다.

부처님의 태양 같은 가르침이 처음 나타나고, 지혜의 물이 일찍부터 흘렀으나, 그는 교화 받을 마음이 없고 어두운 겹겹의 그물에 걸려 있었습니다. 형 빔비사라왕은 그 아우를 매우 사랑하고 소중히 여겼으므로, 은근한 마음으로 타일러 부처님을 믿게 하려 했으나, 아우는 그 삿된 이치를 고집하며 왕의 말을 따르지 않았습니다. 또 왕이 자주 명령하여 부처님을 초청해 공양을 올리라고 하면 아우는 이렇게 말하였습니다.

"저에게는 따로 믿음이 있으므로 새삼스레 가서 고타마를 초청할 수 없습니다."

그러나 차마 왕의 명령을 거역할 수 없어 다음과 같이 말했습니다.

"큰 모임을 베풀어 오는 사람은 제한하지 않겠습니다. 만일 그가 스스로 온다면 나는 그를 대접하겠습니다."

그는 공양거리를 장만하고 자리를 펴는 등 모임의 준비를 끝내고, 사람을 보내어 여섯 이교도를 초청했습니다. 그들은 모두 모여와 윗자리에 앉았습니다. 그러나 부처님과 스님들이 오지 않는 것을 이상히 여겨 그는 왕에게 가서 아뢰었습니다.

"대왕께서 전에 여러 번 고타마를 초청하라고 분부하셨습니다. 그래서 지금 그를 위해 공양을 베풀었습니다. 그런데 어찌하여 때가 다 되었는데도 그들은 오지 않습니까?"

왕은 아우에게 말하였습니다.

"만일 네가 직접 가서 초청하지 못한다면 사람을 보내어 때가 되었다고 여쭈어라."

아우는 분부를 받고 사람들을 보내어 사뢰었습니다.

그 때에 부처님은 대중을 데리고 모임에 가셔서 그 여섯 이교도들이 윗자리에 먼저 앉아 있는 것을 보시고, 스님들과 함께 아랫자리에 차례로 앉았습니다. 그 때에 부처님은 신통으로써 그 여섯 이교도와 그 제자들의 자리를 부처님 대중보다 아랫줄에 있게 하였습니다. 여섯 이교도는 창피하게 여겨 제각기 일어나 자리를 옮겼으나, 앉고 보면 다시 아랫자리가 되었습니다. 이렇게 두 번 세 번 자리를 옮겨 위로 올라갔으나 여전히 몸은 아랫자리에 있었습니다. 그러니 어찌할 수 없어 머리를 숙이고 그대로 앉아 있었습니다. 도우미가 손 씻을 물을 돌릴 때 윗자리에 먼저 오자 부처님은 그들에게 말씀하셨습니다.

"너희들 스승에게 먼저 돌려라."

그들이 그들의 스승 앞에 가서 물통을 들고 물을 따르려고 했으나, 물통 주둥이가 저절로 막혀 물이 나오지 않았습니다.

그래서 도로 부처님 앞으로 가서 부처님부터 차례로 물을 돌리자 그제야 물이 나와 모두 손을 씻을 수 있었습니다. 손을 씻은 다음 주원呪願 할 때가 되어, 도우미들이 밥을 가지고 윗자리에 이르자 부처님께서 말씀하셨습니다.

"본래 우리를 위한 것이 아니니 너희 스승 앞에 가서 그들로 하여금 주원을 하게 하라."

그 분부를 받고 여섯 이교도 앞으로 가니 여섯 이교도는 입이 닫혀 말을 할 수가 없자, 그들은 제각기 손을 들어 부처님을 가리켰습니다. 부처님은 곧 웅장하고 맑은 음성으로 주원하셨습니다. 주원을 마친 뒤에 음식을 돌릴 때가 되어 윗자리에서 차례로 돌리려 하자 부처님께서는 또 말씀하셨습니다.

"너희 스승에게 먼저 올려라."

음식을 가지고 가서 여섯 스승에서부터 시작해 돌리려 하자, 음식이 갑자기 공중에 떠올라 각기 그 머리 위에 떠 있었으므로 먹을 수가 없었습니다. 부처님과 스님들한테서 시작하여 밥을 돌리려 하니, 음식이 그제야 도로 내려와 각각 제 앞에 놓였습니다. 부처님과 스님들과 대중들의 식사가 끝나 바루를 씻고 양치질한 뒤에, 도로 앉아 설법할 때가 되자 부처님께서 그들에게 말씀하셨습니다.

"너희 스승께 설교하게 하라."

그들은 이내 여섯 이교도에게 설법을 간청하였으나, 그들은 입이 달라붙어 버리니, 모두 손을 들어 부처님을 가리켰습니다. 그 때에 부처님은 대중을 위하여 부드럽고 웅장한 음성으로 법의 성품과 그 이치를 분별해 말씀하셔서 그들의 뜻에 맞게 하시니, 그들은 모두 설법을 듣고 마음이 열렸습니다. 그 때에 빔비사라왕의 아우는 법 눈이 깨끗하게 되었고, 그 밖의 사람들은 '첫째 결과' 에서 '셋째 결과' 까지 얻고, 출가하여 번뇌가 없어지고, 위없는 도에 마음을 내어 물러나지 않는 자리에 머물렀으며, 마음으로 소원하는 것을 모두 성취하였습니다. 그래서 각각 참다운 이치를 알고 삼보를 믿고 공경하였으며, 여섯 이교도를 천하게 여겨 다시는 초청하여 공양을 올리려 하지 않았습니다.

이에 여섯 이교도는 매우 번민하고 성을 내어 제각기 한적한 곳에 가서 마법을 배우려 하였습니다. 그 때에 하늘 악마 파피야스는 저들의 마음이 약해져서 나쁘고 삿된 법을 펴지 못할까 걱정하고, 곧 내려와 여섯 이교도의 모양으로 변하여 각각 한 사람씩을 맡아 그들에게 술법을 가르쳐 주었습니다. 즉 공중을 날아다니면서 몸에서 물과 불을 토하기도 하고 몸을 여러 개로 나누는 등 백 가지 변화를 부렸습니다. 그러자 어리석은 무리들은 다시 그들을 믿고 받들었습니다. 그들은 전에 모욕을 당하고 빼앗긴 이익을 되찾기 위해 한데 모여 의논하였습니다.

"이제 우리 술법도 고타마보다 못하지 않다. 우리가 전에 한 번 욕봄으로써 사람들의 마음이 떠나고 흩어졌다. 그러나 이제 우리들이 신기한 마법을 나타내 기묘한 변화로써 충분히 저들을 항복시킬 수 있을 것이다. 국왕에게 나아가 저들과 한 번 승부를 겨루어 판가름하도록 해보자."

이렇게 결의하고 왕에게 나아가 자기들의 지혜와 신통과 마법을 설명하고 말하였습니다.

"저 사문과 신기한 변화를 부려 시험해 보면 그 가부가 저절로 나타날 것입니다."

왕은 웃으면서 말하였습니다.

"너희들은 어찌 그리 어리석은가. 부처님의 덕은 넓고 크며 신통은 걸림이 없다. 너희들이 겨루어 본다는 것은 마치 반딧불로 해와 빛을 겨루고, 소 발자국 물로 바다와 크기를 견주며, 여우가 힘으로 사자와 용맹을 다투고, 개미 언덕으로 수미산과 높이를 견주려는 것과 같아서, 길고 짧음의 차별이 확실한데 어리석고 미혹하여 큰 꾀를 내니, 어찌 그리도 어리석은가."

"일은 겪어 본 뒤에라야 아는 것입니다. 대왕은 우리들의 뛰어난 변화를 보시지 못하고 치우친 마음으로 저쪽만 장하다고 말하지만, 한번 시험해 보면 길고 짧음이 저절로 결정될 것입니다."

"겨루어 보고 싶으면 겨루어 보아라. 그러나 다만 너희들이 스스로 욕을 부를까 걱정이다. 단 부처님과 신통을 다투고자 할 때 우리가 모두 같이 그것을 참관할 것이다."

"이레 뒤로 날을 정하겠습니다. 원컨대 대왕은 시합할 장소를 잘 손보아 놓으십시오."

여섯 이교도들이 떠난 뒤에 왕은 수레를 타고 부처님께 나아가 그 사실을 아뢰었습니다.

"저 여섯 이교도들이 부처님과 도술을 시험해 보겠다고 시끄럽게 굴기 때문에, 이치로써 나무랐지만 그들은 단념하지 않았습니다. 원컨대 세존께서는 그 신력을 떨치셔서 저 사악邪惡한 무리들을 항복 받으시면, 그제야 선善으로 돌아올 것입니다. 또한 저희들로 하여금 부처님의 신통을 보게 하소서."

"내가 때를 알아서 하겠소."

왕은 부처님께서 신통을 겨루겠다고 허락하신 것으로 알고,

곧 신하들에게 명령하여 넓은 곳을 편편하게 닦고 자리를 정리해 놓고, 온갖 깃발을 세우고, 꽃과 구슬을 꿰어 장엄하고 화려하게 꾸며 놓았고, 사람들은 모두 그 날을 기대하고 있었습니다. 그 전날 부처님은 스님들을 데리고 라자그리하성을 나와 바이샤알리로 가셨습니다. 바이샤알리의 여러 연예인들은 사람들을 데리고 나와서 맞이하였습니다.

그 날이 되어, 사람들은 부처님을 찾았으나 계시지 않아, 절에 가서 물어보고서야 비로소 바이샤알리로 가신 줄을 알았습니다. 여섯 이교도들은 떠들며 외쳤습니다.

"우리는 오래 전부터 고타마의 지혜와 도술이 보잘 것 없는 줄 알고 있었다. 그러나 사람들은 의심하면서 우리말을 믿지 않았지만 도술을 다툴 기일이 되니, 제가 이기지 못할 줄 알고 그만 바이샤알리로 도망쳐 버렸다."

그들은 더욱 뽐내면서 서로 말하였습니다.

"어디든지 쫓아가 보자."

그 때에 빔비사라왕은 음식을 준비하여 오백 대 수레에 가득히 싣고, 신하들과 십사만 무리들도 각각 양식을 준비하고 부처님을 좇아 앞뒤로 줄을 지어 바이샤알리로 갔습니다.

여섯 이교도들은 다시 여러 연예인들에게 말했습니다.

"우리가 고타마와 신력을 시합하고 실성實性을 변론하는 것을 보고 들으려거든 이레 뒤에 오십시오."

연예인들은 다시 부처님께 가서 사뢰었습니다.

"저 여섯 이교도들은 어리석어 스스로 도가 높다고 일컬으면서 부처님과 신력을 다투려고 합니다. 원컨대 세존께서는 신력을 보이셔서 저들을 항복받으소서."

"내가 때를 알아서 하겠소."

연예인들은 목수들을 데리고 빔비사라왕처럼 시합 장소를 준비하였습니다. 그리고 사람들은 모두 그 날이 오기를 기대하였습니다. 그 전날 부처님은 제자들을 데리고 코오삼비국으로 떠나셨고, 코오삼비의 우다야나왕은 신하들을 데리고 나와 맞이하였습니다.

이튿날 새벽에 바이샤알리 사람들은 부처님을 찾았으나, 부처님은 이미 코오삼비국으로 떠나신 뒤였습니다. 이 말을 들은 여섯 이교도들은 더욱 교만해져서 그들의 무리를 한데 모아 어디까지나 좇아가려 하였습니다. 그 때에 연예인들은 음식을 준비하여 오백 대 수레에 싣고 부처님께 공양을 올리려고 칠만 대중을 거느리고 빔비사라왕과 함께 코오삼비에 모여, 부처님과 여섯 이교도가 신력을 시험하는 것을 보려고 앞뒤로 줄을 지어 길을 메우며 갔습니다. 여섯 이교도들도 코오삼비에 이르러 우다야나왕을 보고 앞에서와 같은 말을 하였습니다.

"사문은 스스로 자신이 없기 때문에 자꾸만 도망침으로 붙잡을 수가 없습니다. 왕은 꼭 붙잡아서 우리와 겨루도록 해주십시오."

우다야나왕은 부처님께 여섯 이교도들의 말을 전했습니다.

"세존께서는 겨루시겠습니까?"

"내가 때를 알아서 하겠소."

우다야나왕은 부처님이 그 나라에서 시합하시기를 바라고, 연예인들처럼 시합 장소를 준비하였습니다. 시합 전날 부처님은 다시 제자들을 데리고 월기국으로 가셨고, 월기국의 둔진타라왕은 백성들을 데리고 나와 부처님을 맞이하였습니다. 그 이튿날 코오삼비의 사람들은 부처님이 이미 월기국으로 떠나셨다는 말을 들었고, 여섯 이교도들은 곧 그 뒤를 쫓아갔습니다. 그 때에 우다야나왕은 팔만 대중과 빔비사라왕 등 여러 나라 사람들과 모두 월기국으로 가서 모였습니다.

여섯 이교도들은 둔진타라왕을 보고 말했습니다.

"저 고타마로 하여금 우리와 시합하게 하십시오."

둔진타라왕은 부처님께 사뢰었습니다.

"내가 때를 알아서 하겠소."

왕은 시합 장소를 장엄하게 준비하였습니다. 시합 날이 가까워 오자 부처님은 제자들을 데리고 특차시라로 향하셨고, 그 나라의 왕 인타바미는 여러 신하들을 데리고 나와 맞이하였습니다. 둔진타라왕은 오만 대중과 빔비사라왕 등과 신하들을 데리고 부처님을 따라 특차시라로 향하였습니다. 여섯 이교도들도 거기 가서 인타바미왕에게 잔뜩 뽐내며 큰 소리로 말하였습니다.

"저 고타마와 신력을 시합하는 것을 허락해주십시오."

인타바미는 부처님께 나아가 사뢰었습니다.

부처님은 여전히 이렇게 대답하셨습니다.

"내가 때를 알아서 하겠소."

왕은 시합 장소를 장엄하게 준비하였습니다.

그 날이 되니 부처님은 다시 그 곳을 떠나 여러 스님들과 함께 바라나로 가셨고, 바라나의 왕 브라흐마닷타는 신하들을 데리고 직접 나와 맞이하였습니다. 그 이튿날 특차시라 사람들은 부처님이 떠나신 것을 알았고, 여섯 이교들은 부처님 뒤를 쫓아 달려갔습니다. 인타바미왕은 육만 대중과 빔비사라

왕 등과 함께 모두 부처님을 따랐고, 여섯 이교들도 거기에 와서, 앞에서와 같이 왕에게 간청하였고, 왕은 앞에서와 같이 부처님께 사뢰었습니다.

부처님은 여전히 같은 대답을 하셨습니다.

"내가 때를 알아서 하겠소."

대회장 준비가 되고 그 날이 되니, 부처님은 그 곳을 버리고 비구들과 함께 카필라국으로 가셨고, 카필라의 여러 샤카 종족들은 대중을 거느리고 모두 나와 맞이하였습니다. 그 이튿날 바라나 사람들은 부처께서 떠나심을 알았고, 여섯 이교도들은 계속해서 좇아갔습니다.

브라흐마닷타왕은 팔만 대중과 빔비사라왕 등 여섯 나라 사람들과 줄을 지어 부처님을 따랐으며, 여섯 이교도들도 거기 와서 샤카 종족들을 향하여 기술과 재능을 들어 시끄럽게 말하였습니다.

"고타마와 신력을 대결할 것을 허락하십시오."

샤카 족들이 부처님께 나아가 그 사실을 자세히 사뢰자, 부처님은 여전히 같은 대답만 하셨습니다.

"내가 때를 알아서 하겠소."

샤카 족들은 대회장을 장엄하게 준비하였습니다. 그 날이 가까워 오자 부처님은 스님들과 함께 슈라바스티로 가셨고, 슈라바스티의 프라세나짓왕은 신하들을 데리고 모두 나와 맞이하였습니다. 샤캬 족들은 그 이튿날에야 부처님이 떠나신 것을 알았고, 여섯 이교도들은 무리들을 데리고 뒤를 쫓아갔습니다. 샤캬 족들은 구만 대중과 빔비사라왕 등 여러 나라 사람들과 함께, 내를 건너고 들을 메우면서 슈라바스티로 부처님을 따랐고, 여섯 이교도들도 거기 와서 프라세나짓왕을 보고 그 동안의 사정을 자세히 말하였습니다.

"우리는 고타마와 신력을 겨루려 하였으나 기일만 되면 그는 도망쳐 붙잡을 수 없었습니다. 그래서 지금 대중들과 함께 왕의 나라까지 쫓아온 것입니다. 대왕은 그를 시켜 우리와 대결하도록 하십시오."

프라세나짓왕은 웃으면서 말하였습니다.

"부처님의 뛰어나신 신통변화는 헤아리기 어려운데, 어떻게 너희들은 그 비루하고 못난 재주로써 큰 법왕과 힘을 겨루려 하는가?"

여섯 이교도들은 수선스럽게 말소리가 거칠어졌습니다.

프라세나짓왕은 나아가 부처님을 뵙고 사뢰었습니다.

"저 여섯 이교도들이 저처럼 간청합니다. 원컨대 세존께서는 신통을 보이셔서 저들을 항복 받아 일체 대중들로 하여금 거짓과 참을 분별하게 하소서."

"내가 때를 알아서 하겠소."

프라세나짓왕은 곧 신하들에게 명령하여 대회장을 편편하게 만들고, 향과 꽃을 많이 쌓고 좌상을 벌여 놓고 온갖 깃대를 세워 장엄하게 준비를 끝냈고, 대중이 모두 모였습니다.

섣달 초하룻날 프라세나짓왕은 이른 새벽에 부처님께 공양을 올리고, 버들가지로 직접 만든 이닦이를 올렸습니다. 그것을 받으신 부처님께서 한 개를 사용하시고 나머지를 땅에 던지시자 거기에서 버드나무가 살아나 무럭무럭 자라더니 줄기가 높이 뻗어 오백 요오자나가 되었고, 가지와 잎도 구름처럼 퍼져 그 둘레가 또한 줄기와 같았습니다. 거기서 다시 꽃이 피어 그 크기가 수레바퀴와 같고, 또 열매를 맺으니 그 크기가 다섯 말이 들어가는 병과 같았습니다. 뿌리와 줄기 · 가지 · 잎사귀는 일곱 가지 보배로 되었고, 휘황찬란한 여러 가지 빛깔은 능히 해와 달을 가릴 정도로 빛났습니다. 그 열매의 맛은 단 이슬과 같고, 향기는 사방으로 퍼져 향기를 맡으면 마음이 저절로 상쾌해졌습니다. 향기로운 바람이 불어와 가지와 잎사귀가 서로 부딪치며 내는 화창한 소리는 미묘한 법을 연설하는 듯, 듣는 사람으로 하여금 싫증이 나지 않게 하였습니다. 그곳에 있던 사람들 모두는 그 나무의 변화를 보고 공경하고 믿는 마음이 더욱 순수해지고 도타워졌습니다. 이에 부처님께서는 그들의 뜻에 맞추어 설법하시자 그들은 모두 법을 이해하고, 부처님께 귀의하는 수많은 사람들은 천상에 나는 큰 결과를 얻었습니다.

둘째 날에는 우다야나왕이 부처님을 초청하였습니다. 부처님께서 그 양쪽에 두 보배 산을 만드시니 그 장엄함은 이루 말할 수 없었고, 그것은 온갖 보배로 되어 오색은 찬란하고 광명은 휘황하였고, 여러 가지 나무는 그 산 위에 줄을 지어 섰고 꽃과 열매는 무성하며 미묘한 향기를 내었고, 그 한 쪽 산 위에는 벼가 누렇게 익어 경치가 아름다웠으며, 맛은 모두 달아 입에 맞았습니다. 그래서 사람들은 마음대로 그것을 먹었습니다. 또 다른 한 쪽 산 위에는 부드럽고 연한 풀이 살지고 맛나게 자라 축생을 기르는데, 먹고 싶은 놈은 가서 그것을 먹고 배가 불러 즐거워하였습니다. 대중들은 그 산이 신기한 것을 보고, 공양을 올린 뒤에는 모두 기뻐하면서 부처님을 우러러 사모하는 정이 더욱 깊어졌습니다. 부처님께서 그들의 뜻에 맞도록 설법하시자 그들은 모두 법을 이해하고 위없는 도를 공부하려는 마음을 내었고, 수많은 사람이 천상에 나는 결과를 얻었습니다.

셋째 날에는 둔진타라왕이 부처님을 초청하여 공양을 올리고 깨끗한 물을 받들어 양치질 하시기를 기다렸습니다. 부처님께서 물을 뱉어 버리시니 그 물이 떨어진 곳이 보배 못이 되어 사방 둘레는 각각 이백 리요, 순전히 일곱 가지 보배가 섞인 온갖 빛깔은 서로 비치고 광명은 찬란하였습니다. 못 가운데 물에는 여덟 가지 연꽃이 피었고, 물 밑에는 일곱 가지 보배 모래가 두루 깔렸고, 여덟 가지 연꽃은 크기가 수레바퀴 같았고, 파랑 · 빨강 · 노랑 · 흰색 · 보랏빛 · 녹색 · 자줏빛 연꽃이 섞여 있었으며, 향기로운 냄새는 사방에 널리 퍼졌고, 그 연꽃은 빛깔을 따라 제각기 광명을 놓아 천지를 찬란하게 하였습니다. 대중들은 그 보배 못이 기묘한 것을 보고 기뻐하면서 부처님의 한량없는 덕을 칭송하였습니다.

부처님께서 대중들의 마음을 관찰하시고, 방편으로 설법하시자 모두 이해하여 위없는 도를 공부하려는 마음을 내었습니다. 그들은 하늘에 태어날 과보를 얻었고, 복업을 더욱 더한 이가 헤아릴 수 없이 많았습니다.

넷째 날에는 인타바미왕이 부처님을 초청하였습니다. 부처님께서는 그 보배 못 사방에 저절로 여덟 개의 도랑물이 흐르도록 만드시고, 그 도랑물은 도로 못으로 들어가 저절로 돌게 만드시니 물소리는 맑고 아름다웠습니다.

부처님께서는 다섯 가지 뿌리 · 다섯 가지 힘 · 일곱 가지 깨달음 · 여덟 가지 바른 길 · 세 가지 밝음 · 여섯 가지 신통 · 네 가지 평등한 마음과 큰 자비를 연설하여 격려하고 인도하였으며, 갖가지 법을 연설하셔서, 듣고 보는 대중들은 모두 마음이 열려 부처님께 귀의하였고 천상에 날 과보를 얻어 복과 지혜를 더욱 더 쌓은 이가 매우 많았습니다.

다섯째 날에는 브라흐마닷타왕이 부처님을 초청해 공양을 올렸습니다. 부처님께서 그 날 입으로 광명을 놓으시니 황금빛이 찬란하여 삼천대천 세계를 두루 비추고, 그 광명에 닿은 일체 중생들은 세 가지 독과 다섯 가지 쌓임에 대한 집착이 모두 저절로 사라지고, 몸과 마음이 시원하고 즐거워져 마치 비구가 셋째 선정을 얻은 것과 같았습니다.

대중들은 이상하다고 칭송하면서 부처님 덕을 마음으로 사모하였습니다. 부처님께서 그들을 위해 설법하시자, 그들은 모두 그 법을 이해하고 큰 도를 공부하겠다는 마음을 내어 천상에 날 과보를 얻었고, 복을 더하고 지혜를 닦는 이가 매우 많았습니다.

여섯째 날에는 바이샤알리의 왕이 부처님을 초청하였습니다. 부처님께서는 그날 그 모임에서 일체 중생으로 하여금 마음과 마음을 서로 알게 하시자, 한 사람 한 사람이 각각 여러 사람의 마음을 알고, 그들이 생각하는 선악과, 마음에 일어나는 자질구레한 생각이 행동을 하는 모태가 됨을 모두 알고, 그들은 모두 놀라고 기뻐하면서 부처님의 덕을 칭송하였습니다.

부처님께서 그들을 위해 여러 가지 묘한 법을 연설하시니, 그들은 모두 이해하게 되어, 부처가 되기를 맹세하고 천상에 날 과보를 얻은 이가 매우 많았습니다.

일곱째 날에는 샤카 종족들이 부처님을 초청하였습니다. 부처님께서는 그날 대중들로 하여금 모두 전륜성왕을 보게 하셨습니다. 그래서 그들은 일곱 가지 보배와 천 왕자와 여러 왕의 신민들이 그를 공손히 받들어 모시고 우러르는 마음이 줄지 않음을 모두 보았고, 그들은 놀라고 이상스럽게 여기면서 한량없이 기뻐하였습니다.

부처님께서는 곧 그들 뜻에 맞게 설법하시니 그들은 위없는 바른 깨달음을 공부하려는 마음을 내고 천상에 날 과보를 얻는 이가 헤아릴 수 없이 많았습니다.

여덟째 날, 부처님은 제석천왕의 초청을 받았습니다. 제석천왕은 부처님을 위해 사자좌師子座를 만들었고, 부처님께서 그 자리에 올라앉으시니, 제석천왕은 왼쪽에서 모시고 범천왕은 오른쪽에서 모셨으며, 모든 대중들은 고요히 좌정하였습니다. 부처님께서 천천히 팔을 펴 손으로써 자리를 만지시니 갑자기 코끼리의 외침과 같은 큰 소리가 울렸습니다. 그때에 큰 귀신 여섯이 여섯 이교도의 높은 자리를 끌어내 부숴버렸습니다. 그리고 금강밀적金剛密迹은 금강저金剛杵를 잡았는데 그 금강저 끝에서 불이 일어나 여섯 이교도들을 잡아채려 하였습니다. 여섯 이교도들은 놀라서 달아나다가, 그 모욕을 당함이 부끄러워 강물에 몸을 던져 죽었습니다. 그리고 여섯 이교도의 무리 칠만 명은 모두 와서 부처님께 귀의하여 제자 되기를 간청하였습니다.

"어서 오너라! 비구들아."

부처님께서 이렇게 말씀하시자 그들의 수염과 머리는 저절로 떨어지고, 법복이 몸에 입혀져 모두 스님이 되었습니다. 그때에 부처님의 팔만 털구멍마다 다 광명이 뻗쳐 허공에 가득했으며, 낱낱 광명 끝에는 큰 연꽃이 있었고, 낱낱 연꽃 위에는 변화로 나타난 부처님이 있어 대중에 둘러싸여 설법하시니, 대중들은 이 위없는 조화를 보고 믿고 공경하는 마음이 더욱 굳어졌습니다. 부처님께서 그들을 위해 설법하시니 그들은 스스로에게 맞는, 큰 도를 성취하려는 마음을 내거나, 천상에 날 과보를 얻거나, 복과 선善을 쌓는 이가 매우 많았습니다.

아홉째 날에는 범천왕이 부처님을 초청하였습니다. 부처님께서 스스로 몸을 변화시켜, 높이는 범천에 이르고 위엄은 번듯하고 의젓하여 헤아리기 어려우며 큰 광명을 놓아 천지가 휘황찬란하였고, 대중들은 우러르며 모두 그 분위기에 젖어 들었습니다. 부처님께서 그들을 위하여 여러 가지 미묘한 법을 열어 보여, 그들로 하여금 마음을 내어 부처를 찾게 하시니, 그들 중에는 천상에 날 과보를 얻은 이가 헤아리기 어려웠습니다.

열째 날에는 사천왕이 부처님을 초청하였습니다. 그 때 부처님은 대중들로 하여금 부처님의 색신色身이 모든 하늘에 두루 계심을 보게 하시니, 사왕천에서 색구경천色究竟天에 이르기까지 모두 부처님의 몸을 나타내어 큰 광명을 놓고, 각각 대중들을 위하여 미묘한 법을 연설하셨습니다.

대중들은 모두 멀리서 분명히 바라보고, 공경하고 우러르는 마음이 더욱 더하였습니다. 부처님께서 그들을 위하여 설법하시니, 그들은 그 뜻을 따라 모두 큰 도를 공부하려는 마음을 내어 물러나지 않는 자리에 머물렀고, 혹은 천상에 날 과보를 얻은 이가 이루 헤아릴 수 없었습니다.

십일 일째에는 수닷타 장자가 부처님을 초청하였습니다. 부처님께서는 그날 높은 자리 위에서 스스로 그 몸을 숨기고 아주 고요히 나타나지 않으셨습니다. 다만 광명을 놓고 부드럽고 연한 음성을 내어 미묘한 모든 법을 분별하시고 연설하셨습니다. 대중들은 그 법을 듣고 깨달아 큰 도를 성취하려는 마음을 내어 물러나지 않는 자리에 머무르는 이도 있었고, 천상에 날 과보를 얻은 이도 매우 많았습니다.

십이 일째에는 질다 거사가 부처님을 초청해 공양을 올렸습니다. 부처님께서 그날 자심慈心 삼매에 들어 금색 광명을 놓아 대천세계를 두루 비추셨습니다. 그 광명에 닿은 중생들은 세 가지 독한 마음이 사라지고 저절로 사랑하는 마음을 일으켜 중생을 평등하게 보기를 아버지나 어머니나 형이나 아우처럼 하되 사랑하는 마음이 조금도 더하고 덜함이 없었습니다. 그 때에 부처님께서 그들을 위하여 여러 가지 법을 말씀하시니 그들은 큰 도를 성취하려는 마음을 내어 물러나지 않는 자리에 머물렀고, 혹은 천상에 날 과보를 얻은 이가 이루

다 헤아리기 어려웠습니다.

십삼 일째에는 둔진타라왕이 부처님을 초청하여 공양을 올렸습니다. 부처님께서는 그날 높은 자리에 올라 배꼽으로 광명을 놓아 두 갈래로 나누되 몸에서 일곱 길이 떨어지게 하셨습니다. 그 광명 끝에는 각각 연꽃이 있고 연꽃 위에는 변화로 나타내신 부처님이 있어 부처님과 다름이 없었습니다. 그 화신불도 배꼽으로 광명을 놓아 두 갈래로 나누되 몸에서 일곱 길이 떨어지게 하였습니다. 그 광명 끝에는 연꽃이 있고 연꽃 위에는 변화로 나타나신 부처님이 있었으며, 이렇게 변화한 부처님이 삼천대천세계에 두루 있었습니다. 대중들은 그것을 보고 놀라고 기뻐하였습니다. 그 때 부처님께서는 그들의 뜻을 따라 설법하시니 그들 중에는 큰 도를 성취하려는 마음을 내어 물러나지 않는 자리에 머무는 이도 있었고, 천상에 날 과보를 얻은 이도 매우 많았습니다.

십사 일째에는 우다야나왕이 부처님을 초청하여 공양을 올렸습니다. 우다야나왕이 부처님 위에 꽃을 흩으니 부처님은 곧 그 꽃을 변화시켜 천이백오십 개의 보배 수레를 만드셨습니다. 그 높이는 범천에 이르렀고, 그 광명은 금산보다 빛났습니다. 온갖 보배의 여러 가지 빛깔은 아름답게 서로 비추어 한량없이 찬란하였고, 신기한 구슬과 영락이 그 사이사이에 섞여 있었습니다. 그 높은 수레들 안에는 모두 부처님의 몸이 있어 큰 광명을 놓아 삼천대천세계를 두루 비추었습니다.

대중들은 그 변화를 보고 기쁜 마음과 공경하는 마음이 뒤섞였습니다. 부처님께서 설법하시니 병을 따라 약을 쓰는 것과 같았습니다. 그들은 모두 큰 도를 성취하려는 마음을 내어 물러나지 않는 자리에 머무는 이도 있었고, 혹은 도를 얻어 천상에 날 과보를 얻은 이도 매우 많았습니다.

십오 일째에는 빔비사라왕이 부처님을 초청하여 공양을 올렸습니다. 부처님은 미리 왕에게 분부하여 그릇만 준비하라고 하셨습니다. 왕은 분부를 따라 그릇만 많이 준비하게 하였고, 밥 때가 되니 모든 그릇에는 갖가지 맛나고 아름다운 음식이 가득 찼고 대중들이 실컷 먹고도 음식이 남았으며, 먹은 뒤에는 몸과 마음이 저절로 편안하고 즐거워졌습니다. 그 때에 세존께서 손으로 땅을 가리키시니, 열여덟 지옥이 한꺼번에 나타났고, 거기서 죄를 받는 티끌 수 같은 한량없는 중생들은 제각기 모두 말하였습니다.

"저는 전생에 어떠한 죄를 지었기에 지금 이런 고통을 받습니까?"

그것을 본 대중들은 모두 온 몸에 소름이 끼치고, 못내 슬퍼하며 가엾게 여겼습니다. 부처님께서 그들 뜻에 맞게 설법하시니, 그들 중에는 큰 도를 성취하려는 마음을 내어 물러나지 않는 자리에 머무는 이도 있었고, 천상에 날 과보를 얻은 이도 이루 다 셀 수 없이 많았습니다. 지옥 중생들도 부처님을 뵙고 법을 들음으로써 공경하고 우러르는 마음이 생겨 모두 멀리서 귀의하였습니다. 그래서 마침내 모두 천상이나 인간에 나게 되었습니다. 그 때에 빔비사라왕은 꿇어앉아 부처님께 사뢰었습니다.

"부처님의 서른두 가지 신기한 모습 중에서 몸이나 손의 모습은 일찍 뵈었습니다. 그러나 아직 부처님 발바닥의 바퀴 모양은 뵙지 못하였습니다. 원컨대 대중들 모두에게 보여주십시오."

부처님은 곧 다리를 들어 대중에게 보여 주셨습니다. 대중들은 부처님 발바닥의 바퀴 모양이 단정하고 빛나며 그 무늬가 그림 같이 모두 환히 나타나는 것을 보았고, 아무리 보아도 싫증이 나지 않았습니다. 왕은 더욱 기뻐하면서 다시 여쭈었습니다.

"저는 모르겠사옵니다. 세존께서는 본래 어떤 공덕을 지으셨기에 그런 묘한 바퀴 모양을 이루셨습니까?"

"나는 과거에 내 스스로도 열 가지 선행을 닦았고, 또 남에게도 가르쳤기 때문에 이처럼 분명한 바퀴 모양을 얻은 것이오."

"저는 모르겠나이다. 세존이시여, 스스로도 열 가지 선행을 닦고, 또 남에게도 가르쳤다는 그 일은 어떠하셨습니까? 가르쳐주십시오."

"자세히 듣고 명심하시오. 과거 헤아릴 수없는 아승기 겁 이전에 이 잠부드비파에 큰 나라 왕이 있었는데, 이름을 시타니미라 하였소. 그는 팔만사천 나라와 팔억 촌락과 일만 대신을 거느렸었소. 또 왕에게는 이만 부인이 있었소. 그러나 아무에게도 아들이 없었소. 왕은 매우 근심하면서 나라의 대代가 끊어질까 걱정하여 여러 하늘에 널리 기도하였소. 왕의 첫째 부인은 이름이 수리파리만이었는데 그는 얼마 뒤에 임신한 것을 깨달았소. 아이를 가진 뒤로는 심성이 총명해지고 인자하고 측은히 여기는 마음이 있어 남에게 선행을 권하였소. 달이 차서 한 사내를 낳았는데, 아이의 얼굴은 뛰어나게 단정하고 모양은 두드러지게 아름다우며, 온 몸의 털구멍에서 빛이 났었소. 왕은 몹시 기뻐했으며, 아무리 보아도 싫증이 나지 않았소. 곧 관상가를 불러 그 길흉의 상을 보게 하였소. 관상가는 자세히 보고는 찬탄하였소.

'신기합니다. 이 아기의 상은 매우 뛰어납니다. 그 덕은 천하를 편안하게 할 테니 천하가 이 태자를 공경히 받들 것입니다.'

왕은 더욱 기뻐하여 이름을 지으라고 명령하였소.

'어떤 이상한 징조가 있었습니까?'

'이 아이를 가진 뒤로 그 어미는 총명해지고 지혜로우며 인자하여 선행을 권하였소. 다른 징조도 많았으나 이 징조가 제일 이상하였네.'

관상가는 놀라고 기뻐하면서 왕에게 아뢰었다.

'어머님이 전보다 지혜로웠고 아기 몸에 광명이 있으니 이름을 혜광慧光이라 하소서.'

성장할수록 태자의 지혜는 남보다 뛰어났다. 부왕이 세상을 떠나자 장례를 마치고, 신하들은 모여 태자에게 왕위를 잇도록 권하였으나 태자는 굳이 사양하며 말하였소.

'나는 감당할 수 없소.'

'대왕이 이미 돌아가시고 오직 태자만 있을 뿐 다른 형제가 없는데 싫다고 말씀하시니 누구에게 물려주시겠습니까?'

'세상 사람이 악을 행할 때는 반드시 순하게만 다룰 수 없소. 만일 그들에게 형벌을 주게 되면 내가 죄를 짓게 될 것이오. 그러므로 만일 백성을 다스리되 백성들이 열 가지 선행을 두루 행할 수 있다면 나라 일을 맡을 것이오.'

'좋습니다. 원컨대 왕위에 오르십시오. 그리고 열 가지 선행을 실천하도록 명령하십시오.'

그 때에 태자는 곧 왕위에 올라 백성들에게 명령을 내려 열 가지 선행을 두루 실천하라 하였소. 백성들은 공경하고 순종하여 마음을 고치고 행동을 바꾸었소. 그 때에 마왕은 그것을 시기하여 왕의 교화를 무너뜨리려 몰래 글을 만들어 여러 나라에 명령하였소.

'전에 명령하여 선행하라 하였지만 그것은 아무 효과가 없을 뿐 아니라, 한갓 노고만 더하여 쓸데없는 짓을 한 것이다. 지금부터는 백성들이 열 가지 나쁜 일을 행하는 것을 허락하니, 다시는 꺼리지 말라.'

여러 왕들은 이 글을 받고 괴상히 여겼소.

'무엇 때문에 이치를 어겨 사람들에게 악을 따르라고 권하는가.'

곧 각기 친서를 보내 다시 그 까닭을 물었소.

왕은 그 글을 보고 깜짝 놀랐소.

'나는 그런 명령을 내린 일이 없는데, 어떻게 된 일일까?'

곧 수레를 타고 몸소 여러 나라로 돌아다니면서 백성들을 만나보고, 뒤에 한 명령을 취소한다고 선언하였소. 그 때에 그 악마는 길가에서 어떤 사람으로 변하여 큰 불 속에 빠져 있으면서 몹시 슬프고 간절한 소리로 울부짖었소.

왕은 가서 물었소.

'너는 왜 그러느냐?'

'나는 전생에 남에게 열 가지 선행을 권하였기 때문에 지금 이렇게 견디기 어려운 고통을 받고 있습니다.'

'어떻게 그런 일이 있겠는가? 남에게 선행을 닦으라고 권했는데 도리어 고통을 받겠는가? 열 가지 선행을 권하였기 때문에 네가 그런 고통을 받는다면, 이전에 그 권함을 받아 열 가지 선을 실천한 사람은 좋은 갚음을 받았는가?'

'이전 사람은 좋은 복을 얻었습니다. 다만 남에게 가르치기만 하였기 때문에 홀로 이런 고통을 받습니다.'

왕은 그 말을 듣고 기뻐하면서 말하였소.

'다른 사람으로 하여금 좋은 복을 받게 하였다면, 그 고통을 달게 받을 것이니, 그것은 한탄할 필요가 없다.'

악마는 이 말을 듣고 곧 형상을 숨기고 사라졌소.

왕은 여러 나라를 두루 돌아다니면서 열 가지 선행을 폈소.

백성들은 거기에 교화되어 몸과 말과 뜻을 조심하여 바른 교화가 두루 퍼졌고, 백성들은 모두 우러러 사모하고 왕의 덕은 높아지고 빛났소. 그래서 상서로운 징조가 나타날 때 금바퀴가 먼저 응하고 일곱 가지 보배가 한꺼번에 이르렀소. 왕은 천하를 돌아다니면서 선으로써 다스리는 것을 왕의 의무로 삼았소.

이와 같이 대왕은 알아야 합니다. 그 때의 그 시타미니왕은 바로 지금 나의 아버지 정반왕이요, 그 어머니는 바로 지금 나의 어머니 마하마야이며, 그 때의 그 혜광왕으로서 열 가지 선행으로써 백성을 교화한 이는 바로 지금의 나였소. 나는 그 세상에서 스스로도 열 가지 선을 행하고 또 백성들에게 권해 그것을 실천하게 하였기 때문에 오늘 이 발바닥에 천 폭의 바퀴 모양을 얻게 된 것이오."

이 말을 들은 빔비사라왕이 다시 사뢰었습니다.

"저 여섯 이교도 무리들은 미욱하여, 자기들의 실력은 헤아리지 못하고 이익에만 탐착하고 질투심을 일으켜 세존과 신력을 겨루려 하였습니다. 그래서 말하기를 '부처가 한 가지 신통을 부리면 우리는 두 가지 신통을 부리겠다.' 라고 하였습니다. 그러나 부처님께서 신묘하여 헤아릴 수 없는 신변을 나타내시니 저들은 그만 움츠러들어 한 가지 술법도 부리지 못하고, 제 꼴이 부끄러워 몸을 던져 물에 빠져 죽었습니다. 그리고 그 무리들도 모두 흩어져 스스로 그 재앙을 남겼으니, 그 미련함이 어찌 그리 심하였습니까?"

"저 여섯 이교도가 이름과 이익을 다투어 내게 대결을 구하다가, 제 몸을 죽이고 그 무리를 잃은 일은 오늘만이 아니요, 지나간 세상에서도 나와 다투다가 나는 그들을 죽이고 그 무리를 빼앗은 일이 있었소."

왕은 꿇어앉아 다시 여쭈었습니다.

"저는 모르옵니다. 세존께서 지나간 세상에 저 여섯 이교도들과 싸워 그 무리를 빼앗은 일은 어떠했습니까? 자세히 말씀해주십시오."

"명심하고 잘 들으십시오. 과거 헤아릴 수 없는 아승기 겁 이전에 이 잠부드비파에 마하사구리라는 한 나라 왕이 있었소. 그는 오백의 작은 나라 왕을 거느리고 오백 명의 부인을 두었소. 그러나 그 뒤를 이을 태자가 없었소. 왕은 가만히 생각하였소.

'나는 차츰 나이를 더해 가는데 왕위를 이을 만한 아들이 없다. 만일 하루아침에 내가 죽게 되면, 여러 왕과 신민들은 명령을 받들지 않고 반드시 군사를 일으켜 백성들을 해침으로써 장차 나라가 어지럽게 될 것이니, 백성들의 고통이 얼마나 심하겠는가.'

이렇게 생각하고는 깊은 근심에 빠져 있었소. 그 때에 제석천왕은 멀리서 왕의 근심을 알고, 곧 하늘에서 내려와 한 의원으로 변하여, 왕에게 나아가 그 근심하는 까닭을 물었소. 왕은 그 사정을 그에게 이야기하니 의원은 아뢰었소.

'근심하지 마십시오. 나는 왕을 위해 설산에 들어가 여러 가지 약을 캐어 모아 그것을 부인에게 드리겠습니다. 그 약을 먹으면 반드시 아기를 갖게 될 것입니다.'

왕은 이 말을 듣고 근심을 놓으면서 의원에게 말하였소.

'그렇게 할 수 있으면 얼마나 좋겠는가.'

그 의원은 곧 설산으로 들어가 갖가지 약초를 캐어 왕궁으로 돌아와서 젖에 달여 큰 부인에게 주었소. 그러나 큰 부인은 냄새를 싫어하고 또 마음으로 믿지 않아 의원이 하늘로 돌아간 뒤, 먹지 않았소. 그래서 다음 부인들이 그것을 나눠 먹었소. 약을 먹은 부인들은 그것을 먹은 지 오래지 않아 아이를 갖게 된 것을 깨닫고, 그 사정을 큰 부인에게 알렸소. 큰 부인은 이 말을 듣고 후회하면서 먹고 난 나머지가 있는가 물었고, 그러나 나머지가 없다는 대답을 듣고 다시 물었소.

'그 약초는 아직 남아 있는가?'

'아직 있습니다.'

곧 명령하여 젖을 가져다 그것을 다시 달여 큰 부인이 먹었소. 큰 부인도 그것을 먹은 지 며칠이 안 되어 아이를 갖게 된 줄 알았소. 그 때에 여러 부인들이 달이 차서 모두 사내를 낳았는데 얼굴이 뛰어나게 단정하였고, 왕은 그 왕자들을 보고 못내 기뻐하였소.

큰 부인도 달이 차서 사내를 낳았는데, 그러나 그 얼굴은 극히 추해 마치 썩은 나무 그루터기 같았소. 부모는 그것을 보고 마음이 언짢아서 아이 이름을 다라후타(썩은 나무 그루터기란 뜻)라고 지었소. 나이가 점점 들어 다른 형들은 모두 장가를 들었으나 오직 다라후타만은 생각도 하지 못하였소. 그 뒤에 이웃 나라에서 군사를 일으켜 쳐들어왔소. 두 왕자가 오백 명 신하와 군사를 거느리고 나가 항거하였으나 첫 싸움에 패해 쫓겨 성으로 들어왔소. 다라후타 왕자는 그 형들에게 물었소.

'왜 쫓겨 왔습니까? 몹시 황급한 것 같습니다.'

'싸움이 이롭지 못해 적군에게 쫓겨 왔다.'

다라후타는 말하였소.

'그 따위 적군에게 침범을 당할 수 없습니다. 저 천시天寺 안에 있는 우리 선조가 쓰던 큰 활과 고동을 가져다 주십시오. 제가 가서 무찌르겠습니다.'

그 선조란 바로 전륜왕이다.

곧 여러 사람을 보내 그것을 메고 와서 다라후타에게 주었소. 그가 활시위를 힘껏 잡아 튕기니 그 소리가 우뢰와 같았고 화살 소리는 사십 리까지 들렸소. 그는 활과 고동을 가지고 혼자서 적진 앞으로 나갔소. 군대가 대치한 곳에 나간 다라후타는 먼저 고동을 불었소. 그 소리는 벽력같아 적군들이 그 소리를 듣자 혼비백산하여 달아났소. 적군은 물러가고 그는 무사히 돌아왔소.

부왕은 그제야 달리 대우하고 사랑하여 장가를 보내려고 여러 가지 방편을 깊이 생각하였소. 그 때에 어떤 나라에 율사발차라는 왕이 있었는데 그에게는 절세미인으로 소문난 딸이 있었소. 마하사구리왕은 사신을 보내 혼인을 청하되 다라후타의 한 형에게 혼인이 성사가 될 때까지 다라후타의 행세를 하게 하였소. 사신이 분부를 받고 가서 왕의 말을 자세히 전하자 율사발차는 곧 혼인을 허락하였고, 사신은 왕에게 아뢰었소. 왕은 매우 기뻐하여 곧 수레와 말을 보내 맞이하여 데리고 왔소. 그리고 왕은 다라후타에게 분부하였소.

'지금부터는 너는 낮에는 절대로 아내를 보지 말고 밤에만 만나라.'

그 때에 왕자들의 부인들은 서로 모여 이야기하면서 모두 자기 남편의 갖가지 재주와 덕을 자랑하였소. 그러자 다라후타의 아내도 그 남편을 자랑하면서 말하였소.

'저의 남편은 용맹스럽고 힘이 장사며, 또 몸은 부드러워 참으로 존경하고 사랑할 만합니다.'

그러자 다른 동서들이 말하였소.

'네 남편 모양은 흡사 썩은 나무 그루터기 같더라. 만일 네가 낮에 네 남편을 본다면 깜짝 놀랄 것이다.'

다라후타의 아내는 그 말을 듣고 마음에 새겨 두었소. 그리고는 미리 등불을 준비하여 으슥한 곳에 감춰 두었다가, 남편이 잠들기를 기다려 등불을 가져와 그 모양을 보았소. 그는 몹시 놀라고 두려워 그 밤으로 수레를 타고 본국으로 돌아갔소. 날이 밝아 잠에서 깬 다라후타는 아내가 없어진 것을 발견하고 매우 걱정하면서, 활과 고동을 가지고 그 자취를 좇아가 그 나라에 이르러, 어떤 대신의 집에 의지해 머물고 있었소.

그 때에 여섯 나라의 왕들은 '율사발차의 딸이 뛰어나게 아름다운 데 결혼을 했다가 남편을 버리고 친정에 돌아와 있다'는 말을 듣고 모두 탐내어 군사를 일으켜 모여와 다투어 혼인을 청하였소. 율사발차는 매우 당황하여 신하들을 모아 이 일을 의논하였소.

'만일 한 사람에게만 주면 다른 왕들이 원한을 품을 것이니, 어떤 방법을 써야 저 흉적들을 물리칠 수 있겠는가?'

어떤 신하가 말하였소.

'따님을 여섯 몫으로 나누어 한 사람에게 한 몫씩 주면 그 욕심을 풀 수 있을 것입니다.'

다른 신하가 말하였소.

'우선 널리 광고를 내십시오. '만일 누구든 저 군사를 물리치면 내 딸을 아내로 줄 것이요, 나라를 나누어 같이 다스릴 것이며, 또 거기에 큰 상을 더 주겠다.' 하면 될 것입니다.'

왕은 곧 옳다 하고 광고를 했소.

그 때에 다라후타는 곧 활과 고동을 가지고 성을 나가 여섯 왕들이 진을 치고 있는 적군 앞에 나아가 고동을 불고 활시위를 당겼소. 그 여섯 나라 군사들은 놀라고 두려워 꼼짝하지 못했소. 그는 군중으로 들어가 여섯 왕의 머리를 베고 그 관冠을 빼앗고, 군사를 거두어 거느리고 돌아왔소. 율사발차는 매우 기뻐하여 그 딸을 주고 그에게 나라 반을 주어 왕을 삼았소. 그는 일곱 나라를 차지한 뒤에 모든 군사와 대중들과 그 아내를 데리고 본국으로 돌아왔소.

부왕은 그가 돌아온다는 말을 듣고 국경까지 나가 맞이하였고, 그리고 그 아들이 거느린 군사와 백성이 매우 많은 것을 보고 곧 그 나라를 아들에게 미루면서 왕이 되기를 권하였소. 그러나 다라후타는 사양하였소.

'아버님이 살아계신데 이치에 그럴 수는 없습니다.'

그는 궁중으로 돌아와 그 아내를 꾸짖었소.

'당신은 왜 나를 버리고 도망갔는가?'

'당신 얼굴이 하도 추하여 처음 보고 놀라서, 사람이 아니라 생각하였습니다.'

다라후타는 거울을 들고 스스로 비추어 보았소. 그 모양은 참으로 썩은 나무 그루터기 같았소. 그는 그만 제 몸이 싫어져서 차마 볼 수가 없었소. 그는 곧 숲 속으로 들어가 자살하려 하였소. 그 때에 제석천왕은 멀리서 그것을 알고, 곧 내려와 그 사정을 물어보고 그의 마음을 위로하고는 보배구슬 하나를 주면서 말하였소.

'이것을 항상 네 정수리 상투 밑에 넣어 두면 그 얼굴이 나

처럼 단정하게 될 것이다.'

그는 기뻐하면서 곧 그것을 받아 상투 밑에 넣자 몸이 이상해지는 것을 깨달았소. 그는 궁중으로 돌아가 활을 가지고 바깥 놀이를 나가려 하였소. 아내는 그를 보고도 알지 못하고 그에게 물었소.

'당신은 어떤 사람이요? 그 활에는 손대지 마시오. 남편이 오면 벌을 줄지 모르오.'

'나는 네 남편이다.'

그래도 아내는 믿지 못했소.

'내 남편은 얼굴이 매우 추악한데 당신은 아주 단정하오. 당신은 어떤 사람이기에 내 남편이라 하시오?'

다라후타는 곧 구슬을 뽑고 본래 얼굴을 보여 주었소. 아내는 놀라고 기뻐하면서 물었소.

'어떻게 그렇게 되었습니까?'

그는 그 구슬을 얻은 내력을 모두 이야기하였소.

아내는 그 때부터 남편을 존경하고 사랑하였으며, 다라후타라는 이름도 그 때부터 없어지고, 다시 이름을 지어 보배구슬이라 하였소. 그 뒤에 보배구슬은 군사를 내어 다시 궁성을 지으려 생각하고, 그는 편편하고 넓은 땅을 택해 신하들에게 명령하였소. 그 때에 네 용왕은 사람 형상으로 와서 물었소.

'성을 쌓으려면 어떤 재료를 쓰겠습니까?'

보배구슬은 흙을 쓰겠다고 대답하였소.

'왜 보배를 쓰지 않습니까?'

'성이 큰데 어떻게 그 많은 보배를 구할 수 있겠는가!'

'저희들이 조달하겠습니다.'

곧 사방에 네 개의 큰 우물을 만들고는 말하였소.

'동쪽 우물로 해자를 만들면 유리가 될 것이요, 남쪽 우물로 해자를 만들면 금이 될 것이며, 서쪽 우물로 해자를 만들면 은이 될 것이요, 북쪽 우물로 해자를 만들면 파리가 될 것이오.'

그는 곧 명령하여 해자를 파자 그 말대로 모두 보배 물이 콸콸 솟았소. 그 물로써 벽돌을 만들어, 사방 사백 리가 되는 성을 쌓았소. 그리고 다시 명령하여 사방 사십 리 되는 궁전을 지었소. 궁성과 거리와 누각과 사택과 숲과 연못은 모두 네 가지 보배로 되어, 장엄하고 아름답고 깨끗하기가 거의 천상과 같았소. 궁성이 이루어지자 다시 일곱 가지 보배가 스스로 이르렀고, 사방의 나라를 모두 통치하면서 백성을 교화하고 선행을 닦게 했소.

대왕님, 아십시오. 그 때의 마하사구리는 바로 지금 나의 아버지 정반왕이요, 어머니는 바로 지금 나의 어머니 마하마야며, 추한 왕자 다라후타는 바로 지금의 나였으며, 그의 부인은 바로 지금의 고피카요, 부인의 아버지는 바로 지금의 저 마하카샤파며, 그 여섯 국왕으로서 병력을 가지고 핍박하여 여자를 데려가고 싶어 한 이들은 바로 지금의 저 여섯 이교도였소. 그 때에 나와 여자를 다투어 내가 그들을 해치고 그 군사를 빼앗았는데, 그들은 오늘에 와서도 명예와 이익을 탐하여 나와 겨루려고 하였으나, 마음대로 되는 술법이 없어 물에 몸을 던져 죽고, 나는 그 무리 구만 명을 거두어 내 제자로 만든 것이오."

그 때에 빔비사라왕은 다시 부처님께 사뢰었습니다.

"다라후타는 본래 어떤 업을 지었기에 복덕과 힘은 강하였지만 얼굴은 그처럼 추하였습니까?"

"과거의 헤아리기 어려운 아승기 겁 이전에 이 잠부드비파에 바라나라는 큰 나라가 있었고, 그 나라에는 신선이 사는 율사라는 산이 있었소. 그 때에 그 산에 어떤 프라데카 부처가 있었소. 그는 풍병이 있어 기름을 먹어야 했기 때문에 어떤 기름집에 갔소. 주인은 성을 내며 꾸짖었소.

'머리는 썩은 나무 그루터기 같고 손발은 수레 굴대 같은

것이 제 힘으로 살려 하지 않고, 남의 물건을 엿보며 돈을 주고 사려 하지 않고 거저 얻으려 하는구나.'

이렇게 나무라면서도 기름을 짜고 남은 찌꺼기를 주었소. 그러나 프라데카 부처는 마음으로 매우 고맙게 여기면서 그것을 받아 둘러메고 갔소. 마침 기름집 부인이 밖에서 오다가 그 프라데카 부처를 보고 마음으로 매우 공경하고 우러르면서 그에게 물었소.

'어디서 오십니까? 그 찌꺼기는 무엇에 쓰려 하십니까?'

프라데카 부처는 사실대로 대답하였소. 부인은 남편이 원망스럽고 미안하여 그를 도로 모시고 들어가, 그의 바루에 기름을 가득 담아드리고, 남편을 원망하고 꾸짖었소.

'당신이 잘못했습니다. 어떻게 이 찌꺼기를 드립니까? 당신은 뉘우치고 그 말을 사과하십시오.'

주인은 마음으로 뉘우치고 그에게 사과하였소. 그리고 두 부부는 한 마음으로 그에게 아뢰었소.

'만일 기름이 필요하면 날마다 와서 가져가십시오.'

그 뒤로 그는 자주 가서 기름을 가져가고는 그 은혜에 감격하여 그 주인 앞에서 신통을 나타내었소. 곧 허공으로 날아올라 몸에서 물과 불을 내뿜고 몸을 나누었다 합했다 하면서 갖가지 변화를 부렸소. 주인 부부는 그것을 보고 매우 기뻐하면서 그를 존경하고 우러르는 마음이 더욱 더하였소. 주인은 그 아내에게 말했소.

'네가 기름을 보시한 복으로 그 과보를 같이 받아 앞으로도 계속 부부가 되자.'

그러자 아내는 대답하였소.

'당신은 그 도사에게 나쁜 말을 썼고, 또 기름 찌꺼기를 보시하였으니 깨끗한 마음이 없습니다. 그러므로 태어나는 곳마다 그 얼굴이 추악할 것입니다. 그런데 어떻게 당신과 부부가 되겠습니까?'

남편은 대답하였소.

'내가 항상 고생하여 기름 자료를 쌓아 두었는데, 네가 어떻게 혼자서 보시할 수 있었겠는가. 만일 나와 부부가 되지 않으면 결코 다른 사람과 부부가 되는 것을 허락하지 않을 것이오.'

'만일 당신 아내가 되어 그 추한 꼴을 보게 되면 밤에 당신을 버리고 도망칠 것입니다.'

'아무리 네가 도망쳐도 나는 쫓아가서 잡고야 말 것이다.'

그 부부는 이렇게 말하고 프라데카 부처에게 몸과 마음으로 귀의하고는 지성으로 참회하였소.

프라데카 부처는 그들에게 말했소.

'그대들이 준 기름으로 내 병은 나았소. 그대들의 소원은 무엇인지 마음대로 말하라. 모두 이루게 하리라.'

그들은 매우 기뻐하면서 꿇어앉아 소원을 말하였소.

'우리 부부로 하여금 천상이나 인간의 어느 곳에 나든지 만사가 뜻대로 되게 해주십시오.'

대왕님, 아십시오. 그 때의 그 기름집 주인은 바로 다라후타요, 그 주인의 아내는 바로 다라후타의 아내였소.

다라후타는 그 때에 기름 찌꺼기를 주었지만 프라데카 부처를 보고 '머리는 썩은 나무 그루터기 같고 손발은 수레 굴대 같다' 고 혐오하여 말했기 때문에 태어나는 곳마다 처음에는 그 나쁜 말처럼 형상이 추악했고, 그 뒤에 참회하고 좋은 기름으로 보시하기를 즐거워했기 때문에 태어나는 곳마다 얼굴이 도로 단정하게 된 것이오. 또 그 기름을 보시하였기 때문에 항상 힘이 세어 수천만 명이 감당하지 못하였으니, 모두 그 복덕 때문이며 그리고 전륜왕이 되어 사방 나라를 다스리는 복을 받고 다섯 가지 향락을 누렸던 것이오. 선악의 업은 썩지 않는 것이오. 그러므로 중생들은 언제나 도를 생각하고 몸과 말과 뜻을 조심하여 행동을 해야 하오."

부처님께서 이렇게 말씀하실 때 빔비사라왕 등 모든 왕과 신민과 세 무리와 하늘 사람 · 용 · 귀신들은 부처님 말씀을 듣고 스로타판나나 · 사크리다가민 · 아나가민 · 아라한 등을 얻은 이도 있고, 프라데카 부처가 될 좋은 뿌리를 심는 이도 있었으며, 위없는 큰 도에 마음을 내는 이도 있었고, 혹은 물러나지 않는 자리에 앉는 이도 있었고, 그리고 모두 기뻐하면서 힘써 실천하였습니다.

현우경

3권

하늘에 태어난 개미 떼

저는 이와 같이 들었습니다.

부처님께서 라자그리하의 그리드라쿠타산에 계시던 어느 때, 몸에 바람 병風病이 있었습니다. 의사 지바카는 부처님을 위해 약을 만들고 거기에 서른두 가지 약을 타서 부처님께 드려 하루에 서른두 냥씩 자시게 했습니다. 그 때에 데바닷타는 항상 질투심을 품고 마음이 교만하여 부처님과 같이 되기를 바랐습니다. 그는 부처님이 약을 자신다는 말을 듣고 마음으로 시기하여 부처님과 같은 약을 먹으려는 생각을 하고 지바카에게 부탁하였습니다.

"나를 위해서도 그 약을 만들어 주시오."

지바카는 그를 위해 약을 만들어 주면서 말하였습니다.

"하루 네 냥씩 자십시오."

데바닷타가 물었습니다.

"부처님은 몇 냥씩 자십니까?"

"하루 서른두 냥씩 자십니다."

"나도 서른두 냥씩 먹겠소."

"부처님의 몸은 당신 몸과 같지 않습니다. 당신은 많이 자시면 반드시 다른 병이 생길 것입니다."

"나도 먹으면 넉넉히 소화할 수 있소. 내 몸이나 부처님 몸이나 무슨 차별이 있겠소. 약이나 제조해 주시오."

그는 부처님을 본받아 하루 서른두 냥씩 먹었습니다. 약이 몸에 들어가 여러 혈맥으로 배어들어가자 힘이 약해 소화시키지 못하고 온 몸과 사지의 뼈마디가 몹시 아파 신음하고 부르짖으면서 뒹굴었습니다. 부처님은 가엾이 여겨 멀리서 손을 펴서 그의 머리를 어루만지셨습니다. 곧 약이 소화되고 고통은 사라지면서 병이 나았습니다. 그는 손의 주인이 부처님인 것을 알고 말하였습니다.

"싯다르타의 다른 기술은 세상 사람들이 알아주지 않으니까, 이제는 의술을 배워 세상에 알리는구나."

그 때에 아난다는 이 말을 듣고 하도 원망스러워 부처님께 나아가 사뢰었습니다.

"저 데바닷타는 은혜를 모릅니다. 부처님께서는 가엾이 여겨 병을 고쳐 주셨는데, 그는 나쁜 말을 하였습니다. 무슨 심정으로 그런 마음을 먹는지 항상 부처님에 대해 질투만 하고 있습니다."

"데바닷타는 오늘만 그런 나쁜 마음으로 나를 중상 모략한 것이 아니다. 전생에도 항상 나쁜 마음으로 나를 죽이려 하였느니라."

"전생에 데바닷타가 부처님을 해치려 했던 그 사실은 어떠했습니까?"

"잘 들어라, 너를 위해 설명하리라."

"세존이시여, 일심으로 듣겠습니다."

"오랜 옛날 헤아릴 수 없는 아승기 겁 이전에 이 잠부드비파에 바라나라는 큰 성이 있었고, 국왕 이름은 브라흐마닷타라 하였다. 그는 흉측하고 사나워 자비심이 없고, 사치하고 음탕하여 쾌락을 즐기며 항상 미워하는 마음으로 해치기를 좋아하였다. 어느 날 그는 꿈속에서 어떤 짐승을 보았다. 온몸의 털은 금빛이요, 털끝마다 금빛 광명을 내어 사방을 비추면 빛을 받은 물건도 모두 금빛이었다. 꿈에서 깬 그는 생각하였다.

'이 세상에는 반드시 내가 꿈에서 본 것과 같은 것이 있을 것이다. 사냥꾼에게 명령하여 그 가죽을 구하자.'

그는 여러 사냥꾼을 불러 명령하였다.

'내가 꿈에 어떤 짐승을 보았는데, 온 몸의 털은 금빛이요 털끝마다 끝에서 광명이 나와 기이하고도 황홀하고 찬란하였다. 이 나라에 반드시 그런 짐승이 있을 것이다. 너희들은 두루 돌아다니면서 그것을 잡아 와야 한다. 만일 그 가죽을 구하면 후한 상을 주고, 또 너희 자손들 일곱 대에 이르기까지 먹을 것을 줄 것이다. 그러나 구하지 못하면 너희를 죽이는 것은 물론, 너희의 가족도 죽일 것이다.'

사냥꾼들은 왕의 명령을 받고 근심하고 걱정하였으나 방법이 없었다. 그들은 한 곳에 모여 의논하였다.

'왕이 꿈에서 본 짐승은 우리가 일찍이 본 적이 없는 것이다. 어디 가서 그것을 찾겠는가. 만일 그것을 구하지 못하면 왕이 우리를 살려두지 않을 텐데, 어떻게 하면 좋단 말인가.'

이렇게 의논했으나 번민은 더욱 커지기만 하였다. 또 어떤 이는 말하였다.

'이 산이나 늪에는 독한 벌레와 모진 짐승이 많아서 우리가 아무리 두루 다니면서 구하려 해도 얻지 못하고 숲이나 들에서 차례로 죽어 갈 것이다. 그러니 우선 어떤 사람을 고용하여 그런 짐승을 찾아보도록 하자.'

여러 사람들은 그 의견에 찬성하고, 어떤 사람을 구해 그에게 말하였다.

'너는 힘을 다해 두루 다니면서 찾아보라. 만일 네가 있는 곳을 알아 가지고 돌아오면 우리는 힘을 합해 너에게 후한 상을 줄 것이요, 혹 산이나 늪에서 해를 당해 돌아오지 못하더라도 재물을 너의 처자에게 주겠다.'

그 말을 들은 그는 '그들을 위해 신명을 바치겠다.' 라고 생각했다. 이렇게 마음먹고 길 떠날 채비를 한 후 험한 길에 올랐다. 오랫동안 돌아다니자 몸은 여위고 힘이 빠졌다. 때는 한여름이라 뜨거운 모랫길에 이르러서는 입술과 목은 마르고, 찌는 듯 답답하여 죽을 것 같았다. 혹독한 고통을 견디다 못하여 슬피 울면서 부르짖었다.

'누가 자비스런 마음으로 저를 가엾이 여겨 저의 신명을 구제해 줄 것인가!'

그 때에 근처 늪에는 '거타' 라는 들짐승이 있었다. 온 몸의 털은 금빛이요, 털끝마다 광명이 나왔다. 거타가 멀리서 이 말을 듣고 못내 가엾이 여겨, 찬 샘물에 들어갔다가 와서 몸으로 그를 감싸 안았다. 그가 조금 기운을 차리자 그를 데리고 샘물로 가서 목욕을 시켜주었고, 다니면서 과일을 주워 그에게 먹였다. 몸이 회복되자 그는 생각하였다.

'이 이상한 짐승의 털은 금빛이고, 털끝에서 광명이 난다. 이 짐승이야말로 대왕이 구하는 짐승일 것이다. 그러나 내가 죽게 되었을 때 이 짐승의 힘을 입어 목숨을 구했는데, 그 은혜를 입고 갚지는 못할망정 어찌 해칠 마음을 내겠는가. 그러나 만일 이 짐승을 잡아가지 않으면 저 사냥꾼들과 그들의 가족이 다 죽게 될 텐데….'

이렇게 생각하자 슬픔을 견딜 수 없었다. 거타는 물었다.

'왜 슬퍼하십니까?'

그는 눈물을 흘리면서 그 심정을 토로하였다. 거타는 매우 기뻐하며 말했다.

'걱정하지 마십시오. 내 가죽을 가져가십시오. 나는 전생에 수없이 목숨을 버렸지만 일찍이 복을 짓기 위해 목숨을 버린 적은 없습니다. 이제 내 가죽으로써 여러 사람의 목숨을 건지게 되었습니다. 단, 나를 잡으려거든 가죽만 벗기고 목숨은 끊지 마십시오. 나는 이미 당신에게 준 몸이라 결코 후회하지 않습니다.'

그 사냥꾼은 천천히 그의 가죽을 벗겼다.

그 때에 거타는 선 채로 서원을 세웠다.

'지금 나는 내 가죽을 이 사람에게 주어 저 여러 사람들의 소중한 목숨을 구제하려 한다. 이 공덕을 일체 중생에게 돌림으로써 위없이 바르고 참된 불도를 이루고, 일체 중생을 생사의 고통에서 두루 건져 열반의 안락한 곳에 편안히 살게 하여지이다.'

이렇게 발원하자 삼천대천세계가 여섯 가지로 진동하였다. 그래서 여러 하늘 궁전이 흔들려 편안하지 않았다. 그들은 모두 놀라 그 까닭을 찾다가 보살이 가죽을 보시하는 장면을 보았다. 그들은 곧 하늘에서 내려와 그에게 가서 꽃을 흩어 공양을 올렸다. 그들이 흘리는 눈물은 마치 비와 같았다.

사냥꾼이 가죽을 벗겨 가지고 떠난 뒤에 그대로 서 있던 거타의 몸에서 흘러내리는 피는 차마 볼 수가 없었다. 또 팔만 마리의 파리와 개미떼가 그 몸에 모여 들어 그의 살을 파먹었다. 그는 어떤 구멍으로라도 들어가고 싶었으나 그들이 상할까 걱정하여 고통을 참고 버텨 서서 몸을 움직이지 않고 살을 먹이다가 거기서 그대로 죽고 말았다. 그 때에 그 파리와 개미떼들은 보살의 몸을 먹음으로써 목숨을 마친 뒤에는 모두 천상에 나게 되었다. 그 때에 사냥꾼은 가죽을 가지고 본국으로 돌아가 그것을 왕에게 바쳤다. 왕은 그것을 받고 처음 보는 물건이라 신기하게 여기고 기뻐하면서 그 곱고 부드러움을 좋아 하여 언제나 깔고 누웠다.

아난다야, 그 때의 그 짐승 거타는 바로 지금의 나요, 브라흐마닷타왕은 바로 지금의 저 데바닷타며, 팔만 마리 벌레들은 바로 내가 처음 부처가 되어 처음 설법할 때 그 설법을 듣고 도를 얻은 팔만 명 하늘 사람들이니라.

저 데바닷타는 그 때에도 나를 죽였고, 지금에 와서도 착한 마음이 없이 언제나 해치려고만 하고, 또 중상 모략하는 것이다."

존자 아난다와 대중들은 부처님 말씀을 듣고 슬퍼하고 원망하면서 서로서로 격려하여 부지런히 법을 구하였습니다. 그리하여 스로타판나를 얻는 이도 있고 사크리다가민 · 아나가민 · 아라한을 얻는 이도 있었으며, 프라데카 부처가 될 인연을 심는 이도 있고, 위없는 불도를 이루겠다고 맹서를 하는 이도 있었으며, 물러나지 않는 자리에 머무는 이도 있었으며, 모두들 기뻐하였습니다.

아라한의 고통

저는 이와 같이 들었습니다.

부처님께서 슈라바스티의 외로운 이 돕는 절에 계시던 어느 때, 프라세나짓왕이 죽은 뒤에 그 태자 유리가 왕이 되어 나라를 다스렸습니다. 그는 성품이 포악하고 자비심이 없어 술에 취한 코끼리를 내몰아 헤아릴 수 없이 많은 사람들을 짓밟아 죽였습니다. 그 때에 귀족 부인들은 그것을 보고 마음이 초조하고 불안하여 세속을 버리고 집을 떠나 비구니가 되었습니다. 그 여자들은 모두 샤카 종족이나 왕족으로서 고귀하고 단정하기가 나라 안에서 제일임에도 불구하고 온갖 탐욕을 버리고 집을 떠나 도를 닦는 이가 오백 사람이었습니다. 그 나라 사람들은 이들을 모두 칭송하면서 다투어 공양을 올렸습니다.

그 비구니들은 저들끼리 말했습니다.

"우리는 지금 명목상 집을 떠났다고 하지만, 아직 '법약'을 먹지 못해 음욕과 성냄과 어리석음이 있다. 이제 저 투라난타 비구니에게 나아가 경전의 가르침을 들으면 깨닫는 바가 있을 것이다."

그에게 나아가 예배하고 문안한 뒤에 제각기 하소연하였습니다.

"우리는 비록 도를 닦는다고 하지만 아직 '단 이슬'을 얻지 못하였습니다. 원컨대 깨우쳐 주십시오."

투라난타는 가만히 생각했습니다.

'나는 지금 저들에게 저들이 받은 계율을 버리게 하고 나도 법복과 바루를 버리고 환속하면 자유롭지 않겠는가!'

그래서 그들에게 말하였습니다.

"너희들은 다 존귀한 큰 성씨로서 농토와 일곱 가지 보배와 코끼리 · 말 · 노비들이 모자랄 것이 없다. 그런데 무엇 때문에 그것들을 버리고 부처님의 계율을 받고 비구니가 되어 고생하려 하는가. 차라리 집으로 돌아가 부부와 자녀끼리 서로 즐기고, 마음대로 보시하면서, 한 세상을 영화롭게 지내는 것이 좋지 않겠는가!"

비구니들은 이 말을 듣고 모두 실망하여 눈물을 흘리면서 떠났습니다. 그들은 다시 미묘微妙 비구니에게로 가서 예배하고 법답게 문안한 뒤에 제각기 아뢰었습니다.

"저희는 집에 있으면서 세속 일을 익혀온 지 오래였습니다. 지금 비록 집을 떠났으나 아직 마음은 들뜨고 정욕은 불꽃같아 스스로 벗어날 수 없습니다. 원컨대 가엾이 여기시고 저희를 위해 설법하여 이 죄의 뚜껑을 열어주십시오."

"그대들은 삼세三世의 일에 대하여 어떤 것을 묻고자 하는가?"

"과거와 미래는 그만두고 현재만 말씀하여 이 의혹을 풀어주십시오."

"대개 음욕이란, 마치 성난 불길이 산과 들을 태우는 것과 같아서, 그것은 자꾸 번지고 불어 나갈수록 많은 사람을 해치는 것이다. 사람들은 음욕에 빠져 서로 해치다가 세월이 흐른 뒤에는 마침내 세 가지 나쁜 길에 떨어져 거기서 빠져 나올 기약이 없다. 대개 집에서 즐긴다는 것은 서로 모이고 합하는 것을 탐내는 것이니, 은혜와 사랑, 영화와 즐거움의 인연으로써 나고 늙고 병들고 죽고 이별하며, 관청의 벌을 받아 서로 울고 사모하여 오장五腸이 찢어지고 까무러쳤다 다시 깨어나기도 한다. 그래서 세속을 생각하는 정은 깊고 굳어 우리 마음을 얽매는 것이 감옥보다 더한 것이다.

나는 본래 어떤 범지의 집에서 태어났다. 우리 아버지는 존귀하기가 나라에서 제일이었다. 그 때에 어떤 범지의 아들이 있어 총명하고 지혜로웠다. 그는 내가 아름답다는 말을 듣고 중매를 보내 나를 아내로 맞이해 한 가정을 이루었다. 나는 그 뒤에 아들을 낳았으나 불행하게도 시댁 부모님이 계속해서 돌아가셨다. 나는 다시 둘째 아이를 낳게 되어 남편에게 말하였다.

'나는 지금 아이를 낳게 되었습니다. 몸에 더러운 것이 많고 또 달이 차면 혹 위험한 일이 있을지도 모르니, 친정에 가서 몸을 풀어야겠습니다.'

남편은 좋다 하고 곧 같이 길을 떠나, 친정으로 가는 도중, 매우 피곤하여 어떤 나무 밑에서 쉬었는데, 남편은 두어 발 떨어져 잠을 자고 있었다. 나는 그날 밤에 아기를 낳았고, 부정한 것이 많이 흘러나왔다. 독사가 그 냄새를 맡고 오다가 남편을 물어 죽였다. 나는 그 밤에 몇 번이나 남편을 불렀으나 대답이 없었다. 새벽이 되어 겨우 일어나 남편에게로 가서 그 손을 잡았다가 그가 독사에게 물려 몸은 부어터질 듯하고 이미 죽은 것을 보고 까무러쳤다. 그 때에 큰 아이는 아버지가 죽은 것을 보고 소리를 내어 울부짖었다. 나는 그 아이의 우는 소리를 듣고 깨어나 큰 아이는 등에 업고 갓난아이는 안고 울면서 길을 떠났다. 길은 멀고 험한데 사람은 자취도 없었다. 도중에 깊고 넓은 큰 강이 있었다.

큰 아이는 강가에 두고 먼저 갓난아이를 안고 강을 건너 저쪽 언덕에 두고, 그리고 큰 아이를 데리러 가려는데 아이가 멀리서 나를 보고 물로 달려 들어오다가 그만 물에 떠내려갔다. 나는 쫓아갔으나 구하지 못하고 아이는 떴다 잠겼다 하더니 아주 물에 잠기고 말았다. 나는 도로 돌아가 갓난아이에게로 갔다. 그러나 갓난아이는 이미 짐승이 먹어버리고 땅에 피흔적만 있었다. 나는 또 까무러쳤다가 한참만에야 깨어났다. 나는 또 길을 떠나 가다가 길에서 어떤 범지를 만났는데, 그는 아버지 친구였다. 그는 곧 내게 물었다.

'너는 어디서 오기에 그처럼 피로해 보이느냐?'

나는 그동안 겪은, 괴롭고 쓰라린 사정을 자세히 이야기했다. 그러자 그는 나의 괴롭고 딱한 사정을 가엾이 여겨 마주보고 울었다.

나는 그에게 물었다.

'저의 부모와 친척들은 모두 편안하십니까?'

'너의 집에 요새 불이 나서 부모와 자녀들이 한꺼번에 타죽었다.'

나는 그 말을 듣고 또 까무러쳤다가 한참만에야 깨어났다. 그는 나를 가엾이 여겨 자기 집으로 데리고 가서, 여러 가지를 대주어 모자람이 없게 하면서 자식처럼 돌봐 주었다. 그 때에 어떤 다른 범지는 내 얼굴이 아름다운 것을 보고 내게 청혼을 하였다. 나는 허락하고 그와 함께 가정을 이루었다.

나는 또 아이를 배어 해산할 때가 가까웠다. 그 때에 남편은 밖에 나가 술을 마시다가 날이 저물어서야 돌아왔고, 나는 아기를 낳으려고 혼자서 대문을 잠그고 방에서 진통을 하고 있었다. 아기를 낳는 중에 남편이 문을 두드리면서 소리쳐 불렀으나 아무도 나가서 대문을 열어주는 사람이 없었다. 그는 화가 잔뜩 나서 문을 부수고 들어와 나를 매질하였다. 나는 그 사정을 말했지만 그는 더욱 성을 내며 미친 듯이 매질했다.

'내가 너무 박복하여 이런 사람을 만났다.'

이렇게 한탄하고 곧 그를 버리고 도망쳤다.

나는 그 길로 바라나로 가서 성 밖의 어느 나무 밑에 앉아 쉬고 있었다. 그 때에 그 나라의 어떤 장자의 아들이 아내가 죽자 성 밖 동산에 묻고는 그를 잊지 못하고 날마다 성을 나가 무덤 앞에서 울곤 했다. 그는 나를 보자 물었다.

'너는 어떤 사람이기에 혼자 길가에 앉아 있는가?'

내가 사실대로 말하니, 그는 다시 내게 말했다.

'나는 지금 그대와 함께 살고 싶은데 어떠한가?'

나는 곧 좋다 하고 갔다가 드디어 부부가 되었다. 며칠이 지나 그는 병이 들었는데 치료했으나 낫지 못하고 갑자기 죽었다. 그 때의 그 나라에는 부부로 살다가 남편이 먼저 죽으면 남편을 장사하는 날에 그 부인도 같이 무덤 속에 묻었다. 그래서 나도 묻혔으나 목숨은 아직 끊어지지 않았었다. 그 때에 마침 도적 떼가 와서 그 무덤을 파다가 내 얼굴이 단정한 것을 보고 두목이 나를 아내로 삼았다. 수 십 일 뒤에 그는 또 나가 도둑질을 하다가 주인에게 잡혀 목을 베였다. 그 부하들이 그 시체를 가지고 돌아와 장사할 때 국법에 따라 나는 또 같이 묻혔다. 나는 무덤 속에서 사흘을 지냈다. 늑대와 여우와 개들이 와서 송장을 먹으려고 무덤을 팔 때 나는 다시 살아 나오게 되었다. 나는 내 자신을 한탄하면서 나무랐다.

'전생에 무슨 죄를 지었기에 이런 고통을 받으면서 죽었다가 다시 살아나는가. 이제는 무엇을 하며 남은 목숨을 마칠 것인가.'

그래서 생각하였다.

'일찍이 듣기를 샤카족의 어떤 아들이 집을 떠나 도를 배워

부처가 되어 과거와 미래를 모두 안다고 하니 차라리 거기 가서 몸과 마음을 맡기자.'

나는 곧 외로운 이 돕는 절로 달려가서 나무에 꽃이 활짝 핀 듯, 별 속의 달과 같은 부처님의 모습을 멀리서 뵈었다. 그 때에 부처님은 흐림이 없는 세 가지 신통력으로써 나를 제도할 수 있음을 살피시고 곧 나오셔서 나를 맞이해 주셨습니다. 나는 그 때에 알몸이라 아무 것도 가릴 것이 없어, 곧 땅에 주저앉아 손으로 가슴을 가렸다. 부처님은 아난다에게 명령하셨다.

'옷을 가져다 저 여자에게 입혀주도록 하라.'

나는 옷을 입고 머리를 조아려 부처님 발에 예배한 뒤에 그 동안에 겪은 죄 많은 사정을 자세히 말씀드렸다.

'원컨대 저를 가엾이 여겨 도 닦기를 허락하소서.'

부처님은 아난다에게 말씀하셨다.

'저 여자를 데려다 고타미에게 맡기고 계법을 가르쳐 주게 하라.'

고타미는 곧 내게 계법을 주어 나는 비구니가 되었다. 그리고 그녀는 나에게 네 가지 진리의 중요한 뜻과 인생은 괴롭다는 것, 모든 것은 공하고 무상하다는 것을 말씀하셨다. 나는 그 법을 듣고는 결심하고 부지런히 공부하여 아라한이 되어 과거와 미래를 모두 알게 되었다.

내가 지금 현세에서 받은 고통을 이루 다 말할 수 없지만, 그것은 모두 전생에 지은 업의 갚음으로써 털끝만큼도 어긋남이 없다."

그 때에 비구니들은 다시 말했습니다.

"전생에 어떤 죄를 지었기에 그런 재앙을 받았습니까? 설명해 주십시오."

"그대들은 잘 들어라. 지나간 세상에 어떤 장자가 있었다. 그는 재물은 많았지만 아들이 없어 작은 부인을 얻었다. 비록 천한 집 딸이었으나 아름다운 얼굴은 따를 이가 없었으므로 장자는 매우 사랑하였다. 아이를 잉태한 지 열 달이 차서 사내아이를 낳았다. 부부는 그 아이가 소중해 아무리 보아도 싫증나지 않았다.

큰 부인이 그것을 보며 생각하였다.

'나는 비록 귀족 집 딸이지만 현재 대를 이을 자식이 없다. 이제 저 아이가 성장하면 이 집을 맡아 논밭과 전 재산을 모두 다 가질 것이다. 내가 아무리 노력하여 재산을 쌓아도 마음대로 쓸 수 없을 것이다.'

질투심이 치솟아 아이를 일찍 죽여버리는 것이 상책이라 결정하고, 바늘을 아이 정수리에 보이지 않게 꽂았다. 아이는 자꾸 말라가다가 열흘쯤 되자 드디어 죽고 말았다. 작은 부인은 너무 애통하여 기절하였다가 다시 깨어났다. 이것은 반드시 큰 부인이 시샘해 내 아들을 죽인 것이라 단정하고, 곧 부인에게 물었다.

'당신이 시기질투로 내 아들을 죽였지요?'

큰 부인은 곧 맹서하였다.

'만일 내가 네 아들을 죽였으면 세상마다 내 남편은 독사에 물려 죽고, 거기서 태어난 자식은 물에 빠져 죽거나 짐승이 잡아먹을 것이요, 나는 산채로 묻히고, 내 부모와 형제는 불에 타 죽을 것이다. 왜 나를 원망하느냐. 왜 나를 원망하느냐!'

그 때에 큰 부인은 죄와 복의 갚음이 없다고 생각하고 앞에서와 같이 맹서했지만 언제든지 그것을 받되 대신할 사람이 없는 것이다. 알고 싶은가? 그 때의 그 큰 부인이 지금 내 몸의 전신이었다."

비구니들은 다시 말했습니다.

"그러면 또 어떤 복을 지었기에 부처님께서 나오셔서 맞이하셨고, 도의 집에 들어 와 생사를 면하게 되었습니까?"

"옛날 바라나국에 신선산이라는 큰 산이 있었다. 그 산에는 언제나 프라데카 부처와 성문들과 이교도들인 신선들이 많이 살고 있었다. 그 때에 어떤 프라데카 부처님이 성에 들어가 걸식하였다.

어떤 장자 부인은 그를 보고 기뻐하며 공양을 올렸다. 프라데카 부처님은 그것을 먹고 허공에 날아올라 몸에서 물과 불을 내뿜으며 허공에 앉기도 하고 눕기도 하였다. 부인은 그것을 보고 서원을 세웠다.

'나도 뒷세상에 도를 얻어 저렇게 되어지이다.'

그 때의 그 부인은 지금 내 몸이다. 그 때문에 나는 부처님을 뵙고, 마음이 열려 아라한의 도를 이루었다. 지금 나는 아라한이 되었지만 항상 뜨거운 바늘이 정수리로 들어와 발바닥으로 나오는 듯, 밤낮으로 그런 고통을 받아 쉴 때가 없다. 재앙과 복은 이와 같이 썩어 없어지는 것이 아니니라."

그 때에 오백 귀족 비구니들은 이 설법을 듣고 마음으로 느끼는 것이 많았습니다. 그들은 한결같은 마음으로 탐욕의 근본은 타는 불꽃과 같음을 알고 분별하여 탐욕이 다시는 생기지 않게 되었습니다. 또 세속에 있는 고통은 감옥보다 더하다고 생각하여 모든 번뇌가 사라지고 한꺼번에 선정에 들어 아라한의 도를 얻었습니다. 그리하여 모두 한 마음으로 미묘 비구니에게 아뢰었습니다.

"우리들은 음욕에 얽매이고 싸여 스스로 헤어나지 못하다가, 지금 자비로운 은혜를 입어 생사를 건너게 되었습니다."

그 때에 부처님께서 찬탄하셨습니다.

"장하다, 미묘야, 대개 도를 닦는 사람은 법으로써 서로 가르치고 경계하여야 부처의 제자라 할 수 있느니라."

대중들은 이 설법을 듣고 모두 기뻐하면서 머리를 조아리고 힘써 실천하였습니다.

아쇼카왕의 전생

저는 이와 같이 들었습니다.

부처님께서는 슈라바스티의 기타 숲 외로운 이 돕는 절에 계시던 어느 때, 아난다와 함께 성에 들어가 걸식하시다가, 도중에 아이들이 소꿉놀이 하는 것을 보셨습니다. 아이들은 흙을 모아 집과 창고를 짓고 보물과 곡식을 저장하였습니다. 한 아이가 멀리서 오시는 부처님의 빛나는 모습을 바라보고, 마음으로 공경하고 기뻐하며, 보시할 마음이 생겼습니다. 그는 곧 창고에서 곡식이라 이름 지은 흙을 한 줌 쥐어 부처님께 보시하려 하였습니다. 그러나 키가 작아 손이 바루에 닿지 못하니 한 아이에게 말하였습니다.

"네 어깨 위에 올라가 이 곡식을 부처님께 보시하고 싶다."

그 아이는 매우 기뻐하며 좋다고 대답하였습니다. 아이는 곧 다른 아이의 어깨에 올라가서 부처님께 흙을 바쳤습니다. 부처님은 바루를 낮추고 머리를 숙여 그것을 받아 아난다에게 주시면서 말씀하셨습니다.

"이것을 가지고 가서 내 방바닥에 발라라."

걸식을 마치고 절에 돌아왔습니다. 아난다는 그 흙으로써 부처님 방바닥에 발랐습니다. 한 귀퉁이를 바르자 흙이 다 쓰였습니다. 그는 옷을 바르게 하고 부처님께 사실을 사뢰었습니다.

부처님께서 말씀하셨습니다.

"아까 그 아이가 기쁘게 흙을 보시하여 내 방 한 귀퉁이를 발랐다. 그는 이 공덕으로 말미암아 내가 열반한 지 일백 년 뒤에 국왕이 되어 이름을 아쇼카라 할 것이고, 그 다음 아이는 대신이 되어 이 잠부드비파의 모든 나라를 함께 맡아, 삼보를 드러내고 널리 공양을 베풀며, 사리를 펴 잠부드비파에 두루 하고, 또 나를 위해 팔만 사천 기의 탑을 세울 것이다."

아난다는 기뻐하며 다시 여쭈었습니다.

"부처님께서는 옛날 어떤 공덕을 지으셨기에 그렇게 많은 탑을 세우게 됩니까?"

"아난다야, 마음을 집중하고 들으라. 오랜 옛날 아승기 겁 이전에 파새기라는 큰 나라의 왕이 있었다. 그는 이 잠부드비파의 팔만사천 나라를 맡아 다스리고 있었고, 그 때의 부처님 이름은 불사라 하였다. 파새기왕은 여러 신민들과 함께 그 부처님과 비구 스님들에게 네 가지 물건으로써 공양을 올렸고, 한량없이 공경하며 사모하였다.

그 때에 왕은 가만히 생각하였다.

'지금 이 큰 나라 백성들은 항상 부처님을 뵈며 예배하고 공양을 올린다. 그러나 그 밖의 작은 나라들은 모두 변방에 치우쳐 있어 그 백성들은 복을 닦을 인연이 없다. 그러므로 부처님 초상을 그려 여러 나라에 널리 보급하여 모두 공양을 올리게 해야 하겠구나.'

그는 이렇게 생각하고 곧 화공들을 불러 불상을 그리게 하였다. 화공들은 부처님 곁에 와서 부처님 상호相好를 보고 그렸다. 그러나 한 쪽 모습을 그리고 나면 다른 쪽은 잊어버렸다. 그래서 다시 자세히 보고 붓을 들어 한 쪽 모습을 그리고 나면 또 다른 한 쪽 모습은 잊어버려 부처님의 완전한 상호를 그릴 수가 없었다. 그 때에 그 불사 부처는 여러 가지 색채로써 손수 자기 초상화를 그려 본보기로 삼았다. 그제야 화공들은 그것을 본받아 모두 팔만사천 폭의 초상화를 그리니, 아주 깨끗하고 묘하며 단정하기가 그 부처님과 같았다. 그것을 한 나라에 한 점씩 주었다. 그리고 영을 내려 백성들로 하여금 꽃과 향을 마련하여 공양을 올리게 하였다. 여러 국왕과 신민들은 부처님 상을 얻어 기뻐하고 공경하며 받들기를 부처님을 직접 뵌 듯이 하였다.

아난다야, 그 때의 그 파새기 왕은 바로 지금의 나였다. 나는 그 때에 부처님의 초상화 팔만사천 점을 그려 여러 나라에 널리 보급하고 사람들로 하여금 공양을 올리게 하였으므로 그 공덕을 말미암아 날 적마다 복을 받되 언제나 천상이나 인간의 제왕이 되었고, 태어나는 곳마다 얼굴이 단정하고 아주 묘하였으며, 서른두 가지 거룩한 모습과 여든 가지 특별한 모양을 갖추게 되었고, 또 그 공덕으로 부처가 되었다. 그 인연으로써 열반한 뒤에 팔만사천 기의 탑이 세워지는 과보를 얻게 되었느니라."

현자 아난다와 여러 대중들은 부처님 말씀을 듣고 기뻐하며 힘써 실천하였습니다.

독사가 가르친 겸허

저는 이와 같이 들었습니다.

부처님께서 슈라바스티의 기타 숲 외로운 이 돕는 절에 계시던 어느 때, 비구들은 제각기 다른 나라에서 마음대로 안거하였고, 그들은 구십 일 동안의 안거를 마치고 부처님께 나아가 거룩한 가르침을 받았습니다.

세존께서는 여러 비구들과 오랫동안 헤어져 있었기 때문에, 인자한 마음으로 가엾이 여겨, 곧 천 폭 바퀴 무늬가 있는 손을 들어 그들을 위로하시고, 마음을 낮추어 물으셨습니다.

"너희들은 먼 시골에 살면서 음식과 공양에 불편은 없었느냐?"

부처님의 공덕은 세상에 견줄 것이 없는데, 지금 마음을 낮추셔서 비구들을 보시고 특별히 겸손하셨습니다. 아난다는 그것을 보고 매우 괴이하게 여기며 여쭈었습니다.

"세존께서 세상에 나오심은 가장 특별한 일이고, 또 공덕과 지혜는 세상에 보기 드문 일이옵니다. 그런데 지금 마음을 낮추셔서 비구들을 위로하여 물으시니, 저는 도저히 모르겠습니다. 세존께서 그처럼 겸손한 말씀을 하시는 것이 친절이 되나이까?"

"그 뜻을 알고 싶으냐. 자세히 듣고 잘 명심하라. 너를 위해 설명하리라."

아난다는 분부대로 잘 들으려고 귀를 기울였습니다.

"먼 옛날 헤아릴 수 없는 아승기 겁 이전에 이 잠부드비파에 큰 나라가 있었는데 이름이 바라나라 하였다.

그 때에 부지런하고 검소하고 절약하며 생활하는 사람이 있었다. 그러나 금을 특히 좋아하여 힘을 다해 금을 모을 때, 괴로운 것도 견디며 사방으로 돌아다니면서 부지런히 노동하여 거기서 생긴 돈은 모두 금을 사는데 다 썼다. 그렇게 모은 금을 병에 채워 집안에 땅을 파고 감추어 두었다. 이렇게 몸을 괴롭히며 여러 해를 지내도록, 옷도 변변히 입지 않고 음식도 제대로 먹지 않으면서, 쉬지 않고 금을 모아 마침내 일곱 병을 채워 모두 묻어두었다. 뒤에 그는 병에 걸려 목숨을 마치고는, 금에 너무 집착했기 때문에 한 마리 독사가 되어, 그 집에 돌아 가, 그 금병을 지키고 있었다.

여러 해를 지나 그 집이 허물어지고 거기서 사는 사람은 없었으나, 그 독사만은 그 금병을 지키고 있다가 명대로 살다가 목숨이 다하여 몸을 버렸다. 그러나 금을 사랑하는 마음은 변하지 않아 다시 독사 몸이 되어 그 몸으로써 금병들을 감고 있었다. 이렇게 계속하여 수만 년을 지내고 최후로 독사 몸을 받았을 때, 그 몸에 싫증이 생겼다. 그는 그 원인을 생각하였다.

'이 금 때문에 이런 나쁜 몸을 끊임없이 받았으니, 이제는 이것을 좋은 복 밭에 보시하여 태어날 때마다 그 복의 갚음을 받으리라.'

이렇게 결정하고는 길가 풀 속으로 나와 몸을 숨기고 기다리면서 만일 누가 오면 그에게 사정을 말하리라 생각했다. 마침 그 때에 독사는 어떤 사람이 지나가는 것을 보았다. 독사는 그를 불렀다. 그 사람은 부르는 소리를 듣고 좌우를 둘러보았으나 사람은 보이지 않고 소리만 들리므로 그대로 걸어갔다. 그제야 독사는 몸을 나타내어 부르면서 말했다.

'여보시오. 내게로 가까이 좀 오십시오.'

'왜 나를 부르느냐. 네 몸에는 독이 있어 내가 가까이 가면 반드시 해를 입을 텐데….'

'내가 진실로 나쁜 마음을 가졌다면 당신이 오지 않더라도 해칠 수 있습니다.'

그는 겁을 내면서 독사에게로 갔다.

독사는 그에게 말하였다.

'지금 여기 금을 가득히 담은 병이 하나 있습니다. 나는 그것을 당신에게 주어 삼보전에 공양을 올리게 함으로써 복을 지으려 하는데 될 수 있겠습니까? 만일 그렇게 하지 않으면 나는 당신을 해칠 것입니다.'

그는 할 수 있다고 대답하였고, 뱀은 그 사람을 데리고 금 있는 곳으로 가서, 그 곳을 알려 주면서 말하였다.

'당신은 이 금을 가지고 스님들에게 공양을 올리되, 음식을 베푸는 날에는 잊지 말고 망태기를 가지고 와서 나를 메고 그리로 가주십시오.'

그는 그 금을 가지고 절에 가서, 상좌 스님에게 위의 사정을 자세히 말하였다.

'어떤 독사가 공양을 베풀고자 합니다. 날을 빨리 정해 주십시오.'

스님은 그 금을 받아 맛난 음식을 준비하였다. 공양을 베푸는 날이 되어 그는 조그마한 망태기를 가지고 뱀 있는 곳으로 갔다. 뱀은 그를 보고 매우 기뻐하면서 수고에 감사한 뒤에, 곧 망태기에 들어가 몸을 도사렸다. 그는 천으로 그 위를 덮어 그것을 메고 절로 갔다. 가는 길에 어떤 사람이 그에게 물었다.

'당신은 어디서 오십니까? 안녕하십니까?'

그는 잠자코 대답하지 않았다. 그 사람은 두 번 세 번 물었으나 그는 한 마디도 대답하지 않았다. 독사는 화를 내며 많은 독을 머금고 그를 죽이려 하다가 성을 가라앉히고 가만히 생각하였다.

'이 사람은 왜 이처럼 예의를 모르는가. 남은 호의로 정중하게 안부를 세 번이나 묻는데 한 마디 대답도 없으니 어찌 이리도 무심한가.'

이렇게 생각하자 또 화가 치밀어 올라 그를 죽이고 싶어 막 독을 토하려 하다가 다시 생각하였다.

'이 사람은 나를 위해 복을 짓는데 나는 아직 은혜를 갚지 못하였다.'

이렇게 재삼 되풀이 하다가 성남을 끝까지 참았다.

'이 사람에게 나는 큰 은혜를 입었다. 비록 죄를 지었더라도 참는 것이 도리에 마땅하다.'

가다가 호젓한 곳에 이르러 뱀은 그에게 말하였다.

'나를 땅에 내려놓으십시오.'

뱀은 그를 몹시 나무라고 또 사리에 꼭 맞게 훈계하였다. 그는 그제야 잘못을 뉘우치고 겸손한 마음이 생겨 모두에게 공경하는 마음을 내었고, 뱀은 거듭 훈계하였다.

'다시는 그러지 마십시오.'

그는 뱀을 메고 절에 가서 뱀을 스님들 앞에 내려놓았다.

그 때에 스님들은 공양 때가 되어 줄지어 서 있었다. 뱀은 그를 시켜 그들에게 차례로 향을 피우게 하고, 스스로는 믿는 마음으로 향을 받는 이들을 바라보았다. 이렇게 그것이 끝나도록 자세히 바라보면서 눈을 떼지 않았다. 스님들이 앞에서 인도하여 탑을 두루 돌았다. 그는 물을 가지고 와서 스님들의 손을 씻어 드렸다. 뱀은 공경하는 마음으로 손 씻는 사람을 보되 조금도 염증을 내지 않았다. 스님들은 공양을 마치고 뱀을 위하여 널리 설법하였다. 뱀은 더욱 기뻐하여 다시 보시할 마음이 생겨 상좌 스님과 함께 금병이 있는 곳으로 가서, 나머지 여섯 병을 모두 보시하였다. 이렇게 복을 짓고는 이내 목숨을 마치고 그 복덕으로 말미암아 도리천에 났느니라."

부처님께서 이어 아난다에게 말씀하셨습니다.

"알고 싶으냐. 그 때의 그 뱀을 메던 사람은 바로 지금의 나였으며, 그 독사는 바로 지금의 샤리푸트라니라. 나는 옛날 뱀을 메고 갈 때에 뱀의 꾸지람을 듣고 부끄러워하면서 겸허한 마음으로 일체 중생을 평등하게 보리라고 서원을 세웠다. 그리하여 오늘 날까지 아직 한 번도 중단한 일이 없었느니라."

그 때에 여러 비구들과 아난다는 부처님 말씀을 듣고 기뻐하며 힘써 실천하였습니다.

현세에 받은 복업

저는 이와 같이 들었습니다.

부처님께서 라자그리하의 대숲 절에서 수 없는 큰 제자들과 함께 계시던 어느 때, 그 나라에 어떤 바라문이 있었습니다. 그는 집이 가난하여 돈도 곡식도 없이 곤궁하게 살았습니다. 아무리 부지런히 노력하였으나 가난은 더욱 심하여 입을 것도 먹을 것도 항상 부족하였습니다. 그는 어떤 사람에게 물었습니다.

"지금 이 세상에서 어떤 일을 하면 현세에서 그 복을 받을 수 있는가?"

"너는 모르는가? 지금 부처님께서 세상에 나오셔서 일체 중생을 복으로 건지시고 이롭게 하여 구원을 받지 않는 이가 없다. 또 그 부처님에게는 큰 제자 네 분이 있는데, 즉 마하카샤파 · 마하마우드갈야야나 · 샤리푸트라 · 아니룻다들이다. 이 네 어진 분은 항상 가난한 이들을 가엾이 여기고 고통을 받는 중생들을 복되게 한다. 만일 네가 지금 믿고 공경하는 마음을 지니고 음식으로써 그분들에게 공양을 올린다면, 현세에서 너의 소원을 이룰 것이다."

그 때에 바라문은 그 사람의 말을 듣고 매우 기뻐하며, 온 나라 안을 돌아다니면서 스스로 노동하여 약간의 돈을 모았습니다. 그것을 가지고 집에 돌아와 음식을 준비하여 여러 성현을 초청하여 한 번 공양을 올렸습니다. 그리고 일심으로 정진하면서 현세에 갚음이 오기를 바랐습니다.

그 바라문의 아내 이름은 편안이었습니다. 그가 존자들에게 공양을 올릴 때, 여러 큰 제자들은 편안에게 여덟 가지 재계법을 가르쳐 실천하게 하고는 모두 절로 돌아갔습니다. 그 때에 빔비사라왕은 숲에서 놀고 성으로 돌아오다가 길에서 어떤 사람이 나라에 중죄를 짓고 나뭇가지 끝에 결박되어 길가에 세워져 있는 것을 보았습니다. 그는 왕을 보고 슬퍼하면서 먹을 것을 조금 간청하였습니다. 왕은 그를 가엾이 여겨 곧 먹을 것을 주겠다고 약속하고 거기서 떠났습니다. 왕은 해가 저물어 낮의 일을 깜빡 잊었다가 한 밤중에 생각이 났습니다.

"나는 아까 그 죄인에게 먹을 것을 주기로 약속하였는데 어째서 깜빡 잊었을까!"

곧 사람을 시켜 그에게 밥을 가져다주라고 하였으나, 아무도 가려는 사람이 없었습니다. 그들은 모두 이렇게 말했습니다.

"지금은 밤중인데 길에는 아마 사나운 짐승이나 모진 귀신 나찰의 재앙이 많을 것입니다. 차라리 이 자리에서 죽어도 거기는 가지 않겠습니다."

그 때에 왕은 그 사람이 받는 고통을 생각하니 마음이 쓰라려, 가엾이 여기는 마음으로써 다급히 갈 수 있는 사람을 수색했습니다.

"누구든지 사형장 입구 길에서 벌을 받는 사람에게 지금 바로 먹을 것을 배달해 주면 상금 천 냥을 주겠다."

그러나 아무리 수색해도 마땅한 사람이 없었습니다. 그 때에 편안은 '만일 어떤 사람이 여덟 가지 재계법을 잘 지키면, 아무리 모진 귀신이나 독한 짐승들이라도 해치지 못한다.'는 존자들의 말을 기억하고 생각했습니다.

'우리는 빈궁하고 또 나는 재계법을 받아 지키고 있다. 지금 왕이 찾고 있는 사람은 바로 나로구나. 지금 거기에 가서 천 냥을 벌자.'

그리고 곧 가서 자원하였습니다. 그 때에 왕은 편안에게 말했습니다.

"나를 위해 그에게 밥을 가져다주고 무사히 돌아오면 너에게 금 천 냥을 주겠다."

편안은 분부를 받고 밥을 가지고 가기로 하고, 지극한 마음으로 재계법을 생각하며 조금도 마음이 흩어지지 않았습니다. 그는 성을 벗어나 차츰 멀리 가다가 람바라는 한 나찰 귀신을 만났습니다. 그 때에 그 귀신은 오백 마리 새끼를 낳았는데, 처음으로 몸을 풀고 나서 몹시 굶주리고 목말라 편안을 보자 잡아먹으려 하였습니다. 그러나 편안은 하나도 빠뜨림 없이 재법을 지켰기 때문에 귀신은 도리어 두려워하였습니다. 굶주림에 시달려 편안이 가지고 있는 음식을 빌었습니다.

"나에게 조금만 나눠 주십시오."

편안은 거절하지 않고 조금 주어 구원하였습니다. 음식은 적었으나 귀신의 힘이 있었기 때문에, 그것으로도 배가 불렀습니다. 그 때에 나찰은 편안에게 물었습니다.

"당신의 이름은 무엇입니까?"

"내 이름은 편안입니다."

"나는 지금 아이 오백을 낳고 당신 덕에 굶주림에서 벗어날 수 있었습니다. 당신 덕분에 살게 되어 안전하게 되었고, 또 좋은 이름을 들었습니다. 내가 사는 곳에 금 한 돈이 있는데 그것으로써 당신의 은혜에 보답하겠습니다. 잊지 말고 돌아

갈 때에 가져가십시오."

귀신은 또 물었습니다.

"당신은 어디로 가십니까?"

"나는 이 음식을 사형장 입구 길에 묶여 있는 죄인에게 주려고 갑니다."

람바는 또 말하였습니다.

"내 여동생이 저 앞에 사는데 이름은 아람바입니다. 만일 만나게 되거든 나를 위해 문안하고, 내가 아들 오백을 낳았으며 몸은 안전하다고 내 사정을 자세히 전해 주십시오."

편안은 그 말대로 길을 따라 가다가 아람바를 만나 곧 안부하고 람바의 사정을 자세히 말하면서, 아들 오백을 낳아 모두 안전하다고 전하였습니다. 그 때에 아람바는 그 말을 듣고 매우 기뻐하면서 '편안'에게 물었습니다.

"당신의 이름은 무엇입니까?"

"내 이름은 편안입니다."

아람바는 듣고 매우 기뻐하면서 말하였습니다.

"내 언니가 해산하여 안녕하고 또 당신 이름이 좋으니 얼마나 좋습니까. 지금 내가 사는 곳에 금 한 돈이 있는데 당신에게 드리겠습니다. 잊지 말고 돌아갈 때 가져 가십시오."

그는 또 물었습니다.

"지금 어디로 가려 하십니까?"

"나는 왕을 위해 음식을 가지고 어떤 죄인에게 갑니다."

"내 사내 동생 분나기가 저 앞길에 있습니다. 나를 위해 안부하고 이 누이 뜻을 전해주십시오."

편안은 그를 하직하고 길을 따라 나아갔습니다. 그 말대로 분나기를 만났습니다. 그는 두 누나의 사정을 자세히 이야기 해주었습니다.

"큰 누나는 아들 오백을 낳고 몸이 편안하여 조금도 언짢은 일이 없다."

그 때에 분나기는 두 누나가 편안하다는 소식을 듣고 기뻐하면서 다시 '편안'에게 물었습니다.

"당신 이름이 무엇입니까?"

"내 이름은 '편안'입니다."

"당신 이름이 '편안'이요, 또 내 누님들이 편안하다는 소식을 전해주니 더욱 유쾌합니다. 내가 사는 곳에 금 한 돈이 있는데 그것을 당신에게 드리겠습니다. 잊지 말고 돌아 갈 때 가져 가십시오."

편안은 그를 하직하고 길을 따라 가서 사형수를 만나 밥을 주고는 집으로 돌아갔습니다. 그는 금 세 봉지를 가져다 집에 두고 다시 왕에게 상금 천 냥을 얻어, 그는 가난을 면하고 곧 부자가 되었습니다. 그 나라 백성들은 그 집에 재물과 보배가 많을 것을 보고 하인이 되려고 그 집에 몰려와 심부름꾼이 되었습니다. 왕은 그의 복덕이 그러하다는 말을 듣고 곧 궁으로 불러 대신으로 삼았습니다. 그는 이미 왕의 녹을 먹고 또 부자가 되니 부처님을 믿는 마음이 정성되고 독실하여, 복업을 더욱 쌓기 위해 부처님과 스님들을 초청하여 공양을 자주 올렸습니다.

부처님은 스님들과 함께 그의 청을 받고 공양이 끝난 뒤에는 그를 위해 설법하셨습니다. 그는 마음이 열려 스로타판나가 되었습니다. 그 때에 대중들과 아난다는 부처님 말씀을 듣고 기뻐하며 힘써 실천하였습니다.

등불 한 개를 올리고 수기를 받은 난타

저는 이와 같이 들었습니다.

부처님께서 슈라바스티의 기타 숲 외로운 이 돕는 절에 계시던 어느 때, 그 나라에 난타라는 여자가 있었습니다. 그녀는 가난하고 고독하여 구걸하면서 살았습니다. 그녀는 국왕과 신하와 백성들 노소들이 모두 부처님과 스님들께 공양을 올리는 것을 보고 가만히 생각하였습니다.

'나는 전생에 무슨 죄로 빈천한 집에 태어나 복 밭을 만났건만 종자를 심을 수 없는가.'

못내 괴로워하고 마음 아파하면서 조그만 공양이나마 올리기로 원을 세우고 곧 날이 저물도록 쉬지 않고 구걸하여 겨우 돈 일전을 얻었습니다. 그는 그것을 가지고 기름집에 가서 기름을 사려고 하니, 기름집 주인은 물었습니다.

"일전어치 기름을 사봐야 너무 적어 쓸 데가 없을 텐데 무엇에 쓰려는가?"

난타는 그 심정을 자세히 이야기하였습니다. 기름집 주인은 그를 가엾이 여겨 기름을 두 배나 더 많이 주었습니다. 그는 그것을 얻어 매우 기뻐하며 등불 하나를 만들어 가지고 절에 갔습니다. 그것을 부처님 앞에 있는 여러 등불 가운데 두었습니다. 그리고 서원을 세웠습니다.

"저는 지금 빈궁하여 이 작은 등불로써 부처님께 공양을 올립니다. 이 공덕으로써 저로 하여금 내생에 지혜의 광명을 얻어 일체 중생의 어둠을 없애게 하여지이다."

이렇게 서원을 세우고는 부처님께 예배하고 떠났습니다. 밤이 지나 다른 등불은 모두 꺼졌으나 그 등불만은 홀로 밝게 타고 있었습니다. 그 때에 마우드갈야야나는 그날 당번이었습니다. 날이 밝자 등불을 걷어치우다가, 한 등불이 홀로 밝게 타면서 심지가 닳지 않은 것이 마치 새로 만든 등불 같음을 보았습니다.

그는 낮에 켜는 것은 아무 소용이 없으리라 생각하고, 그것을 껐다가 저녁에 다시 켜려고 손으로 끄려 하였습니다. 그러나 불꽃은 흔들리지 않았습니다. 그래서 다시 옷자락으로 끄려했으나 불꽃은 꼼짝도 하지 않았습니다. 부처님께서 마우드갈야야나가 그 등불을 끄려 하는 것을 보시고 말씀하셨습니다.

"지금 그 등불은 너희 성문들로서 끌 수 없다. 비록 네가 네 바다의 물을 거기에 쏟거나 산바람으로 그것을 끄려 해도 그것은 끌 수 없다. 왜냐하면 그것은 일체 중생을 두루 건지려고 큰마음을 낸 사람이 보시한 물건이기 때문이니라."

부처님께서 이렇게 말씀하시자, 그 곳에서 등불을 지켜보고 있던 난타가 부처님 앞에 나아가 땅에 엎드려 예배하였고, 부처님은 곧 그에게 수기를 주셨습니다.

"너는 오는 세상 두 아승기를 지나고 또 백 겁 동안 공부하여 부처가 되어 이름을 등광燈光이라 하고, 열 가지 호를 완전히 갖출 것이다."

난타는 수기를 받고 기뻐하며 꿇어앉아 출가하기를 원하였습니다. 부처님께서 허락하셔서 그는 비구니가 되었습니다. 지혜의 목숨, 아난다와 마우드갈야야나는 그 가난한 여자가 고난을 면하고 집을 떠나 수기 받는 것을 보고, 꿇어 앉아 합장하고 부처님께 사뢰었습니다.

"난타 여인은 전생에 무슨 업을 지어, 오랫동안 구걸하면서 살아 왔으며, 또 무슨 인연으로써 부처님을 만나 출가하였으며, 네 무리들이 공경하고 우러르면서 다투어 공양을 올리려 합니까?"

"과거에 카샤파라는 부처님이 계셨다. 그 때에 어떤 거사의 부인이 몸소 나아가 부처님과 비구 스님들을 초청하였다. 그러나 부처님은 어떤 가난한 여자에게 공양 받기를 먼저 허락하셨다. 그 여자는 이미 아나가민의 도를 얻은 여자였다. 그 때에 장자의 부인은 자기의 재산이 많은 것을 믿고, 그 가난한 여자를 업신여기며 부처님께서 그 여자의 초청을 먼저 받으신 것을 불쾌하게 여기며 말하였다.

'세존께서는 어찌하여 저의 공양을 받지 않으시고, 저 거지의 초청을 먼저 받으셨습니까?'

이렇게 나쁜 말로 성인을 업신여겼다. 그 뒤로 오백 생 동안 그는 언제나 빈천한 거지 집에 태어났다. 그러나 그 뒷날 부처님과 스님들께 공양을 올리고 공경하며 기뻐했기 때문에, 지금 부처님을 만나 집을 나와 수기를 받았고, 온 나라 사람들이 공경하고 우러르는 비구니가 되었느니라."

그 때에 대중들은 부처님의 이 말씀을 듣고 모두 기뻐하였습니다. 그리고 그 나라의 왕과 신민들은 그 가난한 여자가 부처님께 등불 하나를 바침으로써 부처가 되리라는 수기하셨다는 말을 듣고, 모두 흠앙하는 마음을 내어, 저마다 훌륭한 의복 등 네 가지 물건을 보시하여 모자람이 없게 하였습니다.

그 때부터 온 나라 남녀노소 귀천을 막론하고 향유香油 등불을 다투어 준비하여, 기타 숲 절로 가지고 가서 부처님께 공양을 올렸습니다.

많은 사람들의 등불은 제타 동산 수림의 사방에 가득하여, 마치 별들이 공중에 흩어져 있는 것 같았습니다. 날마다 이렇게 일곱 밤을 지났습니다. 그 때 아난다는 매우 기뻐하며, 부처님의 여러 가지 덕행을 찬탄하고 사뢰었습니다.

"알 수 없습니다. 세존께서는 과거 세상에 어떤 선善의 뿌리를 심으셨기에 이런 한량없는 등불 공양을 받습니까?"

"먼 과거 구십일 아승기 겁 전에 이 잠부드비파에 이름이 파새기라는 큰 나라 왕이 있었다. 그는 이 세계의 팔만사천 작은 나라를 맡아 다스리고 있었다. 그가 태자를 낳았는데 몸은 자주 금빛이요, 서른두 가지 거룩한 모습과 여든 가지 특별한 모양을 갖추었으며, 그 정수리에는 저절로 생겨난 보배가 있어, 여러 가지 빛나는 모양은 사람의 눈을 부시게 하였다. 왕은 관상가를 불러 그 상의 길흉을 점치게 하고, 이름을 지으라 하였다. 관상가는 그 기묘한 상을 보고 손을 들어 외쳤다.

'아, 거룩하고 기특하여라. 지금 이 태자는 이 세상의 천상이나 인간에서 짝할 이가 없습니다. 만일 집에 있으면 전륜성

왕이 될 것이요, 집을 떠나면 스스로 깨치는 부처님이 될 것입니다.'

관상가는 이어 왕에게 물었다.

'태자가 태어날 때에 어떤 이상한 일이 있었습니까?'

'정수리에 빛나는 보배가 저절로 솟아나 있었다.'

그래서 곧 이름을 지어 보배상투라 하였다. 그는 차츰 장성하여 집을 떠나 도를 배워 부처가 되었다. 그리하여 백성들을 교화하여 많은 사람을 제도했다. 그 때에 그 부왕은 부처님과 스님들을 초청하여 석 달 동안 공양을 올렸다. 성스런 벗이라는 비구는 등을 만들어 석 달 동안 공양 올리려는 시주를 구하려고 날마다 성으로 들어가, 여러 장자 · 거사와 백성들에게 가서 등불의 자료를 구했다. 그 때에 그 나라 공주 무니는 높은 다락에 올라, 그 비구가 날마다 성에 들어와 무엇을 구하는 것을 보고, 마음으로 공경하고 존중하여 사람을 보내어 물었다.

'존자께서는 늘 그처럼 수고하시는데 무슨 일을 경영하시려 하십니까?'

'나는 지금 석 달 동안 부처님과 비구 스님들을 위해 등불을 켜드리려는 시주를 구합니다. 그래서 성에 들어가 여러 현자들을 찾아다니면서 등불 자료를 구하고 있습니다.'

심부름꾼이 돌아가 보고하자 공주는 기뻐하면서 성스런 벗 비구에게 말을 전하였다.

'지금부터는 다니면서 구걸하지 마십시오. 제가 등 만들 모든 자료를 공급하겠습니다.'

비구는 기뻐하며 승낙하였다. 그 뒤 공주는 늘 등불의 자료를 절에 보냈다. 성스런 벗 비구는 날마다 주선하여 등불을 켜 공양드리고, 일체 중생을 두루 제도할 서원을 세웠는데 정성이 지극하고 독실하였다. 부처님은 그에게 수기를 주셨다.

'너는 오는 세상 아승기 겁 뒤에 부처가 되어 이름을 정광이라 할 것이요, 열 가지 호를 완전히 갖출 것이다.'

공주 무니는 성스런 벗 비구가 장차 부처가 되리라는 수기를 받았다는 소문을 듣고 속으로 생각하였다.

'부처님께 바친 등불은 모두 내 소유요, 비구는 그것을 주선만 하였다. 그런데 지금 그 비구는 기별을 받았는데 나는 받지 못하였구나.'

이렇게 생각하고 부처님께 나아가 자기 심정을 하소연하니, 부처님께서는 무니에게도 수기를 주시면서 말씀하셨다.

'너는 오는 세상 구십일 아승기 겁 뒤에 부처가 되어 이름을 석가모니라 할 것이요, 열 가지 호를 완전히 갖출 것이다.'

이에 공주는 부처님의 예언을 듣고 기쁨이 마음에서 터져 나오면서 갑자기 남자로 변하였다. 그는 거듭 부처님 발에 예배하고 사문이 되기를 원하자 부처님은 곧 허락하셨다. 그는 용맹정진하면서 부지런히 도 닦기를 쉬지 않았느니라."

부처님은 이어 아난다에게 말씀하셨습니다.

"그 때의 성스런 벗 비구는 다른 사람이 아니라 과거의 정광 부처님이요, 공주는 바로 나였느니라. 나는 옛날 등불을 보시함으로써 그 때부터 수 없는 겁 동안에 천상과 인간에서 저절로 복을 받았고, 몸은 특별하여 다른 사람보다 뛰어났으며, 지금 부처가 되었으니 그 등불 보시의 갚음을 받은 것이니라."

그 때에 대중들은 부처님 말씀을 듣고 첫째 결과에서 넷째 결과까지 이룬 이도 있고, 연각의 선근을 심은 이와 위없는 바르고 참된 도에 마음을 낸 이도 있었습니다. 지혜의 목숨, 아난다와 대중들은 모두 땅에 엎드려 예배하고 기뻐하며 힘써 실천하였습니다.

수행자의 자세

지혜와 교묘한 방편이 있는 사람은 조그마한 인연으로도 능히 큰 도를 성취하겠다는 마음을 내어 불도로 나아가지만, 게으른 사람은 아무리 큰 인연이 있어도 뜻을 내어 불도로 나아가지 못합니다. 그러므로 수행하는 사람은 마음을 굳게 하고 뜻을 세워 좋은 인연을 만나고 용맹스러워야 합니다. 그 까닭을 말씀드리겠습니다.

어느 때에 부처님께서 슈라바스티의 기타 숲 외로운 이 돕는 절에 계시면서, 네 무리와 여러 왕과 신민들에게 앞뒤로 둘러싸여 공양과 공경을 받으셨습니다. 대중 가운데는 아래와 같이 의심하는 사람이 많이 있었습니다.

'세존께서는 본래 어떤 인연으로써 위없는 보리심을 처음 내셨고 스스로 부처가 되어 중생들에게 많은 이익을 주시는가. 우리도 마음을 내어 도를 이루어 중생들을 이롭고 편안하게 하자.'

존자 아난다는 대중들의 생각을 알고 곧 자리에서 일어나

옷깃을 여미고 부처님 앞에 나아가 사뢰었습니다.

"지금 대중들은 모두 의심하고 있습니다. 세존께서 옛날에 어떤 인연으로써 큰 도에 마음을 내게 되었는가를 궁금히 여깁니다. 원컨대 세존께서는 그것을 말씀하셔서 일체 중생들을 두루 이롭게 하소서."

"장하고 장하다. 너의 물음은 많은 사람을 이롭게 할 것이다. 자세히 듣고 명심하라. 너를 위해 설명하리라."

그 때에 거기 모인 대중들은 숨을 죽였고, 바람과 강물과 온갖 새와 달리던 짐승들도 모두 소리를 내지 않았습니다. 그리하여 대중들과 하늘 사람 · 용 · 귀신들은 즐겨 들으려고 일심으로 부처님을 바라보고 있었습니다.

부처님께서 아난다에게 말씀하셨습니다.

"오랜 옛날 한량없고 끝없는 아승기 겁 이전에 이 잠부드비파에 대광명大光明이라는 큰 왕이 있었다. 그는 큰 복덕이 있고 총명하고 용맹스러우며 왕의 상을 완전히 갖추었다. 그 때에 그 나라 변두리에 어떤 국왕이 있었다. 대광명왕은 그 왕과 친하였기 때문에, 그 나라에 모자라는 것이 있으면 대광명왕은 언제나 물건을 보내 주었고, 그 나라에서도 진귀한 것이 있으면 대광명왕에게 가져다 바쳤다. 그 때에 그 나라 왕은 큰 산에 사냥하러 갔다가 코끼리 새끼 두 마리를 사로잡았다. 그것은 단정하고 아름다우며 희기는 수정산과 같고, 네 다리로 땅을 디디고 있는 모습이 사랑스러웠다. 그는 매우 기뻐하면서 코끼리 두 마리를 대광명왕에게 바치리라 생각하였다. 이렇게 생각하고, 금 · 은의 여러 가지 보배로 장식하니, 코끼리는 세상에서 뛰어난 보배가 되었다. 그는 사람을 시켜 그것을 대광명왕에게 보내었고, 왕은 그것을 보고 매우 기뻐하였다. 그 때에 왕은 산사라는 코끼리 조련사에게 명령하였다.

'너는 이 코끼리를 잘 기르면서 훈련시켜라.'

조련사는 명령을 받고 오래 걸리지 않아 그들을 잘 훈련시켰다. 그는 온갖 보배로 그것을 꾸미고 왕에게 가서 아뢰었다.

'제가 키운 코끼리는 이제 잘 훈련되었습니다. 왕은 시험해 보소서.'

왕은 그 말을 듣고 매우 기뻐하며 시험해 보려고, 금북을 쳐서 신하들을 모으고 코끼리를 시험하는 광경을 보게 하였다. 대중이 모이자 왕은 그 코끼리를 탔다. 마치 해가 처음 산에서 솟아 빛나듯이, 왕이 처음으로 코끼리를 탔을 때도 그와 같았다. 왕은 신하와 백성들을 데리고 성을 나가 즐기면서 시험할 장소에 이르게 되었다. 그 때에 원기가 왕성한 그 코끼리는 마침 암 코끼리 여러 마리가 연못에서 연뿌리를 먹고 있는 것을 보았다. 그것을 본 코끼리는 곧 음욕이 발동하여 암 코끼리를 쫓아 깊은 숲 속으로 들어갔다. 그 때에 왕이 썼던 관은 땅에 떨어지고, 옷은 찢기고 몸에는 상처가 나 피가 흐르며, 머리털은 흩어졌다. 왕은 현기증이 생겨 꼭 죽는다 생각하고, 몹시 두려워하며 조련사에게 물었다.

'나는 어떻게 하면 살 수 있느냐?'

'숲 속에 나무가 많습니다. 붙잡을 만한 것이 있거든 붙잡으십시오. 그렇게 하면 안전할 것입니다.'

왕은 나뭇가지를 붙잡았다. 코끼리는 지나가고 왕은 나무에 매달렸다. 왕은 나무에서 내려와 땅에 앉아, 옷과 관이 없어지고 몸이 상한 것을 보고, 매우 괴로워하면서 정신없이 숲을 나왔으나, 시종들이 어디 있는지 알 수 없었다. 조련사도 나무를 붙잡고 안전하게 돌아와 왕이 혼자 근심하고 괴로워하며 앉아 있는 것을 보았다. 그는 머리를 조아리고 아뢰었다.

'원컨대 왕은 너무 걱정하지 마십시오. 그 코끼리는 아마 음욕심이 멈추었을 것입니다. 그리고 더러운 풀은 먹기 싫고 흐린 물은 맛이 없어, 궁중의 깨끗하고 기름지며 맛난 먹이를 생각하고 제 스스로 돌아올 것입니다.'

왕은 말하였다.

'나는 이제 다시는 너나 코끼리는 생각하지 않으리라. 그 코끼리 때문에 내 목숨을 잃을 뻔 했다.'

그 때에 신하들은 왕이 이미 그 코끼리 때문에 죽었을 것이라 생각하고, 길을 따라 여러 곳으로 찾아다니다가, 관을 발견하고 떨어진 핏자국을 보았다. 그러다가 마침내 왕이 다른 코끼리를 타고 성으로 들어오는 것을 보았다. 성 안의 백성들도 왕이 그러한 고통을 받은 것을 알고 근심하지 않는 이가 없었다. 그 때에 흰 코끼리 두 마리는 들 늪에서 온갖 나쁜 풀과 흐리고 더러운 물을 먹으면서 저절로 음욕심이 멈추었다. 그러자 곧 왕궁의 깨끗하고 맛난 먹이를 생각하고 거센 바람처럼 달려 궁중으로 돌아왔다.

조련사는 그것을 보자 왕에게 가서 아뢰었다.

'대왕님이시여, 전에 잃어버렸던 코끼리가 지금 돌아왔습니다. 원컨대 대왕은 보소서.'

'나는 이제 너도 코끼리도 필요 없다.'

'만일 왕께서 저와 코끼리가 필요 없으시다 해도 제가 코끼리를 다루는 방법을 보시기 바랍니다.'

왕은 곧 사람을 시켜 평탄한 땅에 자리를 펴게 하였다. 그 때에 온 나라 사람들은 조련사가 대왕에게 코끼리 다루는 방법을 보이려 한다는 말을 듣고 구름처럼 모여들었다. 왕은 궁중에서 나와 대중의 인도를 받으면서 자리에 나가 앉았다. 조련사는 코끼리를 이끌고 회장에 나왔다. 그는 대장장이를 시켜 철환 일곱 개를 만들어 시뻘겋게 불에 달구게 하고는 생각하였다.

'코끼리가 이 철환을 먹으면 반드시 죽을 것이니, 그러면 왕이 후회할 것이다.'

그리고 왕에게 아뢰었다.

'이 흰 코끼리는 오직 전륜성왕만이 얻을 수 있는 코끼립니다. 그런데 지금 조그만 허물이 있다 하여 버릴 수는 없습니다.'

왕은 말하였다.

'코끼리가 훈련되지 않았다면 나는 타지 않았을 것이다. 잘 훈련되었다면 어찌 이런 사고를 내었는가. 이제는 너도 필요 없고 코끼리도 필요 없다.'

조련사는 거듭 아뢰었다.

'저는 필요 없다 하시지만 코끼리는 참으로 애석한 일입니다.'

왕은 더욱 화를 내며 말하였다.

'내 앞에서 멀리 떠나라.'

조련사는 일어나 눈물을 흘리면서 아뢰었다.

'지금 왕은 친한 이에게나 사이가 좋지 않은 이에게나, 그 마음이 독약과 같은데, 어떻게 거짓으로 달콤한 말을 하겠습니까.'

그 회장에 모인 남녀노소들은 이 말을 듣고 눈물을 흘리면서 코끼리를 물끄러미 바라보았다. 조련사는 곧 코끼리에게 명령하였다.

'이 철환을 먹어라. 만일 이것을 먹지 않으면 쇠갈퀴로 네 머리를 찢어 죽이리라.'

코끼리는 그 마음을 짐작하고 가만히 생각하였다.

'나는 차라리 이 뜨거운 철환을 먹고 죽지, 저 쇠갈퀴에 찢겨 죽을 수는 없다. 그것은 사람이 죽을 바에야 차라리 목을 졸라 죽지 사지를 찢겨 죽으려 하지 않는 것과 같다.'

코끼리는 무릎을 꿇고 왕을 향해 눈물을 흘리면서 구해주기를 바랐지만 왕은 더욱 화를 내어 바라보다가 외면해버렸다. 조련사는 코끼리에게 말하였다.

'너는 지금 왜 이 철환을 먹지 않느냐.'

코끼리는 사방을 둘러보아도 대중 가운데 자신의 목숨을 구해줄 사람이 없음을 알고 코로써 철환을 집어 입에 넣어 삼켰다. 철환은 배에 들어가 내장을 태우면서 바로 내려갔다. 코끼리는 금강저로 수정산을 때리는 것처럼 죽어 쓰러졌고 땅에 떨어진 철환은 아직도 시뻘겋게 타고 있었다. 그 때에 대중들은 이것을 보고 모두 슬피 울었다. 왕도 이 일을 보고 놀라고 두려워하여 이내 후회하여 곧 조련사를 불러 물었다.

'네 코끼리가 훈련되어 그처럼 잘 순종하거늘 저 숲 속에서는 어찌 그것을 제지시키지 못하였는가?'

그 때에 정거천인淨居天人 대광명왕이 위없는 보리심을 낼 줄 알고 곧 신력으로 조련사를 시켜 꿇어앉아 왕에게 대답하게 하였다.

'대왕님이시여, 저는 오직 코끼리 몸만 다룰 수 있고 그 마음은 다루지 못합니다.'

'그러면 혹 몸도 다루고 마음도 다룰 수 있는 사람이 있는가?'

'부처님은 몸도 다루고 마음도 다룰 수 있습니다.'

대광명왕은 부처님이라는 말을 듣고 놀라, 온 몸의 털이 일어서자 조련사에게 말하였다.

'네가 말하는 부처님이란 어떤 가문에서 나셨는가?'

'부처님은 두 가지 종성에서 나셨습니다. 첫째는 지혜요,

둘째는 자비입니다. 그분은 여섯 가지 일, 즉 여섯 가지 바라밀다를 부지런히 수행하여, 공덕과 지혜를 완전히 갖추어 부처님이라 부릅니다. 그리고 그분은 자기도 잘 다스리셨고, 중생들도 잘 다스리십니다.'

왕은 이 말을 듣고 기뻐하면서 곧 궁중으로 들어가 향탕香湯에 목욕하고 새 옷으로 갈아입고, 그리고 높은 누각에 올라가 사방을 향해 예배한 뒤에, 일체 중생을 가엾이 여기는 마음을 일으키고 향을 사르면서 서원을 세웠다.

'저의 모든 공덕을 불도에 회향廻向하나이다. 제가 부처가 되게 제 마음을 잘 다스리고, 또 일체 중생을 다스리겠나이다. 만일 한 중생을 위해 아비지옥에 들어가 한 겁을 지냄으로써 그것이 지옥 중생에게 이익이 된다면 저는 그 지옥에 들어가더라도 끝내 보리심을 버리지 않겠나이다.'

이렇게 서원을 세우자 천지는 여섯 가지로 진동하여 산과 바다는 솟았다 꺼지고, 허공에서 저절로 음악 소리가 나며, 한량없는 하늘 사람들도 하늘 음악을 연주하고, 노래로 보살을 찬탄하였다.

'당신은 그 공덕으로써

오래지 않아 부처가 될 것입니다.
불도를 이룬 뒤에는
우리들도 제도해주시기 바랍니다.
우리도 이 청정한 법회에 참석했으니
한몫이 있어야 할 것입니다.'

알고 싶으냐? 그 때에 철환을 먹은 흰 코끼리는 바로 지금의 아난다요, 조련사는 샤리푸트라며, 대광명왕은 바로 지금의 나였느니라. 나는 그 때 코끼리가 잘 훈련되어 순종하는 것을 보았기 때문에 비로소 도에 대하여 마음을 내어 불도를 구하였느니라."

그 때에 대중들은 부처님의 고행이 그러하였다는 말을 듣고, 네 가지 도의 결과를 얻은 이도 있고, 큰 도를 성취하려 마음을 내는 이도 있으며, 집을 떠나 도를 닦는 이도 있었고, 모두 기뻐하며 힘써 실천하였습니다.

이런 인연으로 뜻이 굳세고 용맹스러우면 조그마한 인연으로서도 능히 큰일을 성취할 수 있지만, 게으르면 아무리 큰 인연을 만나도 성취하는 것이 없습니다. 그러므로 수행하는 사람은 부지런히 정진하여 불도를 성취하려는 길로 나아가야 합니다.

현우경

4권

자기 살을 보시한 여인

저는 이와 같이 들었습니다.

부처님께서 슈라바스티의 기타 숲 외로운 이 돕는 절에 계시던 어느 때, 큰 비구들에게 둘러싸여, 지혜롭게 실천하는 이를 찬탄하셨습니다.

"불도를 성취하려면 항상 경전을 즐겨 읽고 외우고 연설해야 한다. 속인이 설법해도 여러 하늘 사람과 귀신들이 모두 와서 듣거늘, 하물며 집을 나온 사람이 여법하게 하는 설법이겠느냐. 집을 나온 사람은 심지어 길을 가면서 경이나 시를 외우더라도, 언제나 여러 하늘 사람은 따라 다니면서 그것을 듣는다. 그러므로 경전을 부지런히 외우고 연설해야 한다. 어떻게 그런 줄 아는가? 내가 처음 기타 숲 절에 와서 교화를 펼 때, 그것을 듣고 알지 못하는 이가 없었고, 수많은 착한 사람들이 나의 이름과 덕을 듣고, 한량없이 기뻐하면서 칭송하고 찬탄하였느니라. 그 까닭은 세상에서 나쁜 사람들은 착한 사람의 이름을 들으면 미워하고 질투하며, 나쁜 소문을 들으면 도리어 기뻐하지만, 착한 사람은 남의 나쁜 점은 숨기고 좋은 점은 드러내어 선전하며, 또 남이 나쁜 일 하는 것을 보면 그것이 번뇌에서 온 줄 알아, 가엾이 여기고 용서해주기 때문이니라. 이와 같이 착한 사람은 부처님이 세상에 나왔다는 말을 듣고 칭송하고 선전하여, 여러 나라에 퍼지게 하기 때문이니라."

프라세나짓 왕국의 변두리에 비뉴건특이라는 작은 나라가 있었는데, 그 촌락 사람들은 삿된 소견이 많고, 부처님이나 법이나 스님을 아는 사람도 없었습니다.

그 촌락에 마하우파사나라는 어떤 여자가 있었습니다. 그는 무슨 일이 있어 슈라바스티의 프라세나짓 왕궁에 왔다가 일을 마치고 불법을 독실하게 믿는 어떤 우파사카에게서 부처님의 공덕을 들었습니다. 그래서 그는 부처님을 뵈려고 곧 외로운 이 돕는 절에 가서 부처님의 장엄하고 뛰어난 상호를 보고 땅에 엎드려 예배한 뒤에 한쪽으로 물러나 앉았습니다. 그 때 부처님께서 대중을 위해 다섯 가지 계법을 설명하셨습니다.

"살생하지 않으면 오래 사는 과보를 얻고, 도둑질하지 않으면 큰 부자의 과보를 얻으며, 사음하지 않으면 존경과 사랑을 받고, 거짓말하지 않으면 신용을 얻으며, 술을 마시지 않으면 총명과 지혜를 얻느니라."

우파사나는 이 설법을 듣고 매우 기뻐하며 부처님 앞에 나아가 사뢰었습니다.

"원컨대 세존께서는 저에게도 다섯 가지 계법을 주십시오. 저는 목숨을 마칠 때까지 깨끗이 받들어 지니되 목숨을 잃더라도 끝내 범하지 않겠습니다. 굶주린 사람이 밥을 생각하고, 목마른 사람이 물을 생각하고, 병든 사람이 목숨을 아까워하듯, 계율을 보호하는 것도 그와 같이 하겠습니다."

부처님께서는 곧 그에게 다섯 가지 계법을 말씀해 주셨습니다. 그는 그 다섯 가지 계법을 받고 다시 사뢰었습니다.

"세존이시여, 제가 사는 곳은 먼 변두리이므로 지금 돌아가려 합니다. 원컨대 조그만 기념물을 주시면 공경히 받들겠습니다."

"갠지스강 가의 모래알 같은 과거의 모든 부처님도 모두 법구경法句經을 말씀하셨고, 갠지스강 가의 모래알 같은 미래의 부처님도 또한 말씀하실 것이다."

그에게 법구경을 외워주셔서 그대로 외우고 받들어 행하게 하셨습니다. 그는 그것을 얻어 예배한 뒤에 부처님을 세 번 돌고 떠났습니다. 그는 마을로 돌아와 부처님이 주신 경을 생각하였습니다. 그러던 어느 날 밤중에 집의 높은 다락에 올라가 부처님의 공덕을 생각하고 법구경을 외우고 있었습니다. 그 때에 바이슈라마나 천왕은 남방의 비루륵차 천왕에게 가려고, 일천 야차를 데리고 우파사나가 법구경을 외우고 있는 상공으로 지나가다가, 경외우는 소리를 듣고 그대로 모두 허공에 머물러 칭송하였다.

"장하십니다. 누이여, 법을 잘 연설하십니다. 지금 내가 하늘 보배를 주어도 누이에게는 그것이 마땅하지 않을 것입니다. 그러므로 나는 지금 한 가지 소식을 전하겠습니다. 존자 샤리푸트라와 마하마우드갈야야나님이 슈라바스티에서 오다가 이 숲에 머물 것입니다. 누이는 내일 그 분들을 집으로 초청해 공양을 올리시고, 축원하실 때에 내 이름도 아울러 일컫게 해주십시오."

우파사나는 이 말을 듣고 공중을 쳐다보았으나, 그 형상은 볼 수 없었다. 마치 장님이 아무것도 보지 못하는 것과 같았습니다. 우파사나는 물었습니다.

"당신은 누구기에 그 형상을 볼 수 없고, 소리만 들립니까?"

공중에서 대답하였습니다.

"나는 귀신의 왕 바이슈라마나 천왕입니다. 법을 듣기 위해 이 허공에 머물렀습니다."

"하늘 사람은 거짓말이 없습니다. 당신은 하늘 사람이고, 저는 인간세상 사람으로서 아무런 인연이 없는데 어찌하여 저를 누이라고 부릅니까?"

"부처님은 법의 왕이시고, 또 세상 사람들과 하늘 사람들의 아버집니다. 나는 우파사카信男가 되었고, 당신은 우파시카信女가 되었으니, 다 같이 법의 맛을 앎으로써 누이라 불렀습니다."

그 때에 우파사나는 매우 기뻐하면서 다시 물었습니다.

"천왕님, 내가 공양을 올릴 때 당신 이름을 일컬으면 무슨 이익이 있습니까?"

"만일 내 이름을 일컬으면 나는 천왕이므로 하늘 귀로써 멀리서도 듣습니다. 나는 그것을 들음으로써 내 세력과 위덕과 권속을 더 늘리게 되며, 또 내 신력으로써 귀신들에게 명령해 그 사람을 보호하여 그 복과 재산을 늘게 하고 재난을 여의게 합니다."

이렇게 말하고 지나가 버렸습니다. 그 때에 우파사나는 뛸 듯이 기뻐하며 가만히 생각하였습니다.

'부처님이 백 겁 동안 부지런히 고행하신 것은 오직 나를 위해서다. 부처님을 믿은 은혜를 말미암아 귀신의 왕이 나와 남매가 되었구나!'

그녀는 밤새껏 잠을 이루지 못하다가 새벽녘에서야 조금 잘 수 있었습니다.

그 집에서는 늘 하인을 시켜 숲에 들어가 나무를 해 오게 하고 있었습니다. 그 날도 하인은 나무를 하러 일찍 숲으로 들어갔습니다. 나무에 올라가 가지를 치다가, 멀리서 존자 샤리푸트라와 마우드갈야야나 등 오백 비구가 그 숲 속에 있는 것을 보았습니다. 정진을 하되, 좌선하거나 경을 외우기도 하고, 게으른 이는 잔디 위에 누워 있었습니다. 그 하인은 월여 전에 주인을 따라 슈라바스티에 가서 그 두 존자를 뵌 일이 있었으므로, 그는 이 두 존자를 알아보고 혼자 속으로 말했습니다.

'우리 집 주인이 존경하는 분이 지금 이 숲에 있지만 주인은 모른다. 만일 내가 나무를 한 뒤에 천천히 돌아가 알리면, 그 동안에 혹 다른 사람이 먼저 초청해 갈는지 모른다. 그렇게 되면 내게 잘못이 있고, 또 일도 그르치게 될 것이다. 그러므로 저분들에게 문안드리고 공양을 초청하는 일을 먼저 하고, 나무는 뒤에 해도 상관없을 것이다.'

그는 나무에서 내려가 존자들에게로 가서 땅에 엎드려 예배하고 아뢰었습니다.

"저의 주인 우파사나가 예배하고 문안드리나이다."

"우파사나가 편안하고 즐겁게 생사에서 해탈하게 하겠다."

"저의 주인 우파사나가 오늘 공양을 준비하고 존자님을 초청하나이다. 원컨대 왕림하소서."

"너는 집에 돌아가 우파사나에게 전하라. '착하다. 우파시카야, 때를 알면 언제나 좋으니라. 부처님께서는 다섯 가지 보시는 한량없는 복을 얻는다고 찬탄하셨다. 이른바 멀리서 오는 이에게 하는 보시, 멀리 떠나는 이에게 하는 보시, 병든 이에게 하는 보시, 주린 이에게 하는 음식 보시, 법을 아는 이에게 하는 보시이니 이 다섯 가지 보시는 금생에 복을 얻느니라.'"

하인은 분부를 받고 숲을 나와 빨리 집으로 돌아갔습니다. 그는 여종에게 물었습니다.

"안주인님은 어디 계신가?"

"저 높은 집 위에 계시는데 밤새껏 못 주무시다가 이제 막 잠이 드셨다."

"깨울 수 없는가?"

"감히 어떻게 깨울 수 있겠는가."

"네가 할 수 없다면 내가 깨우겠다."

"마음대로 하라."

하인은 집 위에 올라가 손가락을 퉁겨 주인을 깨웠습니다.

주인은 깨어나 물었습니다.

"무슨 할 말이 있는가?"

"주인님, 존자 샤리푸트라님과 마우드갈야야나님이 지금 저 숲에 계십니다."

우파사나는 너무 기뻐, 곧 귀에 달린 두 개의 금귀고리를 빼어 상으로 주었고, 그는 다시 아뢰었습니다.

"존자님들이 좋은 교훈을 주셨습니다."

"무슨 좋은 교훈이 있었느냐. 말해 보라."

하인은 다섯 가지 보시를 자세히 설명하였습니다.

그 때에 우파사나는 아까보다 더 기뻐하였습니다. 마치 연꽃이 햇빛을 보고 활짝 피는 것처럼 그의 마음이 열리는 것 같았습니다. 그는 곧 온갖 보배로 된 목걸이와 영락을 벗어 그에게 상으로 주었습니다.

"주인님은 곧 일어나 손을 씻으시고 존자님들께 올리실 공양을 준비하십시오. 저는 주인님의 분부를 가지고 가서 저 두 존자와 오백 비구를 초청해, 오늘 오셔서 공양하시도록 하겠습니다. 곧 준비하시기 바랍니다."

우파사나는 이 말을 듣고 더욱 기뻐하면서 말하였습니다.

"내가 하려고 하는 일을 네가 나를 위해 먼저 해주니 얼마나 고마운 줄 모르겠구나. 나는 이제 너를 자유롭게 놓아 줄 테니 다시는 내게 매여 있지 말라. 너처럼 좋은 사람은 집에 있거나 집을 떠나거나 촌락이나 도시에서나 어디서나 빛날 것이다."

말을 마친 우파사나는 곧 일어나 손을 씻고 가족들과 이웃들에게 분부하였습니다.

"너는 밥을 짓고, 너는 불을 때고, 너는 물을 긷고, 너는 자리를 펴고, 너는 꽃을 따오너라."

이렇게 갖가지로 나누어 분부하고, 자기는 약을 가져다 가루를 만들어 조제하였습니다. 이리하여 공양 준비를 마치고 곧 그를 다시 보내어 때가 된 것을 사뢰었습니다.

"공양 준비가 다 되었습니다. 때를 아소서."

두 존자는 비구들과 함께 가사를 입고 바루를 가지고, 그 집으로 가서 자리에 앉았습니다. 우파사나는 손수 물을 돌리고 갖가지 음식을 올리니, 빛깔과 냄새와 맛이 모두 갖추어졌습니다.

세상의 모든 행은 다 업을 따라 갚음을 받는 것이니, 빛깔이 좋은 음식을 보시하면 좋은 얼굴빛을 타고나며, 보시하는 음식에 좋은 향기가 있으면 그 이름이 멀리 떨치고, 그 맛이 갖추어지면 무엇이나 마음대로 되며, 음식을 보시하면 그 갚음으로 큰 힘을 얻는 것입니다. 대중이 공양을 마치자 존자 샤리푸트라는 그를 위해 축원하였습니다. 축원할 때에 우파사나는 아뢰었습니다.

"존자님, 저 바이슈라마나 천왕의 이름도 불러주십시오."

샤리푸트라는 축원을 마치고 이내 그에게 물었습니다.

"우파시카님 바이슈라마나 천왕과 무슨 인연이 있기에 그 이름을 불러 달라고 하시오?"

"존자님, 이상한 일이 있었습니다. 어젯밤에 저는 법구경을 외우고 있었습니다. 저 바이슈라마나 천왕은 공중에서 저의 소리를 듣고 '착하고 착합니다. 누이여, 좋은 설법입니다.' 라고 찬탄하였습니다. 저는 공중을 쳐다보고 물었습니다.

'당신은 누구기에 그 몸은 보이지 않고 소리만 들립니까?'

'나는 귀신의 왕 바이슈라마나로서 당신이 경을 외우는 소리를 들었기 때문에 공중에 머물러 있습니다. 하늘 보배를 당신에게 주고 싶지만 그것은 당신에게 마땅치 않을 것입니다. 그래서 지금 좋은 소식을 당신에게 전합니다.'

저는 또 물었습니다.

'무슨 소식을 전하려고 합니까?'

그는 곧 대답하였습니다.

'존자 샤리푸트라님과 마우드갈야야나님이 내일 숲에 오실 것이니, 당신은 그 분들을 집으로 초청하여 공양을 올리고 축원할 때에는 내 이름도 부르시게 해주십시오.'

이런 인연이 있었기 때문에 제가 지금 불러달라고 한 것입니다."

샤리푸트라는 말하였습니다.

"참으로 놀라운 일입니다. 불자님은 이 세상 사람이요, 그는 하늘 사람인데도 뜻을 굽혀 불자님을 누이라고 불렀습니다."

우파사나는 말하였습니다.

"저에게는 또 이상한 일이 있습니다. 저의 집에는 무슨 신神이 있는데 저와 매우 친하여, 마치 여자처럼 늘 오가고 있습니다. 내가 보시할 때에 그 신은 저에게 말합니다.

'이 분은 아라한이요, 이 분은 아나가민이며, 이 분은 사크리다가민이요, 이 분은 스로타판나며, 이 분은 범부며, 이 분은 계율을 지키고, 이 분은 계율을 어긴 분이고, 이 분은 지혜롭고, 이 분은 어리석다.'

저는 그 말을 듣지만 마음에는 차별이 없어 범부나 계율을 어긴 이나 모두 아라한처럼 대우합니다."

"불자님이야말로 참으로 기특합니다. 능히 불평등한 데서 평등한 마음을 가지니."

"저에게는 또 기특한 좋은 일이 있습니다. 저는 여자의 몸이요 또 집에 있지만, 능히 스무 가지 신견身見을 없애고 스로타판나를 얻었습니다."

"누이여, 당신은 참으로 기특합니다. 여자의 몸으로 능히 스로타판나를 얻었으니."

"저에게는 또 희한하고 기특한 일이 있습니다. 저에게는 아들 넷이 있는데, 모두 삿된 소견을 가졌고, 제 남편은 삿되기가 애들보다 더 심해 불·법·승을 알지도 못하고 공경하지도 않습니다. 만일 제가 세 가지 보배에 공양을 올리고 또 빈궁한 이에게 보시하면, 그들은 모두 미워하고 성을 내어 '우리는 부지런히 노력하여 살림을 늘리는데 그런 쓸데없는 짓을 한다.'고 합니다. 비록 그들은 그렇게 말하지만, 저는 불도를 위하는 마음으로 선을 닦고 보시하는 데에는 물러남이 없고, 또 성내거나 원망하지도 않았습니다."

"여자는, 일생 동안 언제나 자유롭지 못합니다. 어릴 때에는 부모가 보호하고 젊을 때에는 남편이 보호하며, 늙어지면 자식이 보호합니다. 그런데 당신은 남편이나 자식의 제재를 받지 않고 마음대로 선을 닦습니다. 누이여, 나는 이제 당신에게 한 가지 좋은 소식을 전하여 줄 테니 명심하십시오. 오늘 저녁에 부처님께서 이 비뉴건특 숲에 오실 것입니다. 나는 누이에게 이 소식을 전하는 것입니다."

이렇게 말하고는 본 처소로 돌아가려 하였습니다.

우파사나는 말하였습니다.

"존자님께서 일러주시니 참으로 반갑습니다. 존자님이 떠나신 뒤에 공양을 준비하여 부처님께 올리겠습니다."

그날 저녁에 부처님께서 그 숲에 도착하셨습니다. 우파사나는 매우 기뻐하며, 여러 우파시카를 모아 그 저녁에 곧 부처님께 갔습니다. 멀리서 부처님의 빛나고 뛰어난 모습을 바라보고 마음에 한량없는 기쁨과 즐거움이 솟아 넘쳤습니다. 그 앞에 나아가 예배한 뒤에 갖가지 향과 꽃을 부처님께 올리고 한쪽에 앉았습니다.

부처님께서는 그들을 위해 설법하시되, 보시에 대한 법, 계율에 대한 법, 천상에 나는 법, 욕심을 끊고 열반에 이르는 법을 말씀하셨습니다. 그는 설법을 듣고 집으로 돌아가려고 합장하고 사뢰었습니다.

"이 마을 사람들은 모두 삿된 소견을 가져 부처님 법을 믿지 않고 부처님 덕을 알지 못하며, 보시하기를 좋아하지 않습니다. 그러하오니 스님들이 이 마을에 들어와 걸식할 때에는 언제나 저의 집으로 오게 하소서. 그러하옵고 세존께서는 이 마을에 계시는 동안에는 제자들과 함께 항상 저의 네 가지 공양을 받도록 하옵소서."

이렇게 사뢰고는 부처님께 예배하고 물러갔습니다. 그는 비구들이 머무르는 곳을 차례로 둘러보다가, 마지막에 어떤 병든 비구가 풀 섶에 누워 있는 것을 보고 물었습니다.

"스님은 어디가 편찮으십니까?"

"먼 길을 돌아다니느라 자연히 기운이 빠져 피로하고 괴롭습니다."

"스님 병환에는 어떤 음식이 좋습니까?"

"의원의 말로는 금방 잡은 고기로써 국을 끓여 먹으라고 하였습니다."

"그러면 다른 데서 구하지 마십시오. 제가 내일 보내드리겠습니다."

"그렇게 하십시오."

그는 비구에게 예배하고 집에 돌아가 가만히 생각하였습니다.

'나는 큰 이익을 얻었다. 부처님과 샤리푸트라님 같은 거룩

한 분을 뵈었구나.'

그러나 그녀는 그 이튿날이 보름날인 줄 미처 생각하지 못하였습니다. 그 나라 법에는 매달 보름에는 일체의 살생을 금하였고, 만일 살생하면 사형을 받게 법으로 정했습니다. 이튿날 아침에 그는 하인에게 분부하였다.

"돈을 가지고 가서 금방 잡은 고기를 사오너라."

하인은 분부를 받고 시장에 나가 두루 찾았으나 구하지 못하고 헛되이 돌아와서 주인에게 아뢰었습니다.

"오늘이 보름이라 시장에서 짐승을 잡지 않았습니다."

그녀는 다시 분부하였습니다.

"너는 천 냥을 주고 백 냥 어치 고기를 사오너라. 이익을 구하는 사람이 혹 너에게 팔는지 모른다."

하인은 또 돈을 가지고 나가 구해 보았으나, 왕의 법이 엄격하기 때문에 감히 파는 이가 없었습니다. 하인은 돌아와 그 사정을 아뢰었습니다. 우파사나는 이 말을 듣고 몹시 걱정하면서, 묵직한 황금덩이를 내주면서 말하였습니다.

"너는 금을 가지고 가서 금 무게만큼 사오너라."

하인은 분부대로 금을 가지고 나가 고기와 바꾸려 하였습니다. 그러나 아무리 이익을 탐하는 백성이라도, 왕의 법이 너무 엄격하기 때문에 목숨을 잃을까 두려워하여, 감히 파는 사람이 없었습니다. 이렇게 여러 번 가고 오고했으나 끝내 구하지 못했습니다. 그녀는 더욱 걱정하면서 생각하였습니다.

'저 병든 비구에게 나는 이미 약속을 했는데, 그런데 만일 내가 그것을 이행하지 못하여 혹 그가 목숨을 잃게 된다면 그것은 곧 내 죄다. 어떤 방법이라도 써야겠다.'

이렇게 생각하다가 다시 생각하였습니다.

'옛날에 보살은 비둘기 한 마리 때문에 몸을 아끼지 않고 살을 베었거늘, 하물며 저 비구가 비둘기보다 못하겠는가. 차라리 내 몸을 아끼지 않고 그를 구제하리라.'

이렇게 생각하고, 그가 항상 부리는 믿을 만한 한 종을 데리고 안방으로 들어가 몸을 깨끗이 씻고 평상에 걸터앉아 그 하인에게 분부하였습니다.

"너는 내 허벅다리 살을 베어라."

하인은 분부를 받고 날카로운 칼로 허벅다리 살을 베었습니다. 살을 벨 때의 고통이 너무 심해 까무러치면서 땅에 쓰러졌습니다. 종은 흰 천을 가지고 와서 상처를 싸매고, 베어낸 살과 여러 가지 약초를 넣어 한데 섞어 달여서 국을 만들어 병든 비구에게 보냈습니다. 비구는 이렇게 신심이 독실한 시주가 보낸 것을 받아먹고 병이 곧 나았습니다. 바라문인 남편은 그 때에 멀리 출타하였다가 돌아와 물었습니다.

"우파사나는 어디 있느냐?"

"어느 방에 있습니다."

남편은 들어가 아내의 얼굴빛이 전과 달라진 것을 보고 놀라서 물었습니다.

"당신은 왜 지금 그처럼 여위었소."

"나는 지금 앓고 있습니다."

남편은 걱정하여 여러 의원들을 불러 그 병을 진찰하게 하였고, 의원들은 물었습니다.

"무슨 병인가. 병 난지 오래 되었는가? 가끔 덜한 때가 있는가?"

"내 병은 언제나 아픕니다. 지금도 쉴 새 없이 아픕니다."

그 때에 의원들은 맥을 짚어 보았으나 아픈 곳을 몰라 잠자코 돌아갔습니다. 그 남편은 눈물을 흘리면서 아내에게 물었다.

"당신은 무슨 병인지 사실대로 말하시오."

"용한 의원도 모르는 것을 내가 어떻게 알겠습니까."

그래서 바라문은 온 집안사람들에게 물었습니다.

"너희들은 안주인이 앓고 있는 병을 아는가?"

여러 하인들은 대답하였습니다.

"저희들은 모릅니다. 마님이 믿고 친근히 하는 몸종에게 물어보십시오."

바라문은 그 종을 조용한 곳으로 불러 물었습니다.

"마님은 무엇 때문에 병이 났는가?"

종은 사실대로 대답하였습니다.

"주인님. 마님은 병든 비구를 위해 살을 베어 조리하여 먹였습니다."

바라문은 그 말을 듣고 화를 내어 불·법·승을 해칠 마음이 생겼습니다. 그리하여 네 거리에 나가 높은 소리로 외쳤습니다.

"사문 샤카의 제자는 사람 고기를 먹는다. 마치 반족왕斑足王과 같다."

그 때에 불법을 독실히 믿는 우파사카들은 바라문이 불·법·승을 모욕하는 말을 듣고 불쾌하게 여기고 걱정하면서, 부처님께 나아가 땅에 엎드려 예배하였습니다. 부처님께서 물으셨습니다.

"그대들은 왜 근심에 잠겼는가?"

"세존이시여, 어떤 바라문이 대중 앞에서 큰 소리로 외치며 불 · 법 · 승을 꾸짖기를, '옛날에 반족왕이 사람 고기를 먹었다더니, 지금 사문 샤카의 제자들이 사람 고기를 먹는 것도 그와 같다' 고 하나이다. 원컨대 세존께서는 비구들에게 분부하여 사람 고기를 먹지 말도록 하소서."

그 때에 세존께서는 이 일로 비구들을 모으고, 또 병든 비구를 부르셨습니다. 병든 비구는 세존이 부르신다는 말을 듣고 매우 기뻐하면서 중얼중얼 했습니다.

"세존의 큰 자비가 내게까지 이르렀구나!"

몸은 파리하였으나 제 힘으로 걸어와 부처님께 예배하고 한쪽에 물러앉자, 부처님께서 물으셨습니다.

"너는 무슨 병이 있느냐?"

"병으로 괴로워하였으나 이제 세존을 뵈오니 조금 나았습니다."

"너는 오늘 무엇을 먹었느냐?"

"고깃국을 먹었습니다."

"먹은 고기가 날고기더냐, 마른 고기더냐?"

"날 고기였습니다."(옛날 인도에서는 날고기는 잡고서 밤을 지내지 아니한 고기를 말한다.)

"선남자야, 네가 먹은 것이 날고기건 마른 고기건, 너는 그 것을 먹을 때에 깨끗한 고기인가 깨끗하지 않은 고기인가 물어보았느냐?"

"세존이시여, 저는 병에 시달린 지 하도 오래 되었기 때문에, 그것을 받아서 먹기에 바빠 그 사실은 물어보지 못하였습니다."

"비구야, 너는 왜 깨끗하지 못한 음식을 받았느냐. 비구 법에는 시주가 음식을 줄 때에는 으레 '이것은 무슨 고기냐?' 고 물어보아야 한다. 만일 그 시주가 이것은 깨끗한 고기라고 대답하더라도 거듭 살펴보아 믿을 만한 것이면 먹고, 믿을 수 없는 것이면 먹지 않아야 하느니라."

그 때에 세존께서는 곧 비구들을 위해 법을 정하셨습니다.

"깨끗하지 않은 고기는 먹지 말아야 하나니, 만일 죽이는 것을 보았거나 들었거나 의심되는, 세 가지 깨끗하지 않은 고기는 먹지 말아라."

이와 같이 먹어야 할 것과 먹지 말아야 할 것을 분별하셨습니다. 그 때에 그녀는 부처님이 자기 때문에, 비구들이 고기를 먹지 못하게 법을 정하셨다는 말을 듣고 매우 고민하면서 생각하였습니다.

'나 때문에 비구들이 영원히 고기를 먹지 못하게 되었구나.'

이렇게 생각하고 그 남편에게 말하였습니다.

"당신이 나를 위한다면 내일 부처님과 스님들을 집으로 초청하여 공양을 올려 주면 매우 고맙겠습니다. 만일 그렇게 하지 못한다면 나는 죽을 것 같습니다. 내가 내 몸의 살로써 스님에게 보시하였는데 당신은 무슨 억한 심정으로 그런 일을 저질렀습니까?"

그 바라문은 평소에는 삼보를 믿거나 공경하는 마음이 없었으나, 아내의 그 말을 듣고 아내를 위해 숲으로 들어가 부처님께 나아가 곧 사뢰었습니다.

"사문 고타마님과 제자들은 제 초청을 받아, 내일 저의 집에서 공양을 받으소서."

부처님은 잠자코 그 초청을 받아주셨습니다. 그는 부처님께서 초청을 받아주신 것을 알고 집으로 돌아가 아내에게 말하였습니다.

"사문 고타마는 내 초청을 받아주셨소."

그녀는 곧 집안에 분부하여 갖가지 음식과 향과 꽃과 자리를 준비하였습니다. 이튿날 때가 되어 사람을 숲으로 보내어 부처님께 사뢰었습니다.

"공양이 준비되었사오니, 때를 아소서."

부처님께서는 비구들과 함께 가사를 입고, 바루를 가지고 그 집으로 가셔서, 자리에 앉아 바라문에 물으셨습니다.

"우파사나는 지금 어디에 있는가?"

"병으로 방에 누워 있습니다."

"불러오시오."

바라문은 가서 아내에게 말했습니다.

"당신 스승이 당신을 부르시오."

아내는 대답하였습니다.

"저는 불 · 법 · 승에 예배하옵니다. 저는 병이 있기 때문에 마음대로 기거할 수 없다고 사뢰어 주십시오."

그는 곧 가서 부처님께 그대로 사뢰었습니다.

부처님은 아난다에게 말씀하셨습니다.

"너는 가서 우파사나에게 말하라. '당신은 일어나 부처님을 가서 뵈시오.' 라고."

아난다는 곧 가서 우파사나에게 말하였습니다.

"세존께서 당신을 부르십니다. 당신은 가서 뵈십시오."

우파사나는 누운 자리에서 일어나 합장하고 아뢰었습니다.

"저는 지금 불 · 법 · 승에 예배하나이다. 부처님을 뵈올 생각은 주린 사람이 밥을 생각하고, 목마른 이가 물을 생각하며, 추울 때에 따뜻한 것을 생각하고, 더울 때에 서늘한 것을 생각하며, 길을 잃은 사람이 길잡이를 생각하는 것 같습니다. 그런데 마음은 가고자 하나 몸이 말을 듣지 않습니다."

아난다는 돌아가 우파사나의 말대로 부처님께 사뢰자 부처님께서는 다시 아난다에게 분부하셨습니다.

"병상病床을 그대로 메고 오너라."

아난다는 분부를 받고 사람을 시켜 부처님 앞에 병상을 메고 왔습니다. 그 때에 부처님은 큰 광명을 놓으셨습니다. 그 광명에 몸이 닿은 사람으로서 미친 사람은 정신이 바로 잡히고, 마음이 산란한 사람은 안정을 얻었으며, 병든 사람은 곧 낫게 되었습니다. 그녀도 부처님의 광명에 닿자 고통이 곧 없어졌습니다. 그 때에 그 집의 신神은 물로 그의 상처를 씻고 약을 발라, 그는 본래와 같이 회복되었습니다. 그녀는 곧 일어나 병상에서 내려와 손수 금병을 들고 손 씻을 물을 돌리고, 빛깔과 냄새와 맛이 갖춰진 갖가지 음식을 부처님과 스님들께 올렸습니다.

부처님께서 공양을 마치고 손과 바루를 씻으시고, 그녀를 위하여 미묘한 법을 말씀하셨습니다. 그 법이란 보시와 계율 지키기와, 인간 · 천상의 과보와 생사의 고통과 탐욕의 해침과 그것을 벗어난 열반의 즐거움과 열두 가지 인연으로써 윤회가 쉬지 않는다는 법이었습니다.

그녀는 부처님 말씀을 듣고, 인색과 탐욕과 질투를 끊고 아나가민의 도를 얻었고, 그 집안 권속들은 모두 다섯 가지 계율을 받았으며, 그 집 주인 바라문도 삿된 소견을 버리고 삼보를 믿고 공경하는 우파사카의 계율을 받았습니다.

그 때에 거기 모인 네 무리들로서 어떤 이는 스로타판나를 얻었고, 어떤 이는 사크리다가민을 얻었고, 어떤 이는 아나가민을 얻었고, 어떤 이는 아라한을 얻었으며, 어떤 이는 큰 도를 성취하려는 마음을 내었습니다. 노소를 물론하고 기뻐하지 않는 이가 없었습니다. 생사를 두려워하는 사람들은 모두 이렇게 생각하였습니다.

'지금 저 여자는 자기 몸의 살을 베어서까지 스님에게 공양을 올렸으니 참으로 기특한 일이다. 우리가 촌락과 밭이나 집을 버리기야 무엇이 어렵겠는가.'

그들은 곧 촌락과 집 등을 버리고 출가하여 도를 구해 부지런히 정진하더니 온갖 번뇌를 끊고 아라한의 도를 이루었습니다. 그래서 그 마을 사람들은 불법을 믿고 행하며 또 널리 펼쳤습니다.

위의 사실로 보아서, 굳은 뜻이 있는 사람은 여자일지라도 경전을 읽고 외우며, 생명을 아끼지 않으면 온갖 도의 과위를 얻는데, 하물며 장부로서 부지런히 도를 닦아 이루지 못하겠는가.

그러므로 선남자들이 부지런히 좋은 법을 공부하면 두려운 생사의 번뇌煩惱가 차츰 적어져 생사를 벗어나게 되며, 설사 말법末法 세상에서 해탈은 얻지 못한다 하더라도, 그 공덕으로 인간과 천상에서 다함없는 복을 받다가, 오십육억칠천만 년을 지낸 뒤에는 미륵 부처님이 세상에 나와, 인연을 갖춘 이들을 위해 미묘한 법을 연설할 테니, 인연을 갖춘 이들은 거기서 소원에 따라, 세 가지 교리三乘의 도를 이루어 모두 해탈을 얻게 됩니다.

출가의 공덕

저는 이와 같이 들었습니다.

부처님께서 마가다국 라자그리하의 칼란다카 대숲 절에 계시던 어느 때, 출가하면 그 공덕으로써 복이 매우 많다고 찬탄하셨습니다.

"남녀나 노비를 놓아 주어 집을 떠나게 하거나, 백성에게 허락하여 집을 떠나게 하거나, 혹은 자기 자신이 집을 떠나 도에 들어가면 그 공덕은 한량이 없느니라. 보시의 갚음으로 열 번 태어나는 동안에 복을 받기도 하고, 여섯 하늘과 인간 세상을 열 번 왕래할지라도, 그것은 사람을 놓아 주어 집을 떠나게 하거나 자기가 집을 떠나는 훌륭한 공덕보다는 못하다. 왜냐하면 보시의 갚음에는 그 복이 한정이 있지만, 집을 떠나는 복은 한량이 없고 끝이 없기 때문이다.

또 계율을 받아 지키는 갚음으로는 다섯 가지 신통이나 하늘 복을 받고, 마지막에는 범천 세계에 가지만, 불법 안에서 집을 떠나는 갚음은 헤아릴 수 없고, 나아가서는 열반에 이르니 그 복은 여전히 다하지 않느니라. 가령 어떤 사람이 높이가 도리천에 이르는 일곱 가지 보배로 된 탑을 세우더라도, 그가 얻는 공덕은 집을 떠나는 것보다 못하다. 왜냐하면 일곱 가지 보배로 된 탑은 탐욕을 가진 나쁜 사람이나 어리석은 사람이 부수지만, 집을 떠나는 법은 부술 사람이 없기 때문이다. 그러므로 좋은 법을 구하려고 하면 불법을 제외하고는 그보다 더 나은 것이 없느니라.

또 백 사람의 장님이 있을 때, 한 사람의 용한 의원이 그들의 눈을 고쳐 한꺼번에 모두 환히 보게 하거나, 또 백 사람이 죄를 지어 눈을 도려내게 되었을 때, 어떤 유력한 사람이 그 죄를 변호해 눈을 잃지 않게 하면, 그 두 사람의 복은 한량없을 것이다. 그러나 그것도 사람이 집 떠나기를 허락하거나 자기 스스로 집을 떠나는 넓고 큰 복보다는 못하니라. 왜냐하면 그들은 두 종류 사람에게 눈을 주었지만 이 사람들은 각각 오직 한 세상의 이익밖에 얻지 못하고, 그 육안은 허물어져 없어지는 성질이 있기 때문이다. 그러나 사람이 집 떠나기를 허락하거나 자기 스스로 집을 떠나면, 영원히 위없는 지혜의 눈을 중생들에게 계속해서 보여주며, 또 지혜의 눈은 몇 겁을 지나더라도 부서지는 일이 없기 때문이니라. 지혜의 눈은 왜 부서지지 않는가? 복의 갚음으로써 인간과 천상에 태어나서 마음대로 하되 다함이 없고 끝도 없는 즐거움을 받다가 마지막에는 불도를 성취하기 때문이다. 또 어찌하여 마지막에는 불도를 성취하는가? 집을 떠나는 법을 말미암아 악마의 권속을 없애고 부처의 종자를 늘리며, 악한 법은 꺾어 없애고 선한 법은 자라게 하며, 죄의 때를 덜어 없애고 위없는 복의 업을 일으키기 때문이니라. 그러므로 여래는 '출가 공덕은 수미산보다 높고 큰 바다보다 깊으며 허공보다 넓다' 고 말하느니라.

만일 어떤 사람이 집 떠나는 이를 방해하여 마음대로 하지 못하게 하면, 그 죄는 매우 중하다. 마치 어두운 밤에 아무 것도 보지 못하는 것처럼, 그 사람의 죄의 갚음도 그와 같으니라. 또 큰 바다에는 강의 온갖 물이 그리로 들어가는 것처럼, 그 사람의 죄의 갚음도 그와 같아서 모든 악이 다 그 몸에 모이느니라.

또 수미산도 겁劫의 불에 타서 아무 것도 남지 않는 것처럼, 그 사람의 행복도 그와 같아서 지옥 불에 타서 끝날 때가 없느니라. 가류헤니라는 약은 매우 쓴데, 그것과 같은 중량의 석밀石蜜에 비유하는 것처럼, 저 선악의 갚음도 그와 같아서, 사람이 집 떠나기를 허락하거나 자기 스스로 집을 떠나면 그 공덕이 가장 크니라.

집 떠난 사람은 경전 공부를 물로 삼아 번뇌의 때를 씻고, 생사의 괴로움을 없애 열반의 원인을 만든다. 또 그는 계율로 발을 삼아 깨끗한 땅을 밟고, 논장으로 눈을 삼아 세상의 선악을 관찰하고, 마음대로 여덟 가지 길을 걸어 열반의 묘한 성城에 이르게 된다. 그러므로 사람을 놓아주어 집을 떠나게 하거나 자기 스스로 집을 떠나면, 노소를 물론하고 그 복은 가장 뛰어나느니라."

세존께서 라자그리하의 칼란다카 대숲 절에 계실 때에 라자그리하에 복증福增이라는 한 장자가 있었다. 그는 나이 백 살로서, 집을 떠나는 공덕이 그처럼 한량없다는 말을 듣고 가만히 생각하였습니다.

'나는 왜 집을 떠나 불법을 공부하지 못하는가.'

곧 처자와 노비와 노소의 남녀를 하직하면서 말했다.

"나는 집을 떠나고 싶다."

그 집의 늙은이나 젊은이들은 모두 그가 늙었다는 이유로 그를 귀찮게 여기고, 그가 말하는 것은 들은 체 만 체하고 관심을 갖는 이가 없었습니다. 그러다가 집을 떠나고 싶다는 말을 하자 모두 기뻐하면서 말하였습니다.

"빨리 떠나라. 왜 어물거리는가. 지금이 바로 그 때다."

복증은 집을 나와 세존을 뵈옵고 법을 구하려고 그는 대숲 절에 이르러 비구들에게 물었습니다.

"부처님 · 세존 · 큰 신선 · 큰 자비로 천상과 인간을 두루 이롭게 하시는 분은 지금 어디 계십니까?"

비구들은 대답하였습니다.

"부처님 · 세존은 지금 다른 곳에서 중생들을 교화하여 이익하게 하고 다니시니 여기는 계시지 않습니다."

복증은 또 물었습니다.

"부처님 다음 가는 큰 스승으로서, 지혜의 우두머리 되는 이는 누구십니까?"

비구들은 존자 샤리푸트라를 가리키자, 그는 지팡이를 짚고 샤리푸트라에게 가서, 지팡이를 버리고 예배한 뒤에 아뢰었습니다.

"존자는 저의 출가를 허락해 주십시오."

샤리푸트라는 그를 보고 생각하였습니다.

'이 분은 늙어 세 가지 일, 즉 학문이나 좌선이나 또는 대중을 돕는 일을 할 수가 없다.'

그에게 말하였습니다.

"돌아가십시오. 당신은 너무 늙어 출가할 수 없소."

그는 다시 마하카샤라파 · 우바리 · 아니룻다 등 오백 명의 큰 아라한을 차례로 찾아갔습니다. 그들은 모두 그에게 물었습니다.

"당신은 먼저 누구를 찾았소?"

"저는 먼저 세존님을 찾았으나 계시지 않아서 존자 샤리푸트라님을 찾았습니다."

"그분은 무엇이라 말하였소?"

"그분은 제게 '당신은 너무 늙어 집을 떠날 수 없소.' 라고 말하였습니다."

여러 비구들은 말하였습니다.

"그 샤리푸트라님은 지혜가 제일이면서도 당신의 집 떠나기를 허락하지 않았소. 우리도 또한 허락할 수 없소. 이를테면 용한 의원이 병을 잘 볼 줄 알면서도 병자를 치료하지 않으면 다른 젊은 의원들은 모두 손을 대지 않는 것과 같소. 그 사람은 반드시 죽을 상이 있는 줄을 알아야 하오. 지금 샤리푸트라님의 그런 큰 지혜로 허락하지 않기 때문에 다른 비구들도 그와 같이 허락하지 않는 것이오."

복중은 여러 비구들에게 간청하였으나 집 떠나기를 허락받지 못하고, 대숲 절을 도로 나오다가 문지방 위에 서서 괴로워하다가 목 놓아 크게 울면서 독백하였습니다.

"나는 이 세상에 나서 무슨 큰 허물이 있기에 나만 집 떠나기를 허락하지 않는가. 저 우바리는 머리 깎던 천한 사람이요, 이제는 더러운 똥 치던 사람이며, 앙굴마라는 무수히 많은 사람을 죽인 살인자요, 타새기는 나쁜 강도지만 그들도 오히려 집을 떠날 수 있었거늘 나는 무슨 죄가 있기에 집을 떠나지 못하는가."

이렇게 말할 때 세존께서는 곧 그 앞에 솟아올라 큰 광명을 놓으시니, 그 상호가 장엄하기는 마치 도리천의 제석천왕이 일곱 가지 보배로 된 높은 수레에 탄 것 같았습니다. 부처님께서 복증에게 물으셨습니다.

"너는 왜 우느냐?"

그 때에 복증은 부처님의 범음을 듣고 기뻐함이 아들이 아버지를 만난 것과 같았고, 그는 온 몸을 땅에 던져 부처님께 예배하고 울면서 사뢰었습니다.

"사람을 죽인 이, 도둑질한 이, 거짓말하는 이, 남을 비방하는 하천한 사람들도 다 집을 떠날 수 있사온데, 저만은 무슨 죄가 있기에 불법 안에 들어오는 것을 허락하지 않나이까. 저의 집 사람들은 제가 늙었다 하여 쓰지 않나이다. 제가 지금 불법 안에 들어서지 못하면, 설령 집에 돌아가더라도 저를 맞이하지 않을 것입니다. 저는 어디로 가야 합니까. 저는 바로 여기서 목숨을 버리려 하나이다."

그 때에 부처님께서는 복중에게 말씀하셨습니다.

"누가 허공에 손을 들고 '이 사람은 집을 떠날 수 있고 ,이 사람은 늙어서 될 수 없다.' 고 단언하던가."

그는 사뢰었습니다.

"법의 전륜왕이신 세존님의 지혜 제일인 제자요, 다음 부처님이시며 둘째의 길잡이 스승이신 샤리푸트라님이 제가 불법 안에 들어서는 것을 허락하시지 않았습니다."

그 때에 세존께서는 큰 자비로써 그를 위해 타이르듯 말씀하셨습니다.

"너는 근심하거나 괴로워하지 말라. 나는 지금 너로 하여금 집을 떠나게 해주리라. 샤리푸트라는 세 아승기 겁 동안 부지런히 수행하였거나, 백 겁 동안 복을 닦은 일이 없었다. 또 샤리푸트라는 세세생생에 어려운 행, 즉 머리를 부수거나 눈을 도려내거나 골수 · 피 · 살 · 가죽 · 뼈 · 손 · 발 · 귀 · 코를 보시하지 않았다.

또 샤리푸트라는 굶주린 호랑이에게 몸을 던졌거나 불구덩이에 들어갔거나 천 개 못을 몸에 박거나 몸을 베어 천 개 등불을 켜지 않았다. 또 샤리푸트라는 나라와 성과 처자 · 노비와 코끼리 · 말과 일곱 가지 보배를 보시하지 않았다. 또 샤리푸트라는 첫 아승기 겁에는 팔만팔천 부처님에게 공양을 올리거나 중간 아승기 겁에 구만구천 부처님에게 공양을 올리거나 끝 아승기 겁에는 십만 세존에게 공양을 올리고, 집을 떠나 계율을 지켜 계율 바라밀다를 완전히 갖춘 적이 없었다. 또 샤리푸트라는 법에서 자재하지 못하였는데, 어떻게 '이 사람은 집을 떠날 수 있고 이 사람은 집을 떠날 수 없다' 고 단언할 수 있겠는가.

오직 나 한 사람만이 법에 자재하고, 나만이 여섯 가지 바라밀다의 보배 수레를 타고, 욕을 참는 갑옷을 입고, 보리수 밑의 금강좌에 앉아 마왕을 항복 받아 불도를 이루었으니, 세상에는 부처만한 이가 없다. 너는 나를 따라 오너라. 나는 너에게 집을 떠나게 하리라."

이렇게 부처님은 여러 가지로 위로해 타이르셨습니다. 복증은 근심과 고민이 곧 사라지고 매우 기뻐하면서 부처님을 따라 절에 들어갔습니다. 부처님은 마하마우드갈야야나를 시켜 그의 출가를 허락하고 스님을 만들어 주라 하셨습니다.

왜냐하면 중생은 인연을 따라 제도될 수 있기 때문입니다. 즉 어떤 이는 부처님에게 인연이 있어서 다른 사람이 제도하지 못하고, 다른 사람에게 인연이 있으면 부처님도 제도하지 못하며, 샤리푸트라에게 인연이 있으면 마우드갈야야나 · 카샤파 · 아나율 · 금비라 등의 어떤 제자들도 제도하지 못합니다. 이와 같이 인연이 있는 이를 따르고, 다른 사람은 제도하지 못합니다.

그 때에 마우드갈야야나는 그가 나이가 너무 많아 경 읽기와 좌선과 대중 일을 돕는 세 가지 일을 모두 할 수 없으나 법의 왕 부처님께서 스님을 만들라 분부하시니, 이치로 보아 '어길 수 없다.' 생각하고 곧 스님을 만들어 구족계具足戒를 주었습니다.

그는 전생에 이미 제도 받을 인연을 심었기 때문에 법 낚시를 무는 것은 마치 고기가 미끼를 무는 것과 같아서 틀림없이 생사를 벗어 던질 수 있었습니다. 또 일찍이 온갖 좋은 공덕을 닦아 모았으므로 밤낮으로 부지런히 공부하여 경 · 율 · 논을 읽고 외웠습니다. 그러나 나이가 들어 늙었기 때문에 때에 맞춰 상좌들을 공경하고 맞고 보내며 예로써 문안하지 못하였습니다. 여러 젊은 비구들은 먼저 집을 나와 상좌가 되었기 때문에 항상 몹시 나무랐습니다.

“저 늙은 비구는 늙은 것을 믿고, 또 경전을 외우고 학문이 있다 하여 잘난 체 뽐내면서 우리를 공경하지 않는다.”

늙은 비구는 생각하였습니다.

‘내가 집에 있을 때에는 늙은이나 젊은이에게 시달리고 지금 집을 나와서는 좀 안정할 수 있을까 하였더니, 다시 젊은 비구들의 구박을 받는구나. 무슨 죄로 갈수록 괴로운가.’

그는 다시 생각하였습니다.

‘차라리 죽고말자.’

그 숲 곁에는 큰 강이 있었는데 물이 깊고 또 물결이 거세었습니다. 그는 그 강가로 가서 가사를 벗어 나무에 걸어두고 가사를 향해 꿇어앉아 눈물을 흘리면서 스스로 맹서하였습니다.

“저는 지금 불법승을 버리지 않습니다. 다만 목숨을 버리고자 할 뿐입니다. 저는 이 가사를 입고 보시하고 계율을 지켰으며 정진하고 경을 외웠습니다. 만일 이 일에 갚음이 있거든, 제가 목숨을 버린 뒤에는 부귀한 집에 태어나되, 권속들이 모두 순종하여 저의 좋은 법을 방해하지 않고, 언제나 세 가지 보배를 만나서 집을 떠나 도를 닦으며, 좋은 스승을 만나 열반의 도를 깨닫게 하여지이다."

이렇게 서원을 세우고는 곧 강물이 거세게 소용돌이치는 곳으로 몸을 던졌습니다. 그 때에 마우드갈야야나는 트인 하늘 눈으로 그 늙은 제자가 무엇을 하는가 살피다가, 그가 몸을 날려 물에 떨어지는 것을 보고, 물에 빠지기 전에 신통력으로써 그를 잡아 언덕 위에 놓고 물었습니다.

"법제자야, 그대는 왜 그런 짓을 하는가?"

그는 못내 부끄러워하면서 생각하였습니다.

'나는 무엇이라고 대답해야 할까. 나는 거짓말로 스승을 속일 수가 없다. 만일 스승을 속이면 세상마다 혀가 저지른 죄를 받게 될 것이다. 또 우리 스승은 묘한 신통이 있어 내가 거짓말을 하더라도 모두 다 아실 것이다. 만일 세상 사람이 지혜롭고 총명하고 성질이 순진하면 하늘 사람들이 공경할 것이요, 만일 아첨하거나 속일 마음을 가지고 있어도 지혜가 있으면 사람의 스승이 되어 공경과 공양을 받고, 지혜는 없으나 순진하면 비록 여러 가지를 겸하지는 못하더라도 그 행은 넉넉히 자기를 구제할 것이다. 그러나 어리석고 또 속이거나 아첨하면 대중 가운데서도 천하고 비열하여, 설령 그가 어떤 말을 하더라도 남들은 모두 알고 '이 사람은 속이고 아첨하며 진실이 없다.' 고 할 것이다. 그래서 가령 그가 참말을 하더라도 남들은 신용하지 않을 것이다. 그러므로 내가 만일 스승님을 속인다면 그것은 내 도리가 아니다. 나는 사실대로 말하리라.'

그리하여 그는 곧 사실대로 사뢰었습니다.

"제가 세속을 싫어해 집을 떠난 것은 조용히 쉬기를 구한 것인데, 그것도 여의치 않으므로 목숨을 버리려고 한 것입니다."

마우드갈야야나는 이 말을 듣고 생각하였습니다.

'이 사람이 나고 죽음이 무서운 일임을 두려워할 줄 모르면 집을 떠났으나 아무 소득이 없을 것이다.'

곧 제자에게 말하였습니다.

"그대는 지금 간절한 마음으로 내 옷자락을 꼭 잡고, 중간에서 절대로 놓지 말라."

그는 스승의 분부대로 하였습니다. 마우드갈야야나는 마치 바람이 지푸라기를 가벼이 불어 올리는 것처럼 신통으로써 허공에 치솟아 공중에서 달리되, 터럭 하나를 단 것처럼 마음대로 다녔습니다. 또 사나운 매가 작은 새를 물고 허공으로 날아오르는 것처럼 마우드갈야야나의 신통도 그와 같아서, 몸이 허공에 올라 팔을 굽혔다 펴는 사이에 큰 바닷가에 이르렀습니다. 바닷가에는 얼굴은 단정하고 몸매는 뛰어나게 아름다운 갓 죽은 여자의 시체가 있었고, 벌레 한 마리가 그 입에서 나와 코로 들어가고 다시 눈에서 나와 귀로 들어갔습니다. 마우드갈야야나는 한참 서서 바라보다가 그것을 그대로 두고 떠나니 복증은 스승에게 아뢰었습니다.

"스승님. 저 사람은 어떤 여자이기에 꼴이 저러합니까?"

"말할 때가 있으리라."

다시 조금 가다가 어떤 여자를 보았습니다. 구리쇠 가마를 물가에 놓고 불을 때어 물을 끓이고는, 옷을 벗고 그 가마에 들어갔는데 먼저 털과 손발톱이 빠지고 살은 익어 뼈에서 떨어졌다. 끓는 물에서 뼈가 밖으로 튀어나오더니 바람이 불자 도로 사람이 되어 그 가마의 살을 집어 먹었습니다. 그는 그것을 보고 놀라 몸의 털이 일어서자, 스승에게 여쭈었습니다.

"저 제 살을 먹는 이는 어떤 사람입니까?"

"말할 때가 오리라."

다시 조금 가다가 어떤 큰 시체를 보았다. 많은 벌레들이 그 시체에 엉겨 붙어 파먹는데, 심지어 뼈 마디에까지 바늘 끝만큼도 빈틈이 없었으며, 그리고 외치고 부르짖는 고통의 소리가 멀고 가까운 데까지 진동하여 마치 지옥 중생들의 소리 같았습니다. 그는 스승에게 아뢰었습니다.

"스승님, 이렇게 나쁜 소리로 부르짖는 것은 어떤 사람입니까?"

"말할 때가 오리라."

다시 조금 가다가 어떤 큰 사내를 보았습니다. 그 주위에는 짐승 머리에 사람 몸을 가진 많은 악귀들이 손에 큰 활과 세 갈래로 난 독한 화살을 가졌는데, 그 화살촉에는 불이 붙어 있었습니다. 그들은 그것으로써 서로 다투어 그 사내를 쏘아대니 사내의 몸은 모두 타고 있었습니다. 그는 스승에게 아뢰었습니다.

"저이는 어떤 사람인데 저처럼 고통을 받으면서도 달아날 곳이 없습니까?"

"우선 가자. 말할 때가 오리라."

다시 한참 가다가 큰 산에 다다랐습니다. 산 밑에는 칼과 창을 꽂아 두었는데, 어떤 사람이 산 위에서 밑으로 떨어지면 칼과 창에 몸을 찔려 심한 상처가 났습니다. 그리고 칼과 창을 몸에서 뽑아 본 자리에 세워두고, 다시 산 위에 올라가 먼저와 같이 몸을 던지기를 쉬지 않자, 그는 스승에게 아뢰었습니다.

"또 저이는 어떤 사람이기에 저런 고통을 받습니까?"

"가만이 있거라. 말할 때가 오리라."

다시 가다가 뼈 무더기로 된 어떤 큰 산을 보았습니다. 높이는 백 요오자나로서 해를 가려 바다를 컴컴하게 하였습니다. 그 때에 마우드갈야야나는 그 뼈 무더기로 된 산의 한 갈비뼈 위에서 왔다 갔다 하면서 거닐었다. 제자는 그 뒤를 따라다니다가 문득 생각하였습니다.

'이제 나의 스승님은 다른 일이 없는가보다. 나는 지금까지 보아 온 일을 물어보리라.'

이렇게 생각하고 아뢰었습니다.

"원컨대 스승님은 저를 위해 아까부터 보아 온 일을 설명해 주소서."

마우드갈야야나는 말하였습니다.

"이제는 때가 되었다."

"아까 처음에 본 그 여자는 어떤 사람입니까?"

"알고 싶으냐. 그는 슈라바스티의 큰 상주商主의 아내로서 얼굴이 단정하므로 그 남편이 매우 사랑하였다. 어느 때에 그 상주는 보물을 구하러 큰 바다로 가려 하였으나 그 아내를 떼어두기가 몹시 섭섭하여 그를 데리고 오백 상인과 함께 배를 타고 바다로 갔다. 그 아내는 항상 세 갈래 나무 위에 거울을 걸어두고 제 얼굴의 아름다움을 비춰 보다가 교만한 마음을 일으키면서 몹시 애착하였다. 그 때에 큰 거북이 다리로 그 배를 덮쳐, 배는 부서져 바다에 가라앉았다. 그래서 상주와 그 아내와 오백 상인은 한꺼번에 빠져 죽었다. 바다는 죽은 시체를 받지 않는 법이라, 시체가 소용돌이를 만나면 야차나 나찰이 그것을 건져다 언덕에 올려놓는다. 중생이 목숨을 마치면 그 애착하는 바를 따라 거기에 태어난다. 어떤 사람은 이렇게 묻는다.

'만일 그 애착하는 바를 따라 거기 가서 태어난다면 누가 지옥을 사랑하여 지옥에 들어갈 것인가?'

'만일 어떤 중생이 삼보나 부모의 재물을 훔치거나 나아가서는 사람을 죽이면, 그런 큰 죄를 지은 사람은 반드시 불길이 거센 지옥에 떨어질 것이다. 그 사람은 바람과 추위와 냉병에 시달리면서 불을 생각하고, 그 속에 들어가려고 생각하다가 목숨을 마친 뒤에 그 지옥에 떨어진다. 또 부처님의 등불이나 값진 물건을 훔치고, 혹 스님들의 등불이나 섶나무를 훔치며, 혹은 스님들의 방이나 강당을 부수고 또 추울 때에 남의 옷을 빼앗거나, 세력을 믿고 종들이나 다른 사람에게 물을 쏟거나 혹은 위협해서 남의 옷을 벗기면, 그런 죄의 갚음은 반드시 한빙지옥寒氷地獄에 떨어질 것이다. 그는 열병에 시달리면서 항상 찬 곳을 생각하다가 곧 그 지옥에 떨어진다. 우트팔라지옥 · 파두마지옥 · 쿠무다지옥 · 푼다리이카지옥에 있어서도 또한 그와 같다. 한빙지옥에서 죄를 받는 사람은 몸의 살이 얼어 터져 볶은 콩알 같고, 골수는 하얗게 터지며, 두개골은 몇 만 조각으로 부서지고 뼈는 쪼개져서 그을린 화살 같다. 또 사람이 아끼고 탐내어 굶주린 중생에게 때를 따라 음식을 주지 않으면, 그는 반드시 아귀 세계에 떨어져 기운을 거스르는 병이 나서 음식을 소화시키지 못할 것이다. 또 친구의 병을 간호할 때에 갖가지 음식을 억지로 권하면서 말한다.'

'이것은 달고 이것은 시다. 이것은 맛나고 소화되기 쉬운 것이다. 너는 억지로라도 먹어라.'

그럴 때 그가 성을 내면서 말한다.

'나는 언제쯤 내 눈으로 음식을 보지 않게 될까.'

그러면 그는 목숨을 마친 뒤에 아귀 세계에 난다.

또 사람이 어리석어 삼보를 믿지 않고 불도를 비방하고 헐뜯으면, 그는 축생 세계에 떨어지되 항상 병에 시달리면서 다만 엎드리거나 눕기만 하고 옆으로 기대지는 못한다.

또 어떤 사람이 착한 말을 좋아하지 않을 때 곁의 사람들이 그가 반드시 죽을 줄 알고 그에게 권한다.

'너는 법을 듣고 재법과 계율을 받고 싶은가. 너는 부처님과 법과 스님들을 뵈어라. 너는 보시하여야 한다.'

그러나 그는 조금도 좋아하지 않는다. 그래도 굳이 타이르고 깨우치면 그는 더욱 성을 내어 말한다.

'나는 삼보가 좋다는 말을 한번이라도 듣지 않을 곳으로 가면 얼마나 기분이 좋을까.'

그 때에 그가 목숨을 마치면 축생 세계에 난다. 만일 어떤 사람이 인간과 천상에 날 좋은 인因을 닦았으면 그는 큰 병에 시달리지 않고 임종 때에는 마음이 어수선하지 않게 된다. 그 곁의 친한 이는 그가 죽을 것을 알고 그에게 말로써 권한다.

'법을 듣기를 즐겨하는가. 부처님 상을 뵙고 싶은가. 비구들을 뵙고 싶은가. 경전의 시를 듣고 싶은가. 재법과 계율을 받고 싶은가. 재물을 얻어 부처님 상 앞에 보시하고 싶은가'

'좋다.'

그러면 다시 그를 위해 말해준다.

'부처님 상에 보시하면 불도를 이루게 되고, 법으로써 보시하면 태어나는 곳마다 깊은 지혜를 얻어 법의 모양을 밝게 알며, 스님들에게 보시하면 태어나는 곳마다 큰 보배를 얻어 마음대로 쓰되 모자람이 없다.'

병인은 그 말을 듣고 기뻐하면서 말한다.

'제가 태어나는 곳마다 삼보를 만나 법을 듣고 깨우치게 되기를 원한다.'

그는 그 때에 목숨을 마치고는 인간에 태어난다.

또 사람이 만일 천상에 날 좋은 종자를 많이 심되, 보시와 계율이 청정하고 전의 내용을 즐겨 듣고 열 가지 선행을 닦으면, 그는 임종 때에 편안하고 반듯이 누워 부처님 형상과 천상의 미녀들을 보고, 하늘 음악을 듣고는, 온화하고 기쁜 얼굴로 손을 들어 위로 향한다. 그 때에 목숨을 마치면 곧 천상에 난다. 그 상주 아내는 제 몸에 애착하였기 때문에 목숨을 마치고는 도로 옛 몸에 태어나 벌레가 되었다가 그 벌레의 몸을 버린 뒤에는 큰 지옥에 떨어져 한량없는 고통을 받을 것이다."

복증은 스승에게 아뢰었습니다.

"제 살을 먹던 이는 누구입니까?"

"그는 슈라바스티의 어떤 우파시카의 종이었다. 그 우파시카는 계율이 청정한 어떤 비구를 초청해 여름 구십 일 동안 공양을 이바지하기로 하고, 자기 밭머리에 방을 만들고 편히 거처하게 하면서, 손수 갖가지 맛난 음식을 만들어, 때가 되면 종을 시켜 음식을 보내어 공양을 올렸다. 그런데 그 종은 남이 보지 않는 곳에 가서 좋고 맛난 것은 제가 먹고 그 나머지를 비구에게 주었다. 주인은 종의 얼굴이 번지르르 해지자 공양 올린 음식을 먹은 기색이 있음을 보고 그에게 물었다.

'너는 그 스님의 음식을 더럽히지 않았느냐?'

종은 대답하였다.

'저도 신심이 있고 나쁜 소견을 가진 사람이 아닙니다. 어찌 감히 먼저 먹겠습니까. 스님이 자시고 남은 것을 저에게 주시기에 저는 그것을 먹었습니다. 만일 제가 먼저 먹었다면 저는 세상마다 제 살을 제가 먹을 것입니다.'

이런 인연으로 먼저 아귀의 갚음을 받았다가 목숨을 마치고는 마침내 큰 지옥에 떨어져 그 정당한 갚음으로 한량없는 고통을 받는 것이다."

그는 아뢰었습니다.

"아까 본 그 큰 몸뚱이를 온갖 벌레가 파먹자 무서운 소리를 치는 이는 누구입니까?"

"그는 나리타라는 절 살림을 맡아 보던 비구로서 물품을 마음대로 쓸 수 있었기 때문에, 대중 물건인 꽃 · 과일 · 음식 따위를 속인에게 보내주었으므로, 그런 중간 갚음을 받다가 거기서 목숨을 마치면 큰 지옥에 떨어질 것이다. 그리고 그를 파먹는 벌레들은 옛날에 물품을 얻은 사람들이다."

그는 아뢰었습니다.

"스승님, 그 소리를 내어 울고 화살들을 다투어 쏘자 온 몸에 불이 붙던 이는 누구입니까?"

"그의 전생 몸은 큰 사냥꾼이었다. 그는 많은 짐승을 죽인 죄로 그런 고통을 받다가 거기서 목숨을 마치면 큰 지옥에 떨어져 오래 되어도 나오기 어려울 것이다."

"큰 산 위에서 몸을 던져 칼과 창에 찔리면서 내려 왔다가 다시 올라가던 그는 어떤 사람입니까?"

"그는 라자그리하에 살던 대건투大健鬪라는 장군이다. 그는 제 용맹을 믿고 언제나 앞장서서 칼과 창으로 사람의 목숨을 마구 죽였기 때문에 그런 갚음을 받고, 거기서 목숨을 마치면 큰 지옥에 떨어져 오랫동안 고통을 받을 것이다."

"큰 뼈로 된 산은 누구의 뼈입니까?"

"너는 그것이 알고 싶으냐. 그것은 네 전생 몸의 뼈이니라."

복증은 이 말을 듣고 몹시 놀라 몸의 털이 일어서고, 겁나고 두려워 땀을 물처럼 흘리며, 스승에게 아뢰었습니다.

"스승님, 저의 심장이 찢어지기 전에 그 내력을 말씀해주십시오."

마우드갈야야나는 말하였습니다.

"생사의 윤회는 끝이 없고 선악의 업은 마침내 없어지지 않아 반드시 그 갚음을 받아 여러 가지 업을 지으면 그가 행했던 것을 따라 그 갚음을 받느니라."

마우드갈야야나는 계속해서 말하였습니다.

"지나간 세상에 이 잠부드비파에 법증法增라는 국왕이 있었다. 그는 보시하기와 계율 지키기와 법 듣기를 좋아하였고, 성질이 사납지 않고 자비심이 있어서 생물을 함부로 죽이지 않았으며, 왕의 복과 모습을 완전히 갖추었고, 바른 법으로써 나라를 다스렸다. 왕이 된지 이십 년에 일이 없어 한가하게 되자 사람들과 도박을 하게 되었다. 그 때에 어떤 사람이 실수로 사람을 죽였다. 신하들은 왕에게 아뢰었다.

'어떤 사람이 나라의 법을 어겼습니다. 어떻게 죄를 다스려야 합니까?'

왕은 도박에 빠져 얼떨결에 대답하였다.

'나라 법대로 다스려라.'

신하는 곧 사람을 죽인 자는 죽인다는 법에 따라서 이내 그를 죽이고 말았다. 왕은 도박을 마치고 신하들에게 물었다.

'아까 그 죄인은 지금 어디 있는가? 내가 판결하리라.'

신하는 아뢰었다.

'나라 법대로 다스려 이미 죽여버렸습니다.'

왕은 그 말을 듣고 까무러쳐 땅에 쓰러졌다. 좌우에 있던 신하들이 왕의 얼굴에 물을 끼얹어 한참만에야 깨어났다. 왕은 눈물을 흘리면서 말하였다.

'궁녀 · 기녀들과 코끼리 · 말 따위 일곱 가지 보배는 다 어디 있고, 나만 홀로 지옥에 가서 온갖 고통을 받아야 하는가. 내가 왕이 되기 전 이 궁중에도 왕이 있어 나라를 다스렸지만 그는 오랫동안 아무도 죽이 않았다. 그러다가 내가 왕이 되었는데, 이제 사람을 죽였으니 나는 바로 찬다알라왕이다. 알 수 없다. 나는 장차 세상마다 어느 세계로 갈 것인가. 나는 이제 결코 왕이 되지 않으리라.'

그는 곧 왕위를 버리고 산에 들어가 도를 닦았다. 그 때에 왕은 목숨을 마친 뒤에, 큰 바다에 태어나 몸길이가 칠백 요오자나나 되는 마갈어가 되었다. 왕의 대신들은 자기네 세력을 믿고 백성들을 잘못 죽여 백성들은 흩어졌고, 백성들의 재물을 노략질하기도 하였다. 그래서 그들 중에 많은 수가 큰 마갈어가 되었는데, 온갖 벌레들이 그 몸을 뜯어 먹었다. 비유하면 수갑을 찼거나 털 밑에 벌레가 붙은 것처럼 그 몸에 붙은 벌레도 그와 같아서 그는 몸이 가렵기 때문에 파리산에다 몸을 비벼 문질러 그 많은 벌레를 깨뜨려 죽였으므로 흐르는 피는 바다를 물들여 일백 리에 뻗쳐 빨갛게 되었다. 그 죄로 말미암아 목숨을 마친 뒤에는 큰 지옥에 떨어질 것이다.

그 마갈어는 한번 잠이 들면 일백 년 동안 잔다. 잠에서 깨어 배가 고프고 목이 말라 입을 벌리면 흘러 들어가는 바닷물이 마치 큰 강물을 쏟는 것과 같다. 그 때에 마침 상인 오백 명이 바다에 들어가 보배를 구하다가, 마갈어가 벌린 입 가까이에 이르렀고, 배는 더욱 빨리 마갈어 입으로 빨려 들어가고 있다.

상인들은 겁이 나서 모두 울면서 크게 소리쳤다.

'우리는 지금 틀림없이 죽을 것이다.'

제각기 존경하는 대상을 불렀다. 즉 부처와 법과 스님을 부르는 이도 있었고, 혹은 하늘이나 산 · 강 · 귀신 · 부모 · 처자 · 형제나 권속을 부르면서 제각기 이렇게 말하였다.

'우리는 지금 최후로 이 잠부드비파를 본다. 다시는 보지 못할 것이다.'

마갈어 입으로 들어가게 될 즈음, 그들은 한꺼번에 같은 소리로 외쳤다.

'부처님께 귀의하나이다.'

마갈어는 그 소리를 듣고 곧 입을 다물었다. 바닷물은 그치고 상인들은 죽음 직전에 살아나게 되었다. 그러나 그 고기는 굶주린 끝에 이내 목숨을 마치고 라자그리하 성 안에 태어났다. 야차와 나찰들은 그 몸을 끌어내어 이 바닷가에 갖다 놓았다. 그것이 햇볕에 쬐이고 비에 씻기어, 살은 녹아내리고 뼈만 남았으니 이 뼈산이 바로 그것이다.

복증아, 알아라. 그 때의 담마필제왕은 바로 지금의 너다. 너는 사람을 죽였기 때문에 큰 바다 가운데 떨어져 마갈어가 되었다가, 지금 다시 사람 몸을 얻은 것이다. 그러므로 생사를 싫어하지 않으면 여기서 죽어서는 지옥에 떨어져, 다시 나오기는 매우 어려울 것이다."

그 때에 복증은 이미 옛 몸을 보았고 또 이 말을 듣자 생사를 두려워하게 되었습니다. 그리하여 닦아야 할 법을 차례로 생각하고는 마음을 잡아매고 뜻을 한 곳에 쏟아 전생 몸을 관觀하고 세상이 덧없음을 깨달았습니다. 그리하여 생사를 싫어하고 모든 번뇌가 없어져 아라한의 도를 얻었습니다. 마우드갈야야나는 기뻐하며 그에게 말하였습니다.

"법제자야, 네가 지금 해야 할 일은 이미 다 마쳤다. 네가 여기까지 온 것은 내 힘으로 왔지만 이제는 너의 신력神力으로 돌아가거라."

그 때에 마우드갈야야나는 허공으로 날아오르고, 그도 그 스승의 뒤를 따르니, 마치 새끼 새가 어미 새를 따르는 것과 같이 그들은 대숲 절로 돌아왔습니다. 그 때에 여러 비구들은 그가 도를 얻은 줄을 모르고 여전히 구박하였습니다. 그러나 그는 마음이 이미 다루어졌으므로 위의가 조용하여 잠자코 아무 대꾸도 없었습니다. 부처님은 그 사실을 아시고 여러 비구들을 단속하여 나쁜 업을 짓지 않도록 하시고, 또 그 늙은 비구의 덕을 드러내기 위하여 대중 가운데서 그를 부르셨습니다.

"복증아, 이리 오너라. 너는 오늘 큰 바닷가에 갔더냐?"

"갔다 왔습니다. 부처님."

"네가 오늘 본 것을 다 말하라."

그는 그가 본 그대로 자세히 사뢰었습니다.

부처님께서 말씀하셨습니다.

"장하고 장하다. 복증 비구야, 네가 본 일은 진실로 그런 것이다. 너는 이제 생사의 괴로움을 떠나 열반의 즐거움을 얻었으니, 인간 · 천상의 모든 공양을 받을 것이다. 비구로서 해야 할 일을 너는 이미 완전히 갖추었구나."

젊은 비구들은 부처님 말씀을 듣고 매우 근심하고 뉘우쳤습니다.

"저처럼 지혜롭고 착한 이를 우리가 무시하여 늘 놀려주었구나. 우리는 이 죄의 갚음을 어떻게 받을꼬."

곧 자리에서 일어나 복증 비구의 앞으로 가서 땅에 엎드려 말하였습니다.

"모든 착한 사람은 세상에 날 때에 자비심과 함께 난다고 합니다. 큰 스님께서도 세상에 나실 때에 또한 자비심과 함께 나셨을 것입니다. 원컨대 저희들을 가엾이 여겨 이 참회를 받아주십시오."

그는 대답하였습니다.

"나는 여러분에게 노여워하는 마음이 조금도 없소. 여러분이 뉘우치면 그만이오."

그는 그 젊은 비구들이 마음으로 겁내는 것을 보고 그들을 위하여 설법하였습니다. 비구들은 그 설법을 듣고 생사의 법을 싫어하여 부지런히 도를 닦아, 번뇌의 결박을 끊고 아라한의 도를 얻었습니다. 그 인연으로 복증의 명성은 라자그리하에 흘러 퍼졌고, 사람들은 모두 칭찬하였습니다.

"참으로 놀랍고 장하다. 이 성 안에서는 그 장로가 늙어서 쓸데없다 하였는데, 지금 불법 안에서 스님이 되어 도를 이루어, 그처럼 희유하고 오묘한 법을 연설하는구나."

그 때에 성안 사람들은 모두 깨끗한 마음을 내었고, 남녀의 종들과 사람들을 놓아주어 집을 떠나게 하고, 혹은 스스로 집을 떠나 모두 기뻐하고, 서로 집 떠나기를 권하였습니다.

이런 사실로 보아 집을 떠나는 공덕은 한량없고 끝이 없습니다. 복중은 나이 일백 살이 넘었으나 집을 떠나 그러한 온갖 큰 공덕을 성취하였습니다. 그러므로 나이 젊은 사람으로서 오묘하고 훌륭한 큰 과보를 구하려는 이는, 부디 집을 떠나 부지런히 법을 닦고 불도를 배워야 합니다.

현우경

5권

사미의 죽음

저는 이와 같이 들었습니다.

부처님께서 안타국에 계시던 어느 때, 계율을 잘 지키는 사람을 찬탄하시면서 말씀하셨습니다.

"계율을 잘 지켜라. 목숨을 버려도 끝까지 범하지 말라. 왜냐하면 계율은 도에 들어가는 기초요, 번뇌를 없애는 묘한 길이며, 안락한 열반에 이르는 평탄한 길이다. 그러므로 청정하게 계율을 지키면 그 공덕은 한량없고 끝이 없느니라. 큰 바다는 한량이 없고 끝이 없는 것처럼 계율도 또한 그와 같으니라. 마치 큰 바다에는 아수라 · 자라 · 거북 · 마갈어 따위의 많은 생물들이 사는 것처럼, 계율 바다도 그러하여 세 가지 교리를 닦는 대중이 산다.

또 큰 바다에는 금 · 은 · 유리 따위의 보배가 많이 있는 것처럼, 계율 바다도 그러하여 선한 법을 많이 내며, 네 가지 덧없음과 서른일곱 가지 도품道品과 여러 선정 등의 보배가 있느니라. 또 큰 바다에는 금강이 바닥이 되고 금강산으로 둘러쌌으며, 네 개의 큰 강이 흘러 들어가되 불어나지도 줄지도 않는 것처럼, 계율의 바다도 그와 같아서 계율이 바닥이 되고 논장은 산이 되어 둘러쌌으며 네 아함阿含의 강이 거기에 흘러 들어가되 언제나 맑아 불어나지도 줄지도 않는다. 무엇 때문에 바닷물은 불어나지도 줄어들지도 않는가. 바다 밑에 있는 아비지옥의 불길이 위로 큰 바다를 끓여 물이 졸아들기 때문에 불어나지 않고, 또 항상 강물이 흘러들기 때문에 줄지 않는다. 불법에 있어서 계율의 바다는 방일하지 않기 때문에 불어나지 않고, 공덕을 갖추었기 때문에 줄지 않는다. 그러므로 알아야 한다. 계율을 잘 지키는 사람은 그 덕이 매우 많으니라."

부처님이 열반하신 뒤였습니다. 어느 때에 안타국에 어떤 걸식하는 비구가 있었는데, 그는 위의를 갖추고 혼자 고요히 있기를 즐겼습니다. 대중 속에 살지 않고 혼자 걸식하는 비구를 부처님은 칭찬하셨습니다. 왜냐하면 걸식하는 비구는 욕심이 적고, 만족할 줄을 알아 물건을 쌓아 두지 않고, 차례로 걸식하면서 자리를 펴고 노지露地에 앉으며, 하루에 한 끼만 먹고 세 가지 옷밖에 가지지 않나니, 이런 일은 존경할 만하고 숭상할 만하기 때문입니다.

대중과 같이 사는 비구는 욕심이 많아 만족할 줄 모르므로,

물건을 많이 쌓아 두고서도 탐하고 구하며, 아끼고 질투하며 애착합니다. 그러므로 큰 이름을 얻지 못합니다. 그러나 걸식하는 비구는 덕행을 완전히 갖추고 사문의 과를 성취하여, 여섯 가지 신통과 세 가지 밝음을 얻고 여덟 가지 해탈에 머무르며, 위의가 조용하여 명성이 널리 퍼집니다. 그 때에 안타국에는 어떤 우파사카가 있어 삼보를 믿고 공경하며, 다섯 가지 계율을 받아 살생하지 않고, 도둑질하지 않으며, 사음하지 않고 거짓말하지 않으며, 술을 마시지 않았습니다. 보시를 행하고 덕을 닦아 이름이 온 나라에 두루 퍼졌습니다. 그는 그 걸식하는 비구를 초청하여 몸을 마칠 때까지 공양을 드리기로 생각하였습니다.

'공양을 올리는 복은 그 인因을 따라 갚음을 받는다. 만일 스님들을 집으로 초청해 공양을 하시게 하면 수도에 방해가 될 뿐 아니라, 오가는 도중에 추위와 더위를 겪는 괴로움이 있을 것이니, 뒷날 갚음을 받을 때에는, 반드시 괴로워하며 밖으로 나가 돌아다녀야 비로소 얻을 것이다. 그러나 만일 스님들께 나아가 공양을 올리면 뒷날 갚음을 받을 때에는 편안히 앉아 저절로 받게 될 것이다.'

그 우파사카는 신심이 순수하고 독실하여, 빛깔과 냄새와 맛이 좋은 갖가지 음식을 장만하여, 사람을 시켜 보내되 날마다 계속하였습니다. 사문에게는 좋고 나쁜 것을 밝히기 어려운 네 가지가 있으니, 그것은 마치 암라 열매가 익거나 설익은 것을 알아내기 어려운 것과 같습니다.

어떤 비구는 위의가 조용하고 천천히 걸으면서 자세히 보지만, 속에는 탐욕과 성냄과 어리석음으로 계율을 어기는 잘못된 법이 가득 찼으니, 그것은 마치 암라 열매가 겉은 익었으되 속은 익지 않은 것과 같습니다.

어떤 비구는 바깥 행은 추하고 의식을 따르지 않지만, 속에는 사문의 덕행인 선정과 지혜를 갖추었으니, 그것은 마치 암라 열매가 속은 익었으나 겉은 덜 익은 것과 같습니다.

어떤 비구는 위의도 추하고 거칠며 계율을 깨뜨려 악을 지으며, 속에도 탐욕 · 성냄 · 어리석음과 인색과 탐욕과 질투가 가득 찼으니, 그것은 마치 암라 열매가 속과 겉이 모두 익지 않은 것과 같습니다.

어떤 비구는 위의도 조용하고 자상하며, 계율을 지켜 스스로를 지키며, 속에는 계율과 선정과 지혜와 해탈을 갖추었으니, 그것은 마치 암라 열매가 속과 겉이 함께 익은 것과 같습니다. 그러한 걸식 비구는 안팎을 완전히 갖추어 덕행이 원만하기 때문에 사람의 숭배를 받았습니다. 그 때에 그 나라에 어떤 장자는 삼보를 믿고 공경하였으며, 그에게는 외아들이 있었는데 그는 가만히 생각하였습니다.

'저 아이를 스님을 만들되 좋은 스승을 구해 맡기고 싶다. 좋은 스승을 가까이하면 좋은 법이 더욱 자라고 나쁜 스승을 가까이하면 나쁜 법을 일으키기 때문이다. 바람의 성질은 비록 공하였으나, 찬다나향 나무숲이나 첨복꽃 숲을 거쳐 불어 오면 그 바람에는 묘한 향냄새가 있고, 더러운 시궁창이나 썩은 시체를 거쳐 오면 그 바람은 악취가 나는 것과 같다. 또 깨끗한 옷을 향기로운 상자에 넣어 두었다가 꺼내 입으면 옷에서 향냄새가 나고, 더러운 냄새가 나는 곳에 넣어 두면 옷에서도 나쁜 냄새가 나는 것과 같다. 그와 같이 착한 벗과 친하면 착함이 날로 높아지고 악한 벗과 친하면 악이 더욱 자란다. 그러므로 지금 이 아이를 저 존자에게 맡겨 스님을 만들리라.'

이렇게 생각하고 여법한 비구에게 가서 아뢰었습니다.

"저의 외아들을 지금 스님을 만들고자 하오니, 원컨대 스님께서는 가엾이 여겨 받아들여 제도하여 주십시오. 만일 받아 주실 수 없으시다면 데리고 집으로 돌아가겠습니다."

그 비구는 도의 눈으로 그가 스님이 되면 깨끗한 계율을 잘 지켜 불법을 더욱 퍼뜨릴 수 있으리라 보고 곧 받아 사미를 만들었습니다. 그 때에 그 우파사카와 아주 친한 우파사카가 있었습니다. 이 두 우파사카는 식구들은 물론 종들까지 친하여, 어느 날 양쪽 집안 남·여·노·소·귀·천을 따지지 않고 모든 식구들이 함께 야유회를 가기로 하였습니다.

'지금 우리가 모두 그 모임에 가고 나면 누가 이 집을 지킬 것인가. 만일 내가 주인이라고 하여 억지로 한 사람을 붙들어 두고, 그 모임에 가서 그의 몫을 받아 가진다면 나는 그에게 신세를 지는 것이다. 누가 스스로 마음을 내어 집에 머문다면 나는 그 모임에서 돌아와 따로 보수를 주리라.'

우파사카의 딸이 아버지에게 아뢰었습니다.

"부모님께서는 여러 하인들을 데리고 가셔서 초청을 받으소서. 제가 남아 집을 지키겠습니다."

아버지는 기뻐하며 말하였습니다.

"참으로 착하고 착하다. 네가 집을 지키면 나와 네 어머니는 걱정하지 않을 것이다."

온 집안사람이 모두 초청에 응했습니다. 딸은 문을 굳게 닫고 혼자 집에 있었습니다. 그 날 우파사카는 총망중에 아들을 맡긴 비구에게 공양 보낼 것을 잊었고, 때가 되어도 공양이 오지 않으니, 그 비구는 나름대로 생각하였습니다.

'해가 중천에 가까웠는데도 그 우파사카는 일이 바빠 잊어버렸는지 밥을 가져오지 않는구나. 내가 사람을 보내 밥을 가져오게 해야겠다.'

곧 사미에게 말하였습니다.

"네가 가서 밥을 가져오너라. 그런데 부처님께서 늘 말씀하신 것처럼, 마을에 들어가 걸식할 때는 위의를 잘 단속하여 탐하고 집착하는 마음을 내지 말아라. 마치 꿀벌이 꽃에 앉을 때에 그 맛만 취하고 빛깔과 향기는 다치지 않게 하는 것처럼, 이제 너도 그렇게 하되 집에 이르러 밥을 얻을 때에는, 감관의 문을 잘 단속하여 빛깔 · 소리 · 냄새 · 맛 · 닿음에 끌려 탐하지 말라.

만일 이 계율을 지키면 반드시 도를 얻는다. 저 데바닷타 같은 이는 경을 많이 외웠지만, 악을 행하여 계율을 지키지 않았기 때문에 아비지옥에 떨어졌고, 구가리瞿迦利는 부처님 제자를 파계했다고 비방하여 계율을 부수었기 때문에 지옥에 떨어졌으며, 주리반특周梨槃特은 시를 한 수밖에 외우지 못하였으나, 계율을 지켰기 때문에 아라한이 되었다. 또 계율은 열반으로 들어가는 문이 되고 즐거움을 받는 종자가 된다. 바라문 법에서 석 달이나 넉 달 동안의 긴 재齋를 베풀어야 이름이 높고 지혜가 있으며, 계율을 지키고 범행을 닦는 여러 바라문을 초청하되, 공정하게 초청하지 않고 가려서 초청하였기 때문에 구류仇留가 봉인封印을 했으나 초청을 받은 이가 원망하였다. 어떤 바라문은 경전에는 밝았으나 그 성질이 청렴하지 못하여 벌꿀의 단맛을 탐하였기 때문에 봉인의 꿀을 핥다가 봉인이 다 없어졌다. 이튿날 그 모임에 봉인을 보이고 들어갈 때에, 그 바라문은 봉인이 없으면서 들어가려 하였다. 일을 맡은 사람은 그에게 물었다.

'너는 봉인을 가졌는가?'

그는 대답하였다.

'나는 가졌었지만 그것이 달았기 때문에 핥아서 다 없어졌다.'

일을 맡은 사람은 말하였다.

'너는 이미 그와 같이 만족하였다. 들어가지 못한다. 조그마한 단맛을 탐하여 넉달 동안의 그 달고 향기로운 맛난 음식과 또 갖가지 보배 보시를 잃어버렸다.'

너도 지금 그와 같이 조그만 일을 탐하여 깨끗한 계율의 인印을 부숨으로써, 인간과 천상의 다섯 가지 맛난 즐거움과 번뇌를 없애는 서른일곱 가지 도품道品과 한량없이 안락한 열반법의 보배를 잃지 말라. 너는 삼세 부처님의 계율을 헐거나 삼보와 부모·사장을 더럽히지 말라."

사미는 이 가르침을 받고 예배하고 떠났다. 그는 우파사카의 집에 이르러 문을 두드리면서 소리쳤다. 처녀는 물었습니다.

"누구십니까?"

사미는 대답하였습니다.

"사미가 스승님을 위해 공양을 가지러 왔습니다."

처녀는 못내 기뻐하며 '내 소원이 이루어졌다.' 고 생각하고 곧 문을 열어주었습니다. 처녀는 얼굴이 단정하고 뛰어나게 아름다우며 나이는 갓 열여섯, 사춘기의 정열이 불꽃처럼 타올랐습니다. 처녀는 사미 앞에서 어깨를 흔들고 그림자를 돌아보기도 하며, 갖은 아양을 떨면서 몹시 잘 보이려는 몸짓을 하였습니다.

사미는 그것을 보고 생각했습니다.

'이 여자는 풍병이나 미친병이나 또는 간질병이 있는가. 혹은 아무 번뇌가 없는 깨끗한 내 행을 헐려고 하는 것인가.'

그래서 위의를 더욱 굳게 단속하고 얼굴빛도 변하지 않았습니다. 처녀는 땅에 엎드려 사미에게 하소연 하였습니다.

"제가 늘 원하던 때가 이제 왔습니다. 저는 항상 스님에게 할 이야기가 있었으나 조용한 틈을 타지 못했습니다. 아마 스님도 저에게 늘 마음이 있었을 것입니다.

스님은 저의 소원을 풀어주셔야 합니다. 저의 집에는 많은 보배와 금 · 은이 창고에 가득히 있어 저 바이슈라마나 천궁의 보배창고 같지만 주인이 없습니다. 스님이 뜻을 굽히시기만 하면, 곧 이 집 주인이 되며, 저는 스님의 아내가 되어서 시키는 일은 아무 것도 어기지 않을 테니, 저의 소원을 들어 주소서."

사미는 가만히 생각했습니다.

'나는 무슨 죄가 있어 이런 나쁜 인연을 만났는가. 나는 지금 차라리 이 신명을 버리더라도 삼세 모든 부처님께서 정하신 계율은 어기지 않으리라.

옛날의 어떤 비구는 음녀 집에 이르러 불구덩이에 몸을 던지면서도 음행은 범하지 않았고, 또 어떤 비구들은 도적을 만나 풀에 묶였을 때, 바람에 시달리고 햇볕에 시달리며 온갖 벌레에 물렸지만, 계율을 지키기 위해 풀을 끊고 떠나지 않았다. 혹은 거위가 구슬을 먹었을 때 어떤 비구는 그것을 보았지만, 그는 계율을 지키기 위해 오랫동안 고통을 당하면서도 말하지 않았다. 또 바다에서 배가 부서졌을 때, 아랫자리 비구는 계율을 지키기 위해 널빤지를 윗자리 비구에게 주고 자기는 바다에 빠져 죽는 것을 무서워하지 않았다. 이런 사람들은 부처님 제자로서 계율을 잘 지켰거늘 나는 부처님 제자가 아닌가? 왜 지키지 못하겠는가. 부처님은 그들만의 스승님이요, 내 스승님은 아닌가?

마치 첨복 꽃을 깨에 섞어 기름을 짜면 첨복 꽃향내가 나지만, 악취가 나는 꽃을 섞으면 기름도 그에 따라 악취가 나는 것처럼, 나는 지금 좋은 스승님을 만났는데 어떻게 나쁜 일을 저지르겠는가? 차라리 신명을 버리더라도 마침내 계율을 깨뜨림으로써 불 · 법 · 승과 부모와 스승님을 더럽히지 않으리라.'

그는 또 생각하였습니다.

'만일 내가 도망쳐 달아나면 저 여자는 불꽃같은 사춘기의 애정 때문에, 부끄럼도 모르고 밖으로 달려 나와 나를 붙들고 모함해 비방할 것이다. 그 때 거리 사람들은 내가 더러운 음욕을 벗어나지 못했다 할 것이다. 나는 지금 여기서 목숨을 버리리라.'

그 사미는 방편으로써 말하였습니다.

"문을 굳게 닫으시오. 내가 방에 들어가 준비할 테니, 아가

씨는 좀 뒤에 들어오시오."

그 여자는 곧 대문을 닫았습니다. 사미는 방에 들어가 문을 걸어 잠그고, 마침 머리 깎는 칼을 발견하고, 그는 몹시 기뻐하면서 법복을 벗어 시렁 위에 걸어놓고 합장한 채 꿇어앉아 쿠시나가라에 계시는 부처님께서 열반하신 곳을 향하여 스스로 서원을 세웠습니다.

'저는 지금 불·법·승을 버리지 않고 화상·아사리를 버리지 않고, 또 계율을 버리지 않사오며 바른 계율을 지키기 위하여 이 신명을 버리나이다. 원컨대 태어나는 곳에서 집을 떠나 도를 배우고 범행을 깨끗이 닦아 번뇌를 없애고 불도를 이루어지이다.'

곧 목을 찔러 죽으니 피가 흘러 온 몸을 적셨다.

처녀는 사미가 더딘 것을 이상히 여겨 문 가까이 가 보았으나 문은 열리지 않았고, 불러 보았으나 대답도 없었습니다. 문을 박차고 열자 그가 이미 죽어 본래의 안색이 없는 것을 보았습니다.

처녀의 정열적인 풋사랑은 이내 그치고 부끄럽고 뉘우침으로써 고민하며 제 손으로 머리를 잡아 뽑고 손톱으로 얼굴을 할퀴며 진흙에 뒹굴면서, 눈물을 흘리고 슬피 부르짖다가 그만 정신을 잃고 까무러쳐 버렸습니다. 그 아버지가 돌아와 문을 두드리면서 딸을 불렀습니다. 그러나 딸은 대답이 없었습니다. 아버지는 집안이 고즈넉한 것을 이상히 여겨 사람들을 시켜 담을 넘고 들어가 문을 열고 살피다가, 딸의 흉한 꼴을 보고는 흔들어 깨웠습니다.

"너는 왜 이렇게 되었느냐. 어떤 사람이 들어와 너를 능욕하였느냐?"

딸은 잠자코 대답하지 않고 가만히 생각하였습니다.

'지금 내가 사실대로 대답하기는 너무 창피하다. 그렇다고 사미가 나를 능욕하였다고 말한다면 그것은 선량한 사람을 모함하는 것이니, 장차 지옥에 떨어져 끝없는 죄를 받을 것이다. 속이지 말고 사실대로 대답하자.'

처녀는 드디어 입을 열었습니다.

"제가 혼자 집을 지키고 있을 때 사미가 와서 그 스승의 공양을 요청했습니다. 저는 애정이 발동하여 사미를 졸라 내 마음을 따라주기를 바랐습니다. 그러나 그는 계율을 지키는 마음이 변하지 않고, 방편으로 방에 들어가 스스로 목숨을 버렸습니다. 저의 이 더러운 몸으로 그 깨끗한 그릇을 부수려 하였습니다. 그 죄가 이러하기 때문에 저는 괴로워하는 것입니다."

아버지는 딸의 말을 듣고 놀라거나 두려워하지 않았습니다. 왜냐하면 번뇌의 법은 으레 그런 줄 알기 때문에 그는 곧 딸에게 말하였습니다.

"모든 법은 다 덧없는 것이니, 너는 걱정하거나 두려워하지 말라."

그는 곧 방에 들어가 보았습니다. 사미의 몸은 피에 붉게 물들어 마치 찬다나로 만든 의자 같았습니다. 우파사카는 사미의 시신 앞에 나아가 예배하며 찬탄하였습니다.

"장하십니다. 부처님 계율을 지키기 위하여 목숨까지 버리실 수 있었다니…"

그 때에 그 나라 법에는 스님이 속인 집에서 죽으면, 그 집에서 금 일천 냥을 나라에 바치게 되어 있었습니다. 그래서 그 우파사카는 돈 일천 냥을 구리소반에 담아 싣고 왕궁으로 들어가 아뢰었습니다.

"신이 죄를 범한 벌금을 대왕께 바치나이다. 원컨대 받아주소서."

"우리나라에서 삼보를 믿어 공경하고 충성하고 정직하여 도를 지키며 말과 행실이 어긋남이 없기는 오직 그대 한 사람뿐이거늘, 지금 어떤 허물이 있기에 벌금을 싣고 왔는가?"

우파사카는 위의 사실을 자세히 아뢰어, 자기 딸을 나무라고 사미가 계율 지킨 공덕을 찬탄하였습니다. 왕은 그 사정을 듣고 마음속으로 놀라고 송구스러워 하면서, 불법을 믿는 마음이 더욱 독실해졌습니다.

"사미 스님이 계율을 지키기 위해 스스로 목숨을 버린 것이요, 그대에게는 허물이 없거늘 어떻게 벌을 주겠는가. 이것을 가지고 집으로 돌아가시오. 나도 지금 직접 그대 집에 가서 그 사미 스님에게 공양을 올리겠소."

곧 금북을 울려 나라에 영을 내려, 앞뒤로 백성들의 호위를 받으면서 그 집으로 갔습니다. 왕은 직접 방 안에 들어가 사미의 몸이 붉은 찬다나 같은 것을 보고, 앞으로 나아가 예배하고, 그 공덕을 찬탄하였습니다. 갖가지 보배로 장엄한 높은 수레에 시체를 싣고 평탄한 곳으로 가서 온갖 향나무를 쌓아 화장하고 공양을 올렸습니다. 또 그 여자는 갖가지로 장식하여 절세미인을 만들고, 그리고 그녀를 높은 곳에 세우고 거기 모인 모든 사람들이 다 볼 수 있게 하고는 대중에게 말하였습니다.

"이 여자는 뛰어나게 아름다워 얼굴이 저처럼 빛난다. 탐욕을 아직 여의지 못한 이로서 그 누가 탐내지 않겠는가! 그런데

도 저 스님은 아직 도를 얻지 못하여 나고 죽는 몸이지만 계율을 지키기 위해 목숨을 버렸으니 참으로 놀랍고 드문 일이다."

왕은 다시 사람을 보내어 그 스승 비구를 초청해 널리 대중을 위하여 미묘한 법을 연설하게 하였습니다. 거기 모인 대중으로서 이 일을 보고 들은 이는 집을 떠나 깨끗한 계율을 지키려 하는 사람도 있었고, 위없는 보리심을 내는 이도 있었고, 모두 기뻐하면서 계율을 지켰습니다.

무서운 구업

저는 이와 같이 들었습니다.

부처님께서 슈라바스티의 외로운 이 돕는 절에서 여러 비구들을 위하여 설법하고 계시던 어느 때, 그 나라에 큰 장자가 있었는데, 그는 재물이 한량이 없어 금 · 은 등 일곱 가지 보배가 창고에 가득하였고, 코끼리 · 말 · 소 · 양과 노비와 백성들이 헤아릴 수 없었습니다. 그러나 그는 아들이 없고 딸만 다섯이 있었는데 모두 단정하고 총명하였습니다. 그 아내가 여섯째를 임신하고 있을 때, 그 장자는 목숨을 마쳤습니다.

그 나라 법에 가장이 죽고 아들이 없으면, 그가 가졌던 재산은 모두 나라에 바치게 되어 있었습니다. 그래서 왕은 대신을 보내어 그 집 재산을 모두 기록하게 하였습니다. 재산이 나라에 들어가게 되었을 때 그 딸들은 생각하였습니다.

'우리 어머니는 임신 중인데 아직 아들인지 딸인지 모른다. 만일 딸이라면 우리 집 재산은 당연히 나라에 들어가겠지만 만일 사내라면 그는 우리 집 재산의 주인이 될 것이다.'

이렇게 생각하고 왕에게 나아가 아뢰었습니다.

"저희 아버지는 아들도 없이 돌아가셨기 때문에 그 재산은 응당 대왕께 바쳐야 합니다. 그러나 지금 저희 어머님이 임신 중이므로 그 해산을 기다려, 딸이라면 그 때에 가서 재산을 바치더라도 늦지 않을 것입니다. 만일 아들이라면 그가 응당 우리 집 재산의 주인이 되어야 할 것입니다."

프라세나짓왕은 법을 공정하게 집행하기 때문에 그 간청을 옳게 여겨 허락하였습니다. 그 뒤 오래지 않아 달이 차서 아이를 낳았습니다. 그러나 아이 몸은 두루뭉수리가 되어, 귀도 눈도 없고, 입은 있으나 혀가 없으며, 또 손발도 없었지만 남근男根은 있었습니다. 그래서 이름을 만자비리曼慈毘梨라고 지었습니다. 그 때에 딸들은 왕에게 가서 이 사실을 아뢰었습니다. 왕은 그 말을 듣고 그 이치를 생각하였습니다.

'눈 · 귀 · 코 · 혀 · 손 · 발로써 재산 주인이 되는 것이 아니라, 사내라야 그 재산 주인이 될 수 있는 것이다. 이 아이는 남근이 있으니 응당 아버지의 재산을 이어 받아야 한다.'

왕은 그 딸들에게 말하였습니다.

"재산은 너희들 동생에게 속한다. 나는 가지지 않겠다."

얼마 뒤 큰 딸은 다른 집으로 시집을 갔습니다. 그녀는 남편을 받들어 섬기되 겸손하고 정성스러워 침구를 깨끗이 떨고 닦거나, 음식을 차리거나, 맞고 배웅하거나, 일어나 절하고 문안하는 것이 마치 종이 상전을 섬기는 것과 같았습니다. 그 이웃집 어떤 장자의 부인이 이것을 보고 이상히 여겨 물었습니다.

"부부의 도는 집집마다 다 있겠지만 당신은 어찌하여 그처럼 남다릅니까?"

여자는 대답하였습니다.

"저의 아버지께서 돌아가셨을 때 재산이 한량없이 많았지만 딸이 다섯이 있어도 그 재산이 나라에 들어가게 되었습니다. 마침 어머니가 몸을 풀어 동생을 낳았는데, 눈 · 귀 · 코 · 혀와 손발은 없었지만 남근이 있었으므로 친정 집 재산의 주인이 되었습니다. 이런 이치로 볼 때, 아무리 여러 딸이 있었으나 한 사내만 못하기 때문에 그렇게 받드는 것입니다."

그녀는 그 말을 듣고 괴상히 여겨, 그 여자와 함께 부처님께 나아가 사뢰었습니다.

"세존이시여, 저 장자 아들은 어떠한 인연으로 귀 · 코와 손발이 없으면서도 부잣집에 태어나 그 재산의 주인이 되었습니까?"

"잘 물었소. 자세히 듣고 잘 생각하시오. 그대를 위해 말하겠소."

"예, 경청하겠습니다."

"아득한 옛날에 장자 형제가 있었소. 형의 이름은 단야세질이고, 아우 이름은 시라세질이었소. 그 형은 젊을 때부터 정직하고 진실하며 항상 보시하기를 좋아하여 가난한 이를 구제하였소. 온 나라 사람들은 모두 그를 신뢰하고 착함을 칭찬하였소. 왕은 그를 나라의 평사平事로 삼아, 송사의 시비, 곡직을 그로 하여금 판결하게 하였소. 그 때에 그 나라 법에는 빌려주고 받는 데 있어서 아무 증서도 없었고, 모두 평사 단야세질이 증인을 서게 하였소. 어느 때 어떤 상인이 보배를 구하기 위해 바다에 들어가려고 그것을 준비하기 위해 평사의 아우 시라세질에게 많은 돈을 꾸게 되었소. 시라세질에게는 아직 어린 외아들이 있었소. 그는 그 아들과 한 자리에서 돈을 내어주며, 증인인 형 평사에게 말했소.

'형님, 이 상인은 내게 돈을 꾸었는데 바다에 갔다 돌아오면 갚을 것입니다. 형님은 나를 위해 증인이 되어주십시오. 만일 내가 죽거든 내 아들이 그 돈을 받게 해주십시오.'

평사는 손가락으로 돈을 가리키면서 그렇게 하겠다고 약속하였소. 그 아우 장자는 오래지 않아 목숨을 마쳤소. 그 때에 그 상인은 배를 타고 바다에 들어갔다가 풍랑을 만나 배가 부서졌소. 그는 널빤지를 붙들고 겨우 살아나 본국으로 돌아왔소. 장자 시라세질의 아들은 배가 부서져 빈손으로 돌아온 그를 보고 가만히 생각하였소.

'저이는 아버님에게 빚을 졌지만 지금 저처럼 곤궁하니 무엇으로 빚을 갚을 수 있겠는가.'

그 상인은 다른 상인과 함께 다시 큰 바다에 들어가 많은 보배를 얻어 무사히 돌아와서 혼자서 생각하였소.

'저 장자 아들은 전날 나를 보았어도 내게 빚을 독촉하지 않았다. 내가 돈을 빌 때 저 사람은 어렸으니 혹 기억하지 못하는가? 혹은 전날에 내가 곤궁했기 때문에 독촉하지 않았던 것인가. 내가 시험해 보아야겠다.'

그 상인은 화려한 옷을 입고 좋은 말을 온갖 보배로 꾸며 타고 저자로 들어갔습니다. 장자 아들은 그처럼 아름다운 옷과 말을 보고 생각하였습니다.

'저 사람은 재물을 가지고 돌아온 것 같다. 시험해 빚을 독촉해 보리라.'

곧 사람을 보냈소.

'당신은 아버님께 빚을 졌으니 이제 갚아야 합니다.'

'천천히 갚도록 하겠소.'

상인은 생각하였습니다.

'빚이 훨씬 많아졌다. 이자에 이자를 겹치면 갚기에 힘이 부친다. 이제 꾀를 써서 청산해야겠다.'

그는 보배구슬 하나를 가지고 평사 부인에게 가서 아뢰었소.

'형수님, 내가 전날 시라세질에게 돈을 조금 꾸었더니 그 아들이 내게 와서 빚을 독촉합니다. 이 구슬은 십만 냥의 가치가 있는데 이것을 드리겠습니다. 그가 만일 내게 빚을 독촉하거든 평사 형님께 부탁하여 증인이 되지 말아달라고 말해 주십시오.'

그 부인은 구슬을 받고 말하였소.

'장자는 정직하고 진실해서 반드시 듣지 않으실 것입니다. 그러나 시험 삼아 말해보겠습니다.'

날이 저물어 평사가 돌아오자 부인은 곧 그 말을 아뢰었습니다.

장자는 말하였소.

'어떻게 그런 일이 있을 수 있겠소. 내가 정직하고 진실하여 거짓말을 하지 않기 때문에 왕은 나를 이 나라의 평사로 삼

았는데, 한번이라도 거짓말을 한다면 그것은 옳지 않소.'

이튿날 상인이 왔습니다. 부인은 그 사정을 이야기하고 곧 그 구슬을 돌려주었습니다. 상인은 다시 이십만 냥의 가치가 있는 구슬 하나를 더 주면서 말했습니다.

'형수님, 부탁이 꼭 이뤄지도록 해주시기를 바랍니다. 이것은 조그만 일입니다. 말 한마디에 삼십만 냥을 얻는 것입니다. 만일 저쪽이 이긴다면 그가 비록 조카이지만 형수씨에게는 한 푼도 없을 것입니다. 이런 이치는 세상에 다 통할 것입니다.'

그 때에 그 부인은 보배구슬이 탐이 나 그것을 받았소.

저녁이 되어 다시 남편에게 말했소.

'어제 드린 말씀은 될 수 있는 일입니다. 유념하시기 바랍니다.'

'절대 그럴 수 없소. 나는 진실한 것으로써 평사가 되었소. 만일 한 번이라도 거짓말을 한다면 현세에서는 세상의 신용을 받지 못할 것이요, 후세에서는 한량없는 겁에 고통을 받을 것이오.'

그 때에 장자에게는 외아들이 있었는데 걷지 못하였소. 그 부인은 울면서 말하였소.

'저는 지금 당신과 부부로서 비록 죽는 일이 있더라도 서로 어기지 않기를 바라고 있습니다. 그런데 지금 이 부탁은 조그만 일입니다. 말 한 번이면 될 일을 들어주지 않으신다면 제가 살아서 무엇 하겠습니까. 만일 내 뜻을 따라주지 않는다면 저는 먼저 불쌍한 저 아이를 죽이고 저도 죽겠습니다.'

장자는 이 말을 듣고 마치 목구멍에 무엇이 걸려 삼키지도 못하고 뱉지도 못하는 것 같아서 가만히 생각하였소.

'내게는 이 아들 하나뿐이다. 만일 이 애가 죽으면 내 재산을 물려줄 데가 없어질 것이다. 그렇다고 아내 말대로 하면 지금부터는 남의 신용도 얻지 못하고 저승에서는 한량없는 고통을 받을 것이다.'

이렇게 고민하던 끝에 말했소.

'그렇게 하겠소.'

그 아내는 못내 기뻐하여 그 상인에게 말하였소.

'장자가 허락하였소.'

상인은 그 말을 듣고 기뻐하면서 집으로 돌아갔소.

그는 큰 보배 옷을 입고 온갖 보배로 장식한 큰 코끼리를 타고 저자로 들어갔소. 시라세질의 아들은 그를 보고 기쁘게 생각하면서 혼자 중얼거렸소.

'저이의 저런 옷과 코끼리를 보면 틀림없이 부자가 된 것이다. 나는 이제 돈을 받을 수 있겠구나.'

'상주商主님, 전날 아버님께 진 빚을 이제 갚아 주십시오.'

상인은 놀라는 척 하면서 말하였소.

'나는 전혀 기억이 나지 않는다. 언제 너에게 빚을 졌던가. 만일 빚을 졌다면 그 증인은 누구인가?'

그는 말하였소.

'어느 해 어느 달 어느 날 우리 아버님과 제가 직접 당신에게 돈을 주었고, 평사님이 우리를 위해 증인이 되셨는데 왜 모른다고 하십니까?'

'나는 지금 기억이 나지 않는다. 만일 그것이 사실이라면 당연히 갚아야지.'

바로 두 사람은 평사에게 가서, 장자의 아들은 말하였소.

'이 상주님이 전날 저의 아버님에게 돈 얼마를 빌려 갈 때, 평사님께서 증인이 되고 저도 보았습니다. 그렇지 않습니까?'

평사는 말하였소.

'나는 모르는 일이다.'

조카는 깜짝 놀라면서 말했소.

'평사님께서는 분명히 듣고 보시지 않았습니까? 그리고 손과 발로 그 돈을 가리키면서 틀림없다고 말씀하시지 않았습니까?'

'그렇게 한 일을 기억할 수 없구나.'

조카는 분개하며 말했소.

'평사님께서는 충성스럽고 진실하기 때문에 왕이 평사를 시켰고, 또 사람들이 신용합니다. 조카에게까지 이처럼 법답지 않은데, 더구나 다른 사람으로서 원통한 사람이 얼마나 많겠습니까. 그러나 이 사실이 옳고 그름은 뒷세상 사람이 저절로 알 것입니다.'"

부처님께서 장자에게 이어 말씀하셨습니다.

"알고 싶소, 그 때의 평사 장자는 바로 지금의 그 귀도 눈도 없는 두루뭉수리요. 그는 그 때의 한 번 거짓말로 말미암아 큰 지옥에 떨어져 많은 고통을 받았고, 그 지옥에서 나와서는 오백 세상 동안 늘 두루뭉수리의 몸을 받았소. 그러나 그 때 그는 보시하기를 좋아하였기 때문에 항상 부호 집에 태어나 많은 재물의 주인이 되었소. 이와 같이 선악의 갚음은 아무리 오래 되어도 없어지지 않소. 그러므로 부디 부지런히 노력하며 몸과 말과 뜻을 잘 단속하여, 함부로 악을 짓지 말아야 합니다."

그 때에 대중들은 부처님 말씀을 듣고 첫째 결과에서 넷째 결과까지 얻는 이도 있었고, 위없는 보리심을 내는 이도 있었고, 모두 기뻐하면서 보시를 실천하고 거짓말을 하지 않았습니다.

가장 값진 옷

저는 이와 같이 들었습니다.

부처님께서 슈라바스티의 외로운 이 돕는 절에서 큰 비구들에게 둘러싸여 설법하고 계시던 어느 때, 그 나라에 한 장자가 있었는데 그 부인이 딸을 낳았습니다. 얼굴이 단정하고 뛰어나게 아름다워 견줄 이가 없었습니다. 그녀는 처음 날 때에 곱고 부드러운 흰 옷을 몸에 감고 태어나자, 부모는 괴상히 여겨 관상가를 불러 그 아이의 상을 보게 하였습니다.

"매우 길吉합니다. 큰 복덕이 있습니다."

그래서 이름을 숙리叔離(한자로白의 뜻)라 하였습니다.

숙리가 자라나자 그 옷도 몸에 따라 커졌으며, 숙리는 용모가 뛰어났기 때문에 나라 안의 멀고 가까운 데서 서로 다투어 청혼해 왔습니다.

부모는 생각하였습니다.

'숙리가 이제 저만큼 자랐으니 시집을 보내야겠다.'

공인工人을 불러 영락을 만들었습니다. 숙리는 그 아버지에게 물었습니다.

"저 금과 은을 두드려 만드는 것은 무엇에 쓰려는 것입니까?"

"너도 이제 장성했으니 시집을 보내야겠다. 그래서 팔찌를 만드는 것이다."

"저는 집을 떠나 도를 배우렵니다. 시집가긴 싫습니다."

부모는 딸을 귀엽게 여겨 그 뜻을 어기지 않고 곧 천을 꺼내어 다섯 가지 법복을 지으려고 했습니다. 숙리는 그것을 보고 물었습니다.

"무엇을 만들려 하십니까?"

"네 법복을 만들려 한다."

"제가 입은 이 옷으로 넉넉합니다. 따로 지을 건 없습니다. 원컨대 곧 부처님께 가는 것을 허락해 주소서."

부모는 그를 데리고 부처님께 나아가 땅에 엎드려 예배하고 출가시키겠다고 말씀드렸습니다. 부처님께서 '잘 왔다.'고 말씀하시자 머리털은 저절로 떨어지고, 입고 있던 흰 옷은 이내 다섯 가지 법복이 되었습니다. 그래서 대애도大愛道에게 맡겨 비구니가 되게 하였습니다. 그녀는 정진한 지 오래지 않아 아라한의 도를 이루었습니다.

아난다는 부처님께 사뢰었습니다.

"숙리 비구니는 본래 어떤 공덕을 지었기에 장자 집에 태어났고, 날 때부터 옷을 입고 났으며, 집을 떠난 지 오래지 않아 아라한의 도를 얻었습니까?"

"자세히 듣고 잘 생각하라. 내가 설명하리라.

먼 옛날 비파시인 부처님이 세상에 나와 제자들과 함께 일체 중생을 제도할 때, 국왕과 신하와 백성들은 많은 공양을 올리고, 오년마다 한 번씩 여는 보시 대회를 열었다. 그 때에 어떤 비구는 항상 권선勸善을 다니면서, 부처님께 나아가 법을 듣고 보시하기를 권하였다. 그 때에 다니가라는 여자가 있었다. 그녀는 너무 가난하여 옷 한 벌을 가지고 부부 두 사람이 번갈아 입고 살았다. 남편이 밖에 나갈 때 그것을 입고 가면 아내는 나체로 풀자리에 앉아 있었고, 또 아내가 그것을 입고 나가 구걸할 때는 남편이 홀랑 벗은 채 풀자리에 앉아 있었다. 권선하는 비구는 차례로 다니다가 그 집에 이르러 여자를 보고 권하였다.

'부처님께서 세상에 나오심은 만나기도 어렵고, 경전을 듣기도 어려우며, 사람의 몸을 얻기도 어렵습니다. 당신은 법을 듣고 보시를 하십시오.'

이렇게 인색과 탐욕과 보시의 갚음을 자세히 설명하였다. 여자는 아뢰었다.

'스님 잠깐 계십시오.'

그녀는 집안으로 들어가 남편에게 말하였다.

'밖에 어떤 스님이 와서 우리에게, 부처님의 법을 듣고 보시하기를 권하고 있습니다. 우리는 전생에 보시하지 않았기 때문에 이처럼 빈궁하게 되었습니다. 지금은 무엇으로든지 후생의 밑천을 만들어야 하겠습니까?'

남편은 대답하였다.

'우리 집이 이렇게 빈곤한데 설령 마음이 있다 한들 무엇으로써 보시할 수 있겠소.'

'전생에 보시하지 않았기 때문에 지금 이처럼 곤궁한데 금생에 또 심지 않으면 후생에는 어디로 가겠습니까? 당신만 허락하시면 나는 기어코 보시하겠습니다.'

남편은 혼자 생각하였다.

'아내에게 혹 사사로운 재산이라도 있단 말인가. 그렇다면 나는 허락하리라.'

'좋소. 보시하고 싶으면 곧 하시오.'

아내는 당장 말했다.

'나는 이 옷을 보시하고 싶습니다.'

'우리는 이 옷 한 벌로 드나들면서 구걸하여 살아가는데 지금 이것마저 보시하면 우리는 죽는 길밖에 없는데 어찌하려오?'

'사람은 다 죽는 것입니다. 지금 보시하지 않더라도 마지막에는 죽을 것입니다. 그럴 바에야 차라리 지금 보시하고 죽으면 후생에 잘 살 것이라는 보람이라도 있겠지만 지금 보시하지 않고 죽으면 후생에는 반드시 고생이 있을 것입니다.'

남편은 기뻐하면서 말했다.

'죽음을 담보로써 보시하는 것이오.'

아내는 길로 나가 비구에게 아뢰었다.

'스님, 저 담 밖에 나가 기다리십시오. 물건을 가져다 드리겠습니다.'

비구는 말하였다.

'만일 보시하려면 면전에서 보시하십시오. 당신을 위해 축원하리다.'

'제가 가진 것이라곤 다만 이 옷뿐입니다. 이 속에는 다른 옷이 없습니다. 여자 몸은 더럽습니다. 면전에서는 벗을 수 없습니다.'

그녀는 안에 들어가 옷을 벗어 담 밖으로 넘겨 비구에게 주었다. 비구는 축원하고 그것을 가지고 부처님께로 갔다.

부처님께서 말씀하셨다.

'그 옷을 이리 가져오너라.'

비구는 냄새나는 그 옷을 부처님께 드렸다. 부처님께서 손수 그 때 묻은 옷을 받으셨다. 그 때에 거기 있던 대중들은 마음속으로 꺼려하였다.

부처님께서는 그들의 마음을 아시고 말씀하셨다.

'내가 생각하건데 이 모임의 어떠한 청정하고 큰 보시도 이 때 묻고 냄새나는 이 옷의 보시보다 나은 것이 없다.'

대중들은 이 말을 듣고 놀라워하였다.

그리고 부인들은 기뻐하면서 자기가 입고 있던, 영락으로 장식한 보배 옷을 벗어 다니가에게 보내주었고, 왕도 기뻐하면서 입었던 옷을 벗어 다니가의 남편에게 보내고는, 그들에게 이 모임에 나올 것을 사람을 보내 권하였다. 비파시인 부처님은 대중들을 위해 미묘한 법을 널리 연설하셨다. 그 때에 그 대중 가운데는 제도를 받은 이가 많았느니라."

부처님은 이어 아난다에게 말씀하셨습니다.

"너는 알고 싶으냐. 그 때의 그 빈궁한 여자 다니가는 바로 지금의 저 숙리 비구니니라. 그는 그 때에 청정한 마음으로 옷을 보시하였기 때문에, 구십일 겁 동안 태어나는 곳마다 항상 옷을 입고 태어나 모자람이 없었고, 구하는 것은 모두 뜻대로 되었다. 그리고 그는 부처님을 만나, 깊고 오묘한 법을 듣고 해탈하기를 원하였으므로, 지금 나를 만나 아라한이 되었느니라. 그러므로 너희들은 부지런히 정진하여 법을 듣고 보시하여야 하느니라."

부처님께서 이렇게 말씀하실 때 도를 얻은 이가 많았고, 그들은 모두 기뻐하며 정성껏 보시하였습니다.

가난을 팔다

저는 이와 같이 들었습니다.

부처님께서 아리제라는 나라에 계실 때였습니다. 그 나라에 어떤 장자가 있었는데 그는 재산이 한량없이 많았으나 아끼고 탐욕심이 많고 포악하였으며 어질거나 자비로운 마음이 조금도 없었습니다. 그 집에는 한 여자 종이 있었는데, 이른 새벽부터 밤늦게까지 일에 쫓겨 조금도 쉴 새가 없었습니다. 조금만 잘못이 있어도 매질을 했고, 옷은 몸을 가리지 못하고, 먹는 것은 배를 채우기에 부족하였습니다. 나이 많고 피곤하여 죽고 싶었으나 죽을 수도 없었습니다.

어느 날 물병을 가지고 강에 나가 물을 긷다가, 그는 고생하는 신세를 생각하고 목 놓아 통곡하였습니다. 그 때에 가전연 비구가 지나다가 그에게 가서 물었습니다.

"노모老母는 어찌하여 그처럼 슬피 울면서 괴로워하십니까?"

"스님, 저는 이미 늙었는데 언제나 괴로운 노동에 시달리고,

게다가 입고 먹는 것을 제대로 주지 않아, 죽고 싶으나 죽을 수도 없습니다. 그래서 우는 것입니다."

"그렇게 가난하면 왜 그 가난을 팔지 않습니까?"

"가난을 어떻게 팔 수 있습니까. 누가 가난을 사겠습니까."

"가난을 파는 방법이 있습니다."

"스님, 가난을 어떻게 팝니까?"

"참으로 팔고 싶으면 꼭 내 말을 들어야 합니다."

"예, 듣겠습니다."

"먼저 목욕을 하십시오."

그가 목욕을 마치자, 가전연은 말하였다.

"당신은 보시하여야 합니다."

"스님, 나는 하도 빈곤하여 지금 내게는 손바닥만한 성한 옷도 없습니다. 여기 이 물병이 있지만 이것은 장자 댁의 것이니 무엇을 보시하겠습니까 ? "

가전연은 곧 바루를 주면서 말하였습니다.

"이 바루에 깨끗한 물을 조금 떠 오십시오."

노파는 시키는 대로 물을 떠다가 가전연에게 바쳤습니다. 가전연은 그것을 받자 축원하고 재계를 가르치고 또 염불의 갖가지 공덕을 가르치고, 그리고 물었습니다.

"자는 데가 있습니까?"

"없습니다. 맷돌질할 때에는 맷돌 밑에서 자다가 일어나 밥 짓는 일을 하고 다시 그 밑에 누워 자고, 맷돌 일이 없을 때에는 쓰레기 더미 위에서 누워 잡니다."

"당신은 마음을 좋게 가지고 부지런히 일하되, 싫어하거나 원통한 생각을 내지 마십시오. 그리고 주인 집에서 모두 잠든 때를 기다려 가만히 지게문을 열고, 그 지게문 모퉁이에 깨끗한 풀을 깔고 앉아 부처님을 머릿속에 떠올리고 생각하면서, 부디 나쁜 생각을 내지 마십시오."

그 때에 노파는 분부를 받고 집에 돌아가 그대로 실행하였습니다. 그러다가 새벽이 되어 곧 목숨을 마치고 도리천에 났습니다. 주인은 아침 일찍 일어나 종이 죽어 있는 것을 보고 성을 내면서 말하였습니다.

"이 집 안에는 언제나 종이 들어오지 못하게 되어 있는데, 어째서 지난밤에 여기서 죽었는가."

그리고는 새끼로 손발을 묶어 한림寒林에 내다 버렸습니다. 그 때 도리천에 어떤 천자는 오백 명 권속을 거느리고 있었습니다. 그 궁전은 매우 화려하였고, 그 천자가 복이 다해 목숨을 마치자, 이 노모가 그 자리를 대신하였습니다. 하늘에 태어난 사람도 지혜가 뛰어난 사람은 제가 거기 와서 난 인연을 알지만, 근기가 둔한 사람은 그것을 모르고 다만 향락만 누릴 줄 알 뿐입니다. 그 때에 그 여자도 하늘에 났지만, 오백 권속들과 서로 향락만 누릴 줄 알고 제가 거기 와서 난 인연은 몰랐습니다. 샤리푸트라는 도리천에 있다가 그 여자가 하늘에 와서 난 인연을 알고, 그 여자에게 물었습니다.

"천자님, 당신은 어떤 복으로 이 하늘에 났습니까?"

천자는 대답하였습니다.

"모르겠습니다."

샤리푸트라는 도의 눈을 빌려 주어 그 천자가 하늘에 난 인연을 알게 하였습니다. 그녀는 곧 오백 권속을 데리고 한림으로 내려와 시체에 꽃을 흩고 향을 사르면서 공양을 베풀었는데, 그 때 여러 하늘 사람들의 광명은 마을과 숲을 비추었습니다. 장자는 그 변괴를 보고 이상히 여겨, 여러 사람들에게 명령하여 함께 숲으로 나가 살펴보다가 여러 하늘 사람들이 여자 종의 시체에 공양을 베푸는 것을 보고 그들에게 물었습니다.

"그 여자 종은 더럽습니다. 살았을 때에도 사람들은 보기조차 싫어하였는데, 더구나 지금은 죽은 시체입니다. 어찌하여 거기에 공양까지 베풉니까?"

하늘 사람들은 그가 천상에 난 인연을 자세히 설명하고 ,가전연에게로 돌아갔습니다. 그 때에 가전연은 여러 천인들을 위해 오묘한 법을 설명하였습니다. 이른바 보시와 계율과 천상에 나는 데 대한 법과, 욕심은 더러운 것이므로 버리면, 하늘에 나서 즐거움을 누린다는 내용이었습니다. 그 때에 그 천인과 오백 권속들은 번뇌를 멀리 떠나고 법에 대한 눈이 깨끗하게 되어 천궁으로 돌아갔습니다. 거기에 모인 대중들은 이 법을 듣고 모두 도를 얻어, 네 가지 결과를 얻었고, 그리고 모두 기뻐하며 보시를 실천하겠다고 다짐하며 절하고 떠나갔습니다.

한 푼과 하늘나라

저는 이와 같이 들었습니다.

부처님께서는 슈라바스티의 외로운 이 돕는 절에 계시던 어느 때, 그 나라에 한 장자가 있었는데, 그는 큰 부자로서 재물과 보배가 한량이 없었습니다.

그가 아들을 낳았는데, 온몸이 금색이었습니다. 장자는 매우 기뻐하여 곧 잔치를 베풀고, 여러 관상가를 초청해 그 길흉을 점치게 하였습니다. 여러 관상가는 아기를 안고 살펴보다가 기이한 상에 매우 기뻐하며, 이름을 금천金天이라고 지었습니다. 그 아이는 복덕이 대단히 많았으니, 그가 태어나던 날, 집 안에 우물이 저절로 생겼는데, 가로와 세로는 각각 여덟 자요, 그 깊이도 그와 같았습니다. 그 물을 길어 쓰면 사람의 뜻에 따라 옷이 필요하면 옷이 되고, 밥이 필요하면 밥이 되며, 금·은·보배 등 일체 필요한 것을 원하면서 그 물을 길어 쓰면, 모두 뜻대로 얻을 수 있었습니다. 아이는 차츰 성장하면서 여러 가지 기예를 두루 통달하였습니다. 장자는 몹시 사랑하며, 생각하였습니다.

'내 아들은 얼굴이 단정하여 짝할 이가 없다. 기어코 이름난 낭자를 고르되, 얼굴과 빛깔과 자태가 뛰어나고 아름다운 금빛 몸을 지닌, 내 아들과 같은 인물을 구하리라.'

드디어 삯꾼을 모집하여 두루 다니면서 찾게 하였습니다. 그 때에 염바국의 어떤 큰 장자는 딸을 낳아 이름을 금광명金光明이라 하였고, 그녀는 단정하기 보통이 아니요, 온 몸은 금빛으로 빛났으며, 살결은 곱고 부드러웠습니다. 그녀가 나던 날에도 여덟 자 우물이 저절로 생겼습니다. 그 우물도 갖가지 보배와 의복과 음식을 내어, 모두 사람 뜻에 맞추었습니다. 그래서 장자는 생각하였습니다.

'내 딸은 단정하고 사람 중에서도 꽃답고 아름답다. 꼭 어진 선비로서 빛나는 형색이 내 딸과 같은 남자를 구해 혼인시키리라.'

그 여자 이름은 멀리 슈라바스티까지 퍼졌고, 금천의 이름도 그 여자 집에까지 들렸습니다. 그래서 두 장자는 제각기 기뻐하며 곧 서로 사람을 보내어 청혼하여 결혼을 시켰습니다. 슈라바스티의 장자는 며느리를 맞이하여 슈라바스티로 돌아온 금천의 집에서는 훌륭한 공양을 베풀고, 부처님과 스님들을 초청해 하루 동안 공양을 올리게 되었습니다. 부처님은 초청을 받고 그 집으로 가셔서 공양하셨습니다. 공양을 마치고 바루를 거두시고는, 장자와 금천 부부를 위해 묘한 법을 설명하여 그들의 마음을 열어 주셨습니다. 금천 부부와 부모들은 그 자리에서 이십억 겁 동안 쌓인 죄악을 깨뜨리고, 마음이 열려 스로타판나의 경계에 도달하였고, 부처님께서는 절로 돌아오셨습니다.

금천 부부는 부모에게 집 떠나기를 간청하니 부모가 곧 허락하였고, 그들은 함께 부처님께 나아가, 부처님 발에 머리를 조아려 예배하고 세 번 돌고, 불도에 들어와 스님이 되기를 간청하니 부처님께서는 곧 허락하셨습니다.

"어서오너라! 비구 비구니야."

그러자 그들의 수염과 머리털은 저절로 떨어지고 법복이 입혀져 곧 사문이 되었습니다. 그래서 금천은 비구들과 같이 있게 되었고, 금광명 비구니는 대애도大愛道에게 맡겨졌습니다. 그들은 차츰 교화를 받아 모두 아라한이 되어, 세 가지 밝음과 여섯 가지 신통과 여덟 가지 해탈 등의 일체 공덕을 모두 갖추었습니다.

아난다는 부처님께 사뢰었습니다.

"알 수 없습니다, 세존이시여. 금천 부부는 본래 어떤 복을 지었기에 나면서부터 재보가 풍부하고 온 몸은 금빛이며 단정하기 제일이요, 모든 것을 내는 그 우물이 생겼습니까? 원컨대 세존께서는 자세히 설명하여 주십시오."

"먼 옛날 구십일 겁 전에 비파시인이라는 부처님이 계셨다. 그 부처님이 돌아가시고 가르치신 법만 세상에 남아 있었다. 그 뒤에 여러 비구들은 돌아다니면서 교화하다가 어떤 촌락에 이르렀다. 부자인 장자들은 비구들이 오는 것을 보고, 제각기 다투어 의복과 음식을 이바지하여 모자람이 없게 하였다. 그 때에 어떤 부부는 매우 빈곤하여 늘 생각하였다.

'우리 아버지가 세상에 계실 때에는 창고에 넘치는 재물과 보배가 헤아릴 수 없었는데, 지금은 빈곤이 극심하여 풀 자리에 앉고 누우며, 옷으로 몸을 가리지 못하고 집에는 한 되 쌀이 없으니 얼마나 고생인가. 부자로 재물과 보배가 한량이 없을 때는 이런 성중을 만나지 못하였더니, 지금은 이분들을 만나게 되었으나 공양을 베풀 재물이 없구나.'

이렇게 생각하고는 슬프게 울고 괴로워하면서, 그 아내 팔에 눈물을 떨어뜨렸다. 아내는 그 남편이 우는 것을 알고 물었다.

'무엇이 맞지 않기에 그처럼 괴로워하십니까?'

'그대는 모르오. 지금 스님들이 마침 이 마을을 지나시는데 부자 거사들은 모두 공양을 베풀고 있소. 그러나 우리 집은 빈곤하여 한 되 쌀이 없구려. 이 스님들에게 공양을 올려 좋은 인연을 맺지 않으면 지금도 빈곤하지만 후생은 더욱 괴로울 것이오. 그것을 생각하고 우는 것이오. 지금 어떻게 하면 좋겠소. 아무리 공양을 올리고자 한들 돈이나 보물이 없으니, 속절없는 생각 뿐, 소원은 풀 수가 없소.'

아내는 말하였다.

'당신은 지금 묵은 창고에 가서 뒤져 보십시오. 거기서 혹 재물을 얻으면 그것으로써 공양을 올리십시오.'

남편은 아내 말대로 묵은 창고 안을 두루 뒤지다가, 돈 한 푼을 주워가지고 아내에게로 갔고, 그 때에 아내에게 거울 하나가 있었다. 둘은 같은 마음으로써 그 한 푼을 보시하기로 하였다. 병에 깨끗한 물을 가득 담고, 돈을 그 병 속에 넣고 거울을 그 뒤에 세웠다. 그리고 그것을 가지고 스님들에게 가서 지극한 마음으로 보시하였다. 스님들은 그들을 위해 그것을 받았다. 그 물로 각기 바루를 씻고 또 그 물을 마셨다. 그것을 본 부부는 기뻐하면서 살다가 병이 들어 목숨을 마치자 도리천에 났느니라."

부처님께서는 계속하여 아난다에게 말씀하셨습니다.

"그 때에 그 가난한 사람이 한 병의 물을 가져다 스님들에게 보시한 이는, 바로 지금의 이 금천 부부니라. 이들은 전생에 한 푼의 돈과 한 병의 물과 가지고 있던 하나의 거울을 보시하였으므로, 구십일 겁 동안 세상에 날 때마다 모습은 단정하고 몸은 금빛이며, 얼굴은 빛나고 뛰어나게 묘하여 견줄 데가 없었다. 그리고 그 때에 불법을 믿고 공경하였기 때문에 생사를 떠나 아라한이 되었느니라.

그러므로 아난다야, 알아야 한다. 조그마한 복덕이라도 짓지 않아서는 안된다. 그와 같이 가난했던 사람도 조그마한 보시로 말미암아, 그처럼 한량없는 복의 갚음을 받느니라."

아난다와 대중들은 부처님 말씀을 듣고, 모두 부지런히 보시하여 복업을 지을 마음을 내고, 기뻐하며 힘써 실천하였습니다.

보시 복과 계율 복

저는 이와 같이 들었습니다.

부처님께서 슈라바스티의 외로운 이 돕는 절에 계시던 어느 때, 그 나라에 어떤 큰 장자가 있었는데, 그는 한량없는 재물을 가지고 있었으나 아들이 없어 늘 근심하면서 천지신명을 돈독하게 믿고, 지극한 정성으로 기도하여 아들을 점지해 달라고 애원하였습니다. 마침 그 아내가 잉태하여 달이 차자 사내를 낳았습니다. 아이는 세상에 드물 정도로 단정하였습니다. 부모와 친척들은 날을 받아 큰 강가에 나가 잔치를 베풀고, 모두 모여 술을 마시면서 즐거워했습니다.

그 부모는 아이를 데리고 모임에 나갔습니다. 아버지는 아이를 사랑하여 사람이 모인 자리마다 아이를 안고 가서 춤을 추었습니다. 아버지가 추고 나면 어머니가 받아 안고 추되 이렇게 자리를 돌며 춤을 추면서 기뻐하고 즐거워하였습니다. 차츰 강가에 이르렀을 때 갑자기 정신이 어지러워져, 아이를 꼭 안지 못해 그만 놓쳐 물에 빠뜨렸습니다. 바로 물에 들어가 두루 찾아보았으나 찾지 못하였습니다. 그 때에 그 부모는 아이를 잃고, 비통한 나머지 까무러쳤다가 깨어나고 까무러쳤다가 깨어났습니다. 그러나 그 아이는 복과 덕이 있어 끝까지 죽지 않았고, 강 복판에 이르러 떴다 잠겼다 할 때에 어떤 큰 고기가 그 아이를 집어 삼켰습니다. 아이는 고기 뱃속에 있으면서도 죽지 않았습니다. 강 하류에 작은 마을이 하나 있었고, 거기에는 큰 부잣집이 있었는데, 그도 아들이 없어 갖가지로 애써 아들을 두려 하였으나 끝내 얻지 못하였습니다. 그는 항상 종을 시켜 고기를 잡아 팔게 하였고, 종은 물고기를 팔아 그 값을 주인에게 바쳤습니다. 그는 마침 그 아이를 삼킨 고기를 잡아 배를 갈랐다가, 얼굴이 단정한 그 아이를 발견하고는 기뻐하면서 아이를 주인에게 바쳤습니다. 주인은 아이를 보고 스스로 경사롭게 여기면서 말하였습니다.

"우리는 오래 전부터 천지신명에게 기도하여 아이 생기기를 빌었다. 그 정성의 갚음으로 하늘이 내게 아이를 준 것이다."

이내 아이를 거둬 젖을 먹여 길렀습니다.

그 윗마을의 부모는 아랫마을의 장자가 고기 뱃속에서 아이를 얻었다는 소문을 듣고 그에게 가서 말하였다.

"이 아기는 우리 아이입니다. 나는 강에서 아이를 잃었습니다. 돌려주기 바랍니다."

그 장자는 대답하였습니다.

"우리 집에서는 오래 전부터 아이를 낳으려고 기도하였소. 이제 신명이 그 갚음으로 이 아이를 내게 준 것이오. 그대가 잃어버린 아이는 지금 어디 있소."

이렇게 다투었으나 끝이 나지 않으니, 왕에게 가서 그 판결을 구하며, 두 사람은 제각기 주장하였습니다.

"이 아기는 저의 아이입니다. 저는 아무 때 저 강에 아이를 빠뜨렸습니다."

그러자 아랫마을 장자가 말하였습니다.

"저는 저 강에서 잡은 고기 뱃속에서 이 아이를 얻었습니다. 이것은 진실로 저의 아이요, 저 사람이 낳은 아이는 아닙니다."

왕은 두 사람의 말을 듣고 곰곰이 생각하더니, 판결을 내렸습니다.

"그대들 두 장자는 제각기 제 아이라고 주장한다. 만일 지금 어느 한 사람에게 준다면 그것은 이치에 맞지 않다. 그러므로 둘이서 같이 기르다가 아이가 장성하거든, 이 집 저 집에서 장가를 보내어 살림을 살게 하되, 두 군데서 따로따로 살게 하라. 그리고 이 집 며느리가 아이를 낳으면 이 집에 속할 것이요, 저 집 며느리가 아이를 낳으면 저 집에 속할 것이다."

두 장자는 모두 왕의 분부를 따랐습니다. 아이가 장성하자 두 며느리를 맞이하여 필요한 것을 모두 대주어 모자람이 없게 하였습니다. 그 때에 그 아들은 두 부모에게 아뢰었습니다.

"저는 세상에 나면서부터 고난을 당하여, 물에 빠져 고기에게 삼켜졌다가 죽음에서 겨우 살아났습니다. 지금 나는 간절한 마음으로 집을 떠나고자 합니다. 원컨대 부모님은 허락하여 주십시오."

두 부모는 아이를 사랑하였기 때문에, 거절하지 못하여 허락하였습니다. 그는 부모를 하직하고 부처님께 나아가, 머리를 조아려 부처님께 예배하고 스님이 되고자 하였습니다. 부처님께서 곧 허락하시고 말씀하셨습니다.

"잘 왔구나! 비구야."

그러자 그의 수염과 머리털은 저절로 떨어지고 곧 사문이 되어, 이름을 중성重姓이라 하였습니다. 부처님은 그를 위하여 설법하시니, 그는 온갖 번뇌가 없어져 그 자리에서 아라한이 되었습니다.

아난다는 부처님께 사뢰었습니다.

"알 수 없습니다, 세존이시여. 저 중성 비구는 본래 어떤 업을 짓고 어떤 좋은 뿌리를 심었기에 이 세상에 나자 물에 떨어져 고기가 삼켰지만 그래도 죽지 않았습니까?"

"너는 들어라. 너를 위해 설명하리라. 옛날에 비파시인이라는 부처님이 계셨다. 그는 대중을 모아 미묘한 법을 연설하셨다.

그 때에 어떤 장자는 그 모임에 와서, 부처님께서 보시하는 복과 계율을 지키는 복 등의 큰 법을 말씀하심을 듣고, 못내 기뻐하고 믿는 마음이 불꽃같이 일어났다. 그는 곧 그 부처님께 세 가지에 귀의할 것을 맹세하고, 살생하지 않는 계율을 받았다. 그리고 부처님께 돈 한 푼을 보시하였다. 그로 말미암아 세상에 날 때마다 복을 받아 재물과 보배를 마음대로 쓰되 모자람이 없었느니라."

부처님께서 계속하여 아난다에게 말씀하셨습니다.

"그 때의 장자는 바로 지금의 중성 비구니라. 그는 그 때에 부처님께 돈 한 푼을 보시하였으므로 구십일 겁 동안 항상 재물이 많았고, 금세에 와서는 두 집 부모가 필요한 것을 다 이바지하였으며, 살생하지 않는 계율을 받았기 때문에 물에 빠져 고기가 삼켰어도 죽지 않았고, 세 가지에 귀의할 것을 맹서했으므로, 지금 내 세상을 만나 청정한 교화에 목욕하고 아라한의 도를 얻었느니라."

그 때에 아난다와 대중들은 부처님 말씀을 듣고, 그대로 선행을 닦고 부처님의 가르침을 공경하고 존중하며, 그리고 기뻐하면서 믿고 힘써 실천하였습니다.

거지 아라한

저는 이와 같이 들었습니다.

부처님께서 슈라바스티의 외로운 이 돕는 절에서 일천이백 오십 인의 제자들과 함께 계시던 어느 때 그 나라의 오백 명 거지 아이들은 항상 부처님을 의지하고 스님들을 따라 걸식하면서 살아갔습니다. 여러 해를 그렇게 살다보니 싫증이 나서 서로 말하였습니다.

"우리는 스님들의 은혜로 목숨을 이어가긴 하지만 괴로운 일이 많다."

그리고 모두 생각하였습니다.

'차라리 부처님께 간청하여 세속을 떠나 부처님의 제자가 되는 것이 좋겠다.'

그들은 모두 부처님께 사뢰었습니다.

"부처님께서 세상에 나오심은 참으로 만나기 어렵나이다. 저희들은 하천한 집에 태어났으나, 거룩하신 은혜를 입으며 목숨을 보전하여 왔습니다. 이미 특별한 보호를 받고 있사오나, 저희들 욕심 같아서는 출가하고 싶습니다. 혹 부처님께서는 허락하여 주실 수 있겠나이까?"

그 때에 부처님께서는 거지 아이들에게 말씀하셨습니다.

"나의 법은 청정하여 귀천이 없느니라. 그것은 마치 깨끗한 물이 온갖 더러운 것을 씻되 귀하거나 천하거나 곱거나 밉거나 남자거나 여자거나, 물에 씻으면 깨끗하지 않은 것이 없는 것과 같다. 또 불이 가는 곳에는 산이나 들이나 석벽이나, 천지에 있는 일체 만물로서 큰 것이나 작은 것이나, 거기에 닿는 것은 타지 않는 것이 없는 것과 같으니라. 또 나의 법은 마치 허공과 같아서, 남 · 여 · 노 · 소 · 빈 · 부 · 귀 · 천이 마음대로 이 법 안에 들어올 수 있느니라."

여러 거지 아이들은 부처님 말씀을 듣고 모두 기뻐하면서 믿는 마음이 더욱 굳어져 정성을 기울여 부처님을 향하여 불도에 들어오기를 소원하였습니다.

"잘 왔구나! 비구들아."

부처님께서 이렇게 말씀하시자, 그들의 머리털은 저절로 떨어지고 몸에 가사가 입혀져 스님의 형상이 갖추어졌습니다. 부처님께서 그들을 위해 설법하시자, 그들은 마음이 열리고 뜻이 풀리고 온갖 번뇌가 없어져 아라한이 되었습니다. 그 때에 그 나라의 여러 귀족과 장자와 백성들은 부처님께서 거지 아이들을 받아들였다는 말을 듣고, 모두 교만한 마음이 생겨 수군거렸습니다.

'부처님은 어찌하여 저 하천한 거지들을 스님들 자리에 참여시켰을까. 우리가 복업을 닦기 위해 부처님과 스님들을 초청하여 공양을 올릴 때에 어떻게 저 하천한 무리들을 자리에 함께 앉혀 우리 밥그릇을 잡게 할까.'

그 때에 기타 태자는 공양을 베풀고 부처님과 스님들을 초청하였습니다. 그는 사환을 보내어 부처님께 사뢰었습니다.

"원컨대 세존께서는 비구들과 함께 내일 저의 공양을 받아주소서."

그리고 곧 이어 사뢰었습니다.

"그 거지 아이들을 제도하여 새로 만든 비구들은 초청하지 않나이다. 부디 데리고 오시지 마소서."

부처님은 그 초청을 받으셨습니다. 이튿날 공양 때가 되어 부처님과 스님들은 그 집으로 갈 때가 되었습니다. 부처님은 거지 비구들에게 말씀하셨습니다.

"우리가 초청을 받았으나 너희들은 그 차례에 들지 않았다. 너희들은 지금 북구로주北俱盧州에 가서, 저절로 나서 익은 멥쌀을 가지고, 그 집으로 돌아와서 차례대로 앉아 그것을 먹어라."

여러 거지 비구들은 부처님의 분부를 받고 아라한의 신통으로써 그 세계로 갔다. 거기서 제각기 그 멥쌀을 따서 바루에 가득 담아 돌아올 때, 위의를 바로 하고 차례를 따랐습니다. 마치 기러기가 나는 것처럼 허공을 타고 기타 태자의 집에 가서, 차례대로 앉아 그것을 먹고 있었습니다. 그 때에 태자는 그 비구들의 의젓한 거동과 신통한 도덕을 보고, 공경하는 마음으로 기뻐하면서 처음 보는 일이라 찬탄하고 부처님께 사뢰었습니다.

"알 수 없나이다. 세존이시여, 이 거룩한 스님들은 위의가 의젓하고 온갖 상을 갖추었습니다. 어디서 여기로 왔는지 참으로 공경할 만합니다. 원컨대 세존께서는 저를 위하여 이 분들의 전후 내력을 말씀하여 주십시오."

부처님께서 말씀하셨습니다.

"태자님, 알고 싶으면 잘 듣고 생각하십시오. 태자님을 위하여 설명하겠소. 이 비구들은 바로 태자님이 어제 초청하지 아니한 비구들입니다. 나와 제자들이 아까 태자의 초청을 따라 오려고 할 때에, 태자님이 이 비구들은 초청하지 않았기 때문에, 이들은 북구로주로 가서 저절로 된 멥쌀을 가지고 와서 먹었소."

태자는 이 말을 듣고 몹시 부끄럽고 괴로워하면서 스스로를 꾸짖었습니다.

'왜 나는 이렇게 어리석어 밝고 어두움도 분별하지 못하였던고.'

다시 사뢰었습니다.

"부처님 공덕은 참으로 헤아릴 수 없나이다. 이 비구 스님들은 이 나라에서 가장 하천하였사온데, 오늘 부처님의 청정한 교화를 받고 가장 넓은 은혜를 입어, 현세에서는 안락한 복을 받는 몸이 되었고, 또 영원한 열반의 즐거움을 얻었습니다. 부처님께서 오늘 세상에 나오신 까닭은 다만 이러한 스님들을 위하심이요, 다른 데 있는 것이 아닌가 하나이다.

그러하옵고 세존이시여, 알 수 없습니다. 이 스님들은 지나간 세상에 어떤 선행을 닦고 어떤 공덕을 심었기에 지금 부처님을 만나 특별한 은혜를 입었사오며, 또 어떤 허물을 지었기에 나면서부터 거지로 살면서 그처럼 고생하였습니까. 부처님께서 저를 사랑하고 가엾이 여겨 말씀하여 주십시오."

"알고자 하거든 잘 들으시오. 태자님을 위해 그 내력을 자세히 설명하겠소."

"예, 잘 듣겠습니다."

"먼 옛날 한량없고 헤아릴 수 없는 아승기 겁 이전에, 이 잠부드비파에 바라나시라는 큰 나라가 있었고, 그 나라에 신선산이 있었소. 옛날의 여러 부처님께서는 모두 그 산에 계셨고, 부처님께서 없을 때에는 프라데카 부처가 있었으며, 다시 프라데카 부처가 없을 때에는 다섯 가지 신통을 가지고 신선의 도를 배우는 무리들이 거기 살았으니 한 번도 빈 때가 없었소.

어느 때에 프라데카 부처 이천 명이 늘 그 산에 살고 있었소. 그 때에 그 나라에 화성火星이 나타났으니 그것은 나쁜 재앙이 있을 징조였소. 그 별이 나타난 뒤로 십이년 동안 그 나라에는 가뭄이 들고 비가 내리지 않아 곡식을 심을 수가 없어서 나라가 망하게 되었소. 그 때에 그 나라에는 산단녕이라는 한 장자가 있었소. 그 집은 큰 부자로서 재물과 곡식이 한량없었소. 그래서 그는 항상 공양을 베풀어 여러 프라데카 부처에게 이바지하였소. 그 때에 일천 프라데카 부처들은 그 장자 집에 가서 공양을 간청하면서 이렇게 말하였소.

'우리는 저 산에 살고 있습니다. 마침 나라에 가뭄이 들어 걸식하였으나 얻기 어렵습니다. 만일 장자가 늘 우리에게 공

양을 베풀겠다면 우리는 여기서 살겠지만 그렇게 할 수 없다면 다른 나라로 가겠습니다.'

장자는 곧 광지기에게 물었다.

'지금 우리 창고에 있는 곡식으로 이 프라데카 부처님들에게 늘 공양을 올릴 수 있겠느냐. 있다면 나는 늘 초청하리라.'

광지기는 말하였다.

'초청하십시오. 창고에 있는 곡식으로써 공양을 올리기에 풍족합니다.'

장자는 곧 일천 프라데카 부처를 초청하여 공양을 올렸소. 그 남은 일천 프라데카 부처도 그 장자 집에 가서 공양을 베풀어 달라고 요구하였소. 장자는 또 광지기에게 물었소.

'네가 맡은 창고 곡식은 얼마나 되느냐. 또 일천 명의 프라데카 부처님들에게 공양을 올리려 하는데 될 수 있겠느냐?'

'제가 맡은 곡식으로 충분하리라고 생각합니다. 공양을 올리고 싶으시면 곧 초청하십시오.'

장자는 곧 프라데카 부처들을 초청하고 오백 명 하인을 시켜 음식을 만들라고 하였소. 그들은 여러 해 동안 음식 일을 맡아 하다보니 싫증이 나서 말하였다.

'우리가 이처럼 고생하는 것은 모두 저 거지들 때문이다.'

그 때에 장자는 늘 한 사람을 시켜 공양 때가 된 것을 프라데카 부처에게 알렸소. 그 하인은 개를 한 마리 길렀는데 날마다 그가 갈 때에는 그 개도 따라갔었소.

어느 날 공양 때가 되었으나 하인은 도저히 갈 수 없는 사정이 생겼소. 그 개가 늘 가던 곳으로 가서 여러 대사들을 향해 큰 소리로 짖었소. 여러 프라데카 부처들은 그 개가 짖는 소리를 듣고는 공양을 청하러 온 줄을 알고, 그 집으로 가서 법다운 공양을 받았소. 그리고 이내 장자에게 말했소.

'지금 비가 올 것이니 곡식을 심도록 하시오.'

장자는 그 말을 듣고 곧 일꾼들을 시켜 농기구를 가지고 부지런히 밭을 갈고 보리와 밀 따위의 온갖 곡식을 모두 심었소. 얼마의 시간이 지나 심은 곡식은 모두 변하여 호리병박이 되었소. 장자는 그것을 보고 괴상히 여겨 대사들에게 물었소. 대사들은 대답하였소.

'그것은 걱정 마시오. 그저 부지런히 공을 들이고 때맞추어 물을 주시오.'

장자는 그 말대로 부지런히 물을 주었고, 그 뒤에 호리병박들은 더욱 자라 모두 익었소. 장자가 그것을 쪼개니 심었던 곡식의 종류를 따라 깨끗하고 좋은 보리와 밀이 그 속에 가득

차 있었소. 장자는 기뻐하여 온 집안에 쌓으니 그 집에 가득 차고도 넘쳐나 다시 친척들에게도 나누어 주었소. 그리하여 온 나라가 모두 그 은혜를 입었소. 그 때에 음식을 만들던 오백 사람들은 서로 이야기하였소.

'지금 추수한 이 곡식은 다 저 프라데카 부처들의 은혜다. 그런데 우리는 왜 그들에게 나쁜 말을 하였던가.'

그들은 그 길로 프라데카 부처들에게 가서 참회하고 용서를 간청하였소. 그들은 참회를 마치고 다시 서원을 세우고 말하였소.

'원컨대 우리들로 하여금 오는 세상에 성현을 만나 해탈을 얻게 하소서.'

그들은 프라데카 부처들을 욕한 과보로 오백 세상 동안 언제나 거지가 되었고, 그것을 참회하고 다시 서원을 세웠기 때문에, 지금 내 세상을 만나 제도를 받게 되었소.

태자님, 아십시오. 그 때의 큰 부자 산단녕은 다른 사람이 아니라, 바로 나였으며, 그 광지기는 바로 지금의 저 수닷타 장자며, 날마다 가서 때를 알린 사람은 바로 지금의 우다야나 왕이요, 그 때의 개는 짖었기 때문에 나는 세상마다 좋은 음성을 얻었으니 바로 지금의 저 미음美音 장자며, 그 때에 음식을 만들던 오백 사람은 바로 지금의 이 오백 아라한이었소."

그 때에 기타 태자와 모인 대중들은 그 신기한 변화를 듣고 부처님 공덕에 감격하였습니다. 그래서 부지런히 정진하여, 첫째 결과와 나아가서는 넷째 결과까지 얻은 이도 있고 오로지 보살행을 닦는 이도 있었으며, 마음을 내어 불도를 구하는 이도 있었습니다. 그리하여 제각기 정진하여 본 마음을 구하되 모두 기뻐하면서 힘써 실천하였습니다.

현 우 경

6권

막지 말라

저는 이와 같이 들었습니다.

부처님께서 바이샤알리의 암라나무 절에 계시던 어느 때, 현자 아난다에게 말씀하셨습니다.

"네 가지 신족통神足通을 가진 사람은 한 겁을 더 살 수 있다. 그런데 나는 네 가지 신족통을 지극히 잘 갖추었다. 그러면 나는 장차 얼마나 더 오래 살겠느냐?"

이렇게 세 번을 물으셨습니다.

그 때에 아난다는 악마에게 홀려 부처님의 말씀을 듣고도 대답하지 못하자, 부처님께서 말씀하셨습니다.

"너는 일어나 한적한 곳에 가서 생각해 보아라."

현자 아난다는 자리에서 일어나 숲 속으로 갔습니다. 아난다가 떠난 뒤에 악마 파피야스가 부처님께 나아가 사뢰었습니다.

"세존께서는 세상에 계시면서 오랫동안 교화하셔서 사람을 두루 제도하셔서 생사를 벗어난 사람의 수는 갠지스강의 모래 숫자와 같습니다. 이제 노쇠하셨으니 열반에 드시는 것이 좋겠습니다."

부처님은 땅의 흙을 조금 집어 손톱 위에 얹으시고 악마에게 말씀하셨습니다.

"땅의 흙이 많은가, 손톱 위의 흙이 많은가?"

악마는 대답하였습니다.

"땅의 흙이 아주 많아 손톱 위의 흙으로는 비교도 안 됩니다."

"내가 제도한 중생은 손톱 위의 흙과 같고, 아직 제도하지 못하고 남은 중생은 온 땅덩이의 흙과 같으니라."

부처님은 이어 말씀하셨습니다.

"지금부터 석 달 뒤에 나는 열반에 들겠다."

파피야스는 그 말을 듣고 기뻐하면서 떠났습니다. 그 때에 아난다는 숲 속에 앉아 있다가 깜박 졸았습니다. 꿈에 허공을 두루 덮은 큰 나무를 보았습니다. 그 나무는 가지와 잎사귀가 울창하고, 꽃과 열매는 무성하여 중생들이 그 나무의 은덕을 입으니, 그 나무의 공덕은 헤아릴 수 없었습니다. 그런데 갑자기 회오리바람이 일어나 그 나무가 회오리바람에 휘말려 잎사귀가 떨어지고 가지가 부러졌습니다. 그리하여 중생들이 슬퍼하지 않는 이가 없었습니다. 아난다는 놀라 깨어나서 마음이 불안하고 두려워 생각하였습니다.

'꿈에 본 나무는 크기가 큰 산에 비교하고도 남음이 있고, 생김새도 미묘하여 온 천하 사람들이 그 은혜를 입었는데, 무슨 인연으로 바람을 만나 그처럼 부러졌는가. 지금 부처님께서 일체 중생을 가르치시는 것은 마치 그 큰 나무와 같다. 행여 부처님이 열반에 드시려는 것은 아닐까.'

이렇게 생각하자 겁이 더럭 나서 부처님께 나아가 예배하고 사뢰었습니다.

"저는 아까 깜박 졸다가 이러이러한 꿈을 꾸었습니다. 부처님께서 행여나 열반에 드시려는 것은 아니옵니까?"

"네 말과 같다. 나는 석 달 뒤에 열반에 들 것이다. 나는 아까 너에게 '네 가지 신족통을 얻은 사람은 한 겁을 더 살 수 있다. 나는 네 가지 뛰어난 신족통을 잘 갖추고 있다. 그러면 나는 지금 얼마나 더 오래 살겠는가?' 라고 이렇게 세 번이나 물었지만 너는 대답하지 않았다. 그 뒤에 악마가 내게 와서 열반에 들기를 권하여 나는 이미 허락했느니라."

아난다는 이 말씀을 듣자 슬프고 괴로움에 가슴이 막혀 어쩔 줄을 몰랐습니다. 제자들은 그 말을 서로 전해 듣고 모두 슬퍼하면서 부처님께로 몰려 왔습니다. 그 때에 부처님은 아난다와 제자들에게 말씀하셨습니다.

"모든 것은 덧없는 것이거늘 누가 영원히 존재하겠느냐. 나는 너희들을 위하여 할 일을 이미 마쳤고, 할 말을 다 말했다. 다만 너희들은 부지런히 닦고 익혀야 한다. 무엇 때문에 근심하고 슬퍼하느냐? 그것은 수행에 아무런 도움이 되지 않느니라."

샤리푸트라는 세존께서 열반에 드신다는 말을 듣고 못내 놀라워하면서 곧 사뢰었습니다.

"부처님께서 열반하시려 하심이 어찌 이리도 빠르시나이까? 세상의 눈이 없어지시면 다시는 의지할 곳이 없나이다."

그리고 다시 사뢰었습니다.

"저는 지금 차마 세존께서 열반에 드시는 것을 뵈올 수 없나이다. 제가 먼저 열반에 들고 싶나이다. 원컨대 세존께서는 허락하여 주소서."

이렇게 세 번 되풀이 하였습니다.

부처님께서 말씀하셨습니다.

"때를 알아 하라. 일체 성현도 모두 열반하느니라."

샤리푸트라는 부처님의 허락을 받고는, 옷을 여미고 꿇어앉아 무릎걸음으로 부처님을 백 번 돌고, 부처님 앞으로 다가가서 몇 수의 시로써 부처님을 찬탄한 뒤에, 부처님의 두 발을 받들어 정수리에 공손히 얹었습니다. 이렇게 세 번하고 합장한 채 부처님 곁에 서서 사뢰었다.

"저는 지금 최후로 부처님을 뵈옵나이다."

그는 합장하고 엄숙하고 공손히 물러났습니다. 그는 사미 균제를 데리고 라자그리하의 본 고장으로 가, 거기서 사미 균제에게 분부하였습니다.

"너는 성안과 촌락으로 돌아다니면서 국왕 대신과 옛 친구와 여러 시주들에게 '모두 와서 이별하자.' 고 전하여라."

균제는 스승의 발에 예배하고 두루 돌아다니면서 알렸습니다.

"저의 스승 샤리푸트라님이 지금 이 곳에 오셔서 열반에 들려고 하십니다. 뵈옵고 싶은 분은 곧 가뵈십시오."

그 때에 아자타사트루왕과 그 나라의 장자와 신도와 네 무리들은 균제의 말을 듣고 모두 슬퍼하면서 꼭 같은 소리로 말하였습니다.

"존자 샤리푸트라님은 법의 대장으로서 중생들이 우러러보는 어른이신데 어찌 그리 빨리 열반에 드시려 하는가?"

모두 그리로 달려가, 그 앞에서 예배하고 문안하고는 제각기 아뢰었습니다.

"듣자옵건대 존자께서는 몸을 버리고 열반에 들려 하시니 이제 우리들은 의지할 곳을 잃었습니다."

샤리푸트라는 여러 사람들에게 말하였습니다.

"일체는 덧없는 것, 한 번 난 이는 모두 죽는 것이오. 삼계가 모두 괴로운데 그 누가 편안할 수 있겠소. 당신들은 전생에 심은 복으로써 부처님 세상을 만났소. 부처님 법은 듣기 어렵고 사람의 몸은 얻기 어렵소. 정성껏 복업을 닦아 생사를 건너도록 하시오."

이와 같이 여러 가지 방편으로써 널리 대중을 위해 그 병에 따라 약을 주었습니다. 그 때에 대중들은 설법을 듣고 첫째 결과에서 셋째 결과를 얻은 이도 있고, 집을 떠나 아라한이 된 이도 있었으며, 또 서원을 세워 불도를 구하는 이도 있었습니다. 그리고 그 설법을 듣고는 예배하고 돌아갔습니다.

샤리푸트라는 새벽이 되어 몸과 마음을 바로하고 생각을 선정에 매어 두고, 첫째 선정에 들었다가 첫째 선정에서 깨어나 둘째 선정에 들고, 둘째 선정에서 깨어나 셋째 선정에 들고, 셋째 선정에서 깨어나 넷째 선정에 들고, 넷째 선정에서 깨어나 허공 경계의 선정에 들고, 허공 경계의 선정에서 깨어나 의식 경계의 선정에 들고, 의식 경계의 선정에서 깨어나 아무 것도 없는 경계의 선정에 들고, 아무 것도 없는 경계의 선정에서 깨어나 생각이 있는 것도 아니요 생각이 없는 것도 아닌 경계의 선정에 들고, 생각이 있는 것도 아니요 생각이 없는 것도 아닌 경계의 선정에서 깨어나 생각을 끊은 선정에 들고, 생각을 끊은 선정에서 깨어나 열반에 들었습니다. 그 때에 제석천왕은 샤리푸트라가 이미 열반에 든 것을 알고 많은 하늘 사람들을 데리고 제각기 꽃과 향 등의 공양거리를 가지고 허공을 메우면서 그 곳에 이르러, 모두 슬프게 부르짖었습니다. 그 때에 눈물은 쏟아지는 비와 같았으며, 온갖 꽃이 쏟아져 무릎에까지 쌓였습니다. 그리고 제각기 말하였습니다.

"존자의 지혜는 큰 바다같이 깊고 상대를 따라 변론할 때에 그 음성은 솟는 샘물과 같았으며, 계율과 선정과 지혜를 갖춘 법의 대장으로서 항상 부처님을 따라 널리 법을 펴시더니, 어찌 이렇게 빨리 열반에 드셨는가."

도시와 촌락의 안팎 사람들은 샤리푸트라가 이미 열반에 들었다는 말을 듣고, 모두 타락기름과 향과 꽃 등의 공양거리를 가지고 달려와 슬퍼하고 사모하며, 어쩔 줄을 몰라 허둥대며 가지고 온 것으로써 공양을 올렸습니다. 그 때에 제석천왕은 일을 처리하는 관리에게 명령하여 온갖 보배를 모아 높은 수레를 꾸미고 그 위에 샤리푸트라를 모셨습니다. 여러 하늘 사람과 용과 귀신과 국왕과 백성들은 부르짖으면서 배웅하여 넓고 평편한 곳에 이르렀을 때 제석천왕은 여러 야차들에게 분부하였습니다.

"바다에 가서 붉은 찬다라 향나무를 가져오너라."

야차들은 분부를 받고, 곧 향나무를 가지고 와서 쌓아 큰 무더기를 만들고, 샤리푸트라의 몸을 그 위에 두고 타락기름을 쏟고 불을 붙여 화장하였습니다. 그리고 예배하고 공양을 올리고는 제각기 돌아갔습니다. 불이 꺼진 뒤, 사미 균제는 스승의 사리를 거두어 바루에 담고, 세 가지 법복을 챙겨 가지고 부처님께 나아가 예배한 뒤에 꿇어앉아 사뢰었습니다.

"저의 스승 샤리푸트라는 이미 열반에 들었습니다. 이것은 그 사리요, 이것은 가사와 바룹니다."

현자 아난다는 이 말을 듣고 마음이 어지럽고 슬퍼하다가 슬픔이 복받쳐 부처님께 사뢰었습니다.

"지금 법의 대장인 존자가 이미 열반에 들었나이다. 우리는 누구를 의지하리이까?"

"샤리푸트라는 이미 열반에 들었으나, 그의 계율과 선정과 해탈과 해탈지견 등의 이러한 법 몸은 없어지지 않았느니라.

그리고 샤리푸트라는 오늘만 내가 열반에 드는 것을 차마 볼 수 없어 먼저 열반에 든 것이 아니다. 지나간 세상에서도 나의 열반을 차마 보지 못해 나보다 먼저 열반하였느니라."

현자 아난다는 합장하고 사뢰었습니다.

"알 수 없습니다. 세존이시여, 과거에도 먼저 열반했다는 그 일은 어떠합니까. 원컨대 설명하여 주십시오."

"먼 옛날 헤아릴 수 없는 아승기겁 이전에 이 잠부드비파에 달빛月光이라는, 큰 나라의 왕이 있었다. 그는 잠부드비파의 팔만사천 나라와 육만 산천과 팔십억 촌락을 통솔하고 있었다. 그리고 그에게는 부인과 궁녀 이만 명이 있었다.

첫째 부인 이름은 수마단花施이요, 일만 대신 중에서 제일가는 이의 이름은 마전타였다. 또 왕에게는 오백 왕자가 있었는데 첫째 태자의 이름은 시라발타戒賢였다. 그 왕이 사는 성 이름은 발타기바賢壽인데, 그 성의 세로와 가로의 너비는 사백 요오자나요, 금 · 은 · 유리 · 수정으로 되었으며, 사방에는 백이십 개의 문이 있고, 거리와 골목은 평편하고 서로 잇닿았다. 또 그 나라에는 네 줄의 나무가 있었는데 그것도 금 · 은 · 유리 · 수정으로 되었다. 금 가지에는 은 잎이요, 은 가지에는 금 잎이며, 유리 가지에는 수정 잎이요, 수정 가지에는 유리 잎이었다. 또 여러 보배 못도 금 · 은 · 유리 · 수정으로 되었고, 못 밑의 모래도 네 가지 보배로 되었다.

왕의 안 궁전은 둘레가 사십 리인데, 순전히 금 · 은 · 유리 · 수정으로 되었다. 그러한 그 나라는 풍족하고 윤택하여 백성들은 즐거웠으며 진기하고 묘한 것은 이루 다 일컬을 수 없었다. 그 때에 왕은 정전에 앉았다가 갑자기 이렇게 생각하였다.

'대개 사람이 세상에 살면서 지위가 높고 부귀하면 천하가 공경하고 우러러 보아 한 번 말을 내면 어기는 이가 없으며, 진기한 다섯 가지 쾌락을 마음대로 누릴 수 있으니, 이런 과보는 다 덕을 쌓고 복을 닦음으로 말미암아 이루어진 것이다. 마치 농부가 봄에 씨를 많이 뿌리고 잘 가꿔야 여름과 가을에 풍성하게 거두는데, 봄이 와도 부지런히 뿌리지 않으면 여름과 가을에 바랄 것이 없는 것처럼, 나도 지금 그와 같아서 전생에 복을 닦았기 때문에 지금 이런 복을 누리고 있다. 지금 또 심지 않으면 뒤에 무엇을 바라겠는가.'

이렇게 생각하고 여러 신하들에게 말하였다.

'나는 지금 보배창고의 물건을 성문과 저자에 내놓고 큰 보시를 행하되, 중생들의 필요에 따라 모두 나누어 주리라.'

또 팔만사천의 여러 작은 나라에 명령을 내려, 모두 창고를 열고 일체 중생에게 보시하게 하였다.

'좋습니다. 대왕님 명령대로 하겠습니다.'

금 깃대를 세우고 금북을 쳐서 널리 명령을 내려 왕의 조칙을 전하여, 멀고 가까운 데나 안팎의 사람들이 모두 듣고 알게 하였다. 그러자 그 나라의 사문이나 바라문과 빈궁하고 외로운 사람들이 구름처럼 모여들었다. 옷이 필요한 이에게는 옷을 주고, 밥이 필요한 이에게는 밥을 주며, 금·은 등의 보물은 물론, 병에 따라 약을 구하는 이에게도 모두 필요한 것을 그 마음에 맞게 베풀었다. 그래서 잠부드비파 안의 모든 사람들은 왕의 은혜를 입고 끝없이 즐거워했다. 그리고 그 덕을 노래하고 찬탄하는 소리가 거리에 가득 찼고, 좋은 이름이 사방에 멀리 퍼져 모두 왕의 은혜로운 교화를 우러러 사모하였다.

그 때에 변방에 있는 작은 나라의 왕 비마사나는 월광왕의 아름다운 이름이 높고 크다는 말을 듣고 마음으로 질투하여 누워도 잠들지 못하고 뒤척이다가 이런 생각을 하였다.

'월광을 없애지 않으면 내 이름이 드러나지 않을 것이다. 이제 방편으로써 도사와 삯꾼을 모집하여 이 일을 처리하리라.'

곧 명령하여 그 나라 안의 범지들을 불러 온갖 맛난 음식을 준비하고, 공경히 받들어 섬기면서 그 마음을 어기지 않았다. 석 달이 지난 뒤에 여러 범지들에게 말하였다.

'나는 지금 걱정이 있어 밤낮으로 나를 들볶고 있는데, 어떻게 하면 이것을 풀 수 있겠는가. 도사들은 내가 받드는 분들이니 부디 방법을 생각하여 나를 도와 이 걱정을 없애도록 해주시오.'

'대왕은 어떤 걱정이 있습니까? 저희들에게 알려주십시오.'

'저 월광왕은 이름과 덕망이 멀리 퍼져 사방의 먼 나라 사람들도 모두 그 교화를 받드는데, 오직 나만이 비루하여 그런 아름다운 명예가 없소. 내 소원은 그를 없애고자 하오. 어떤 방법을 써야 그 일을 능숙하게 처리할 수 있겠소.'

바라문들은 이 말을 듣고 모두 왕에게 아뢰었다.

'저 월광왕의 사랑과 은혜는 일체 중생을 윤택하게 하고, 빈궁과 고난에 시달리는 사람을 가엾이 여겨 구제하는 것은 마치 부모와 같거늘, 우리들이 무슨 심사로 나쁜 음모를 꾸미겠습니까. 차라리 자살은 할 수 있어도 이 일은 할 수 없습니다.'

바라문들은 제각기 흩어지면서 공양도 돌아보지 않았다.

비마사나는 더욱 걱정스럽고 산란하여 두루 영을 내려 널리 용사를 모집하였다.

'누가 나를 위해 월광왕의 머리를 벨 수 있겠는가. 나는 나라를 나누어 반을 다스리게 하고 딸을 주어 아내를 삼게 하겠노라.'

그 때에 어느 산 중턱에 노도차라는 바라문이 있었다. 그는 왕의 영을 듣고 그 모집에 응하였다. 왕은 매우 기뻐하여 거듭 그에게 말하였다.

'진실로 이 일을 치루면 약속을 어기지 않으리라. 만일 갈 수 있다면 언제쯤 떠나겠는가?'

'가는 도중에 필요한 양식을 준비해 주십시오. 지금부터 이레 뒤에 떠나겠습니다.'

그리고 바라문은 제 몸을 보호하는 주문을 외웠다. 이레가 되는 날 왕에게 가서 하직하니, 왕은 그에게 필요한 것을 주었고, 그는 길을 떠났다.

그 때에 월광왕 나라에는 갖가지 변괴가 나타났다. 땅이 군데군데 갈라지고, 번개가 치며 별이 떨어지고, 낮인데도 안개가 짙어 어두우며, 뇌성이 울고 벼락이 쳤다. 새들은 허공에서 몹시 슬피 울며 깃이 빠지고, 호랑이와 표범과 승냥이와 이리떼 등의 짐승들은 제 몸을 던지기도 하고 뛰기도 하며, 또 내닫기도 하면서 울부짖었다.

팔만사천의 여러 작은 왕들은 모두 대왕의 금기가 부러지고 금북이 찢어지는 꿈을 꾸었다. 대월 대신은 귀신이 와서 왕의 금관을 빼앗는 꿈을 꾸었다. 그들은 모두 근심에 잠겨 마음이 편안하지 못하였다.

그 때에 성문을 맡은 신神은 어떤 바라문이 왕의 머리를 얻으려고 하는 것을 알고, 마음이 산란했으나 아무도 성안에 들여놓지 않았다. 바라문은 성문 앞에서 서성거렸으나 들어갈 수 없었다. 수타회천首陀會天은 월광왕이 머리를 보시함으로써 보시가 원만하게 될 것을 알고 꿈을 통해 왕에게 말하였다.

'왕은 꼭 보시하되, 여럿의 마음을 거스르지 마시오. 지금 왕의 머리를 얻으려는 사람이 성문 밖에서 들어오지 못하고 있으니, 시주를 위한 일은 그렇지 않소.'

왕은 놀라 깨어서, 곧 대월 대신을 불러 분부하였다.

'그대는 여러 성문에 가서 출입하는 사람을 막지 말라고 분부하라.'

대월 대신이 곧 성문에 도착하니, 성문을 맡은 신은 형상을 나타내어 대월에게 아뢰었다.

'어떤 바라문이 다른 나라에서 와서, 나쁜 마음을 품고 왕의 머리를 얻으려고 합니다. 그래서 들어오는 것을 허락하지

않았습니다.'

대신은 대답하였다.

'만일 그런 일이 있다면 그것은 큰 불상사이지만, 그러나 왕의 명령이니 어길 수가 없다.'

성문을 맡은 신은 그 바라문을 막지 않았고, 대월 대신은 혼자 생각하였다.

'만일 이 바라문이 기어코 왕의 머리를 얻으려고 하면, 일곱 가지 보배로써 머리를 만들어 왕의 머리와 바꾸자고 설득해보자.'

그는 명령하여 그것을 만들게 하였다. 그 때에 그 바라문은 지름길로 궁전 앞에 와서 큰 소리로 외쳤다.

'저는 먼 곳에서 왔습니다. 왕은 공덕을 쌓기 위해 일체를 보시하여 남의 뜻을 거스르지 않는다는 말을 듣고 얻고자 하는 것이 있어 일부러 왔습니다.'

왕은 그 말을 듣고 그를 맞이하여 서로 문안하였다.

'먼 길을 오느라 피로하지나 않는가. 그대의 소원을 말하라. 나라 · 도시 · 처자 · 보배 · 수레 · 임금의 수레 · 코끼리 · 말이나 일곱 가지 보배나 종이나 하인 등 무엇이나 가지고 싶다면 그것을 모두 주겠노라.'

'일체의 물건은 아무리 보시하여도 그 복덕의 갚음은 크지 못합니다. 몸의 살을 보시하여야 그 복이 뛰어납니다. 저는 일부러 멀리서 왔습니다. 왕의 머리를 얻고 싶습니다. 만일 허물하지 않거든 부디 보시하십시오.'

이 말을 들은 왕이 못내 기뻐하자, 바라문이 물었다.

'만일 내게 그 머리를 보시하신다면 언제 보시 하시겠습니까?'

'지금부터 이레 뒤에 주리라.'

그 때에 대월 대신은 일곱 가지 보배로 만든 머리를 가지고, 그를 만나 말하였다.

'저 왕의 머리는 뼈와 살과 피가 합해서 된 더러운 물건인데 무엇 하려고 그것을 가지려고 하는가. 지금 너에게 일곱 가지 보배로 된 머리로 대신하고 싶은데 너는 그것을 가지고 가거라. 이것을 돈으로 바꾸면 종신토록 부자로 살기에 넉넉할 것이다.'

'나는 그런 것은 쓸 데 없소. 왕의 머리를 얻어야 내 마음에 차겠소.'

대월 대신은 갖가지로 달래었으나 그는 결코 마음을 돌리지 않았다. 하도 분해 심장이 터져 왕보다 앞에 죽었다.

그 때에 왕은 신하들에게 명령하였다.

'하루 팔천 리를 달리는 코끼리를 타고 여러 나라에 두루 알려라. 월광왕은 이레 뒤에 그 머리를 바라문에게 보시할 것이다. 와서 보고 싶은 이는 빨리 달려오라.'

그러자 팔만사천의 여러 왕들은 모두 잇달아 와서 왕을 뵙고 그 앞에서 가슴을 치면서 말하였다.

'이 잠부드비파 사람들은 왕의 은혜를 입고 모두 풍족하고 행복하게 살면서 아무 근심이 없었습니다. 그런데 어찌하여 하루아침에 한 사람을 위하여 많은 백성을 아주 버리고, 가엾이 여기지 않으려 하십니까. 원컨대 저희들을 가엾이 여겨 머리를 보시하지 마소서.'

일만 대신들은 모두 땅에 몸을 던지고 왕 앞에서 가슴을 치면서 말하였다.

'저희들을 사랑 하시고 불쌍히 여기셔서 머리를 보시함으로써 영원히 저희들을 버리지 마소서.'

부인들도 땅에 몸을 던지고 왕을 우러러 아뢰었다.

'저희들을 보호하여 버리지 마소서. 만일 머리를 보시하신다면 저희들은 누구를 의지합니까.'

또 오백 왕자들은 왕 앞에서 울며 사뢰었다.

'저희들은 아직 어리고 외로운데 누구를 의지해야 합니까! 원컨대 저희들을 가엾이 여겨 머리를 보시하지 마시고, 저희들을 돌보셔서 인간의 도리를 성취하게 하소서.'

이에 대왕은 여러 백성과 부인과 왕자들에게 말하였다.

'나의 근본을 생각해보면, 이러한 몸을 받은 뒤로 여러 가지 생사를 겪은 지 이미 오래 되었다. 혹 지옥에 있을 때에는 하루 동안에 났다가는 이내 죽어 무수히 몸을 버렸다. 즉 쇠평상 · 끓는 똥 · 불 수레 · 숯불 구덩이와 그 밖의 여러 다른 지옥에서 몸을 태우고 찔리며 삶기고 굽히면서 몸을 버리고 또 버렸으나 복의 갚음은 아주 없었다. 만일 축생으로 태어나면 서로 잡아먹기도 하고, 혹은 사람에게 죽어 뭇 입에 몸을 이바지할 때에는 무수히 몸이 부서지기도 하였고, 또 불에 데어 터지기도 하였다. 그러나 몸을 헛되이 버렸을 뿐 아무런 복의 갚음도 없었다. 만일 아귀 세계에 떨어지면 몸에서 불이 나왔으며, 혹은 날아다니는 바퀴 칼이 날아와 내 목을 베면 끊어졌다가는 다시 이어졌다. 이와 같이 무수히 몸을 죽였지만 아무 복의 갚음도 없었다.

만일 인간에 태어나면 재물과 여자를 다투어 눈을 부릅뜨고 잔뜩 성을 내어 서로 해치며, 또는 군사를 일으켜 마주 진을 치고는 서로 베고 죽였으니, 이렇게 몸을 죽인 것도 또한 무수하였다. 탐욕과 성냄과 어리석음 때문에 항상 많은 몸을 죽였으나 일찍 복을 짓지 못한 채 목숨을 버렸느니라. 지금 이 몸은 여러 가지 더러운 물건으로써 오래가지 못하고 마침내 버려야 할 것이다. 이 위태롭고 약하며 더러운 머리를 버려, 큰 이익과 바꾸는 것이거늘 왜 주지 않겠는가.

나는 이 머리를 바라문에게 보시하고, 그 공덕으로써 맹세코 불도를 성취할 것이다. 만일 불도를 성취하여 공덕을 완전히 갖추면 갖가지 방편으로써 너희들을 고통에서 건질 것이다. 지금 나의 보시할 마음은 바야흐로 무르익으려 한다. 부디 위없는 도를 이루겠다는 나의 뜻을 막지 말라.'

여러 백성들과 부인들과 왕자들은 왕의 말을 듣고 잠자코 말이 없었다. 그 때에 왕은 바라문에게 말하였다.

'만일 내 머리를 가지고자 한다면 지금이 바로 그 때다.'

바라문은 말하였다.

'지금 왕은 백성들과 대중들에게 둘러싸여 있고, 저는 오직 홀몸으로서 형세가 약하여 여기서는 왕의 목을 벨 수 없습니다. 만일 그 머리를 저에게 주고 싶으시면 저 후원으로 가십시다.'

그 때에 왕은 여러 작은 나라의 왕과 왕자와 백성들에게 분부하였다.

'너희들은 진실로 나를 사랑하고 공경하거든 저 바라문을 해치지 말라.'

이렇게 말하고, 바라문과 함께 후원으로 갔다. 바라문은 다시 왕에게 말하였다.

'왕은 아직 젊고 역사의 힘을 가졌습니다. 만일 목을 베는 고통을 받으면 혹 도로 후회할지도 모릅니다. 왕의 머리카락을 저 나무에 굳게 맨 뒤에라야 목을 벨 수 있겠습니다.'

왕은 그 말에 따라 가지와 잎이 무성한 튼튼한 한 나무를 골라, 단단히 맬 수 있도록 나무를 향해 꿇어앉아, 머리를 나무에 매고 바라문에게 말하였다.

'너는 내 머리를 베어 내 손바닥에 떨어뜨려라. 그리고는 내 손에서 가져가라. 지금 나는 나의 머리를 너에게 준다. 그러나 나는 이 공덕으로써 악마나 범천 · 제석천왕이나 혹은 전륜성왕이나 삼계의 즐거움을 구하는 것이 아니다. 이로써 위없이 바르고 참된 도를 구하고 맹세코 중생들을 구제하여 열반의 즐거움에 이르게 할 것이다.'

그 때에 바라문은 손을 들어 머리를 베려 하였다. 나무 신은 그것을 보고 매우 괴로워하면서 말하였다.

'이런 분을 왜 죽이려 하는가?'

곧 손으로 바라문의 귀를 잡아 목을 비트니 손과 다리는 꼬이고, 칼은 땅에 떨어져 꼼짝하지 못하였다.

그 때에 왕이 나무 신에게 말하였다.

'나는 옛날부터 이 나무 밑에서 구백구십구 개의 머리를 베어 보시하였다. 지금 이 머리를 보시하면 꼭 일천 개가 찰 것이다. 이 머리를 보시하고 나면 나의 보시는 원만히 성취될 터, 너는 나의 위없는 도의 마음을 방해하지 말라.'

그 때에 나무 신은 왕의 말을 듣고, 바라문을 본래와 같이 놓아주었다. 그러자 바라문은 땅에서 일어나 다시 칼을 잡고 왕의 머리를 베니 머리는 왕의 손바닥에 떨어졌다. 그 때에 천지가 여섯 가지로 진동하자, 여러 하늘의 궁전이 흔들렸다. 하늘 사람들은 모두 두려워하면서 그 까닭을 괴상히 여기다가, 이내 보살이 일체 중생을 위해 머리를 보시한 것을 보았다. 그들은 모두 내려와 그 놀라운 일에 감격하여 흘린 눈물이 비와 같았다. 그리고 찬탄하였다.

'월광대왕은 머리를 보시하였다. 보시바라밀다가 이제 원만하게 되었다.'

그 때에 그 소리는 천하에 두루 퍼졌다. 비마사나왕은 이 말을 듣고 기뻐 뛰다가 심장이 터져 죽었다. 그 때에 바라문은 왕의 머리를 베어 들고 떠났다. 여러 신하와 백성들과 부인과 태자들은 왕의 머리 없는 시체를 보고 몸을 땅에 던지고, 큰 소리로 슬피 부르짖으면서 까무러쳤다가 다시 깨어났다. 어떤 이는 슬픔이 맺혀 피를 토하고 죽었으며, 어떤 이는 놀람에 빠져 정신을 잃었고, 어떤 이는 제 머리털을 쥐어뜯었으며, 어떤 이는 제 옷을 잡아 찢었고, 어떤 이는 두 손으로 제 얼굴을 할퀴었다. 그리고 울면서 이리 뛰고 저리 뛰고 하다가 땅에 뒹굴었다. 그 때에 바라문은 왕의 머리에서 나는 냄새가 싫어 땅에 던져 버렸다. 어떤 사람이 그 바라문에게 말하였다.

'너는 혹독하기가 매우 심하구나. 그것을 쓰지 않을 바에야 무엇 때문에 구하였던가.'

바라문이 길을 갈 때에 보는 사람마다 모두 꾸짖었고, 아무도 밥을 주는 이가 없었다. 때문에 그는 굶주림과 피로로 매우 고통스러웠다. 길에서 어떤 사람에게 비마사나왕이 이미 죽었다는 소식을 들었다. 그는 실망하고 번민하다가 심장이 터져 피를 토하고 죽었다. 비마사나왕과 노도차 바라문은 목숨을 마친 뒤에 모두 아비지옥에 떨어졌고, 그 밖의 백성들로서 왕의 은혜를 우러러 슬픔에 맺혀 죽은 이는 모두 천상에 났느니라.

아난다야, 너는 알고 싶으냐. 그 때의 월광왕은 바로 지금의 나였고, 비마사나왕은 바로 지금의 저 파피야스였으며, 노도차 바라문은 바로 지금의 데바닷타였고, 나무신은 바로 지금의 저 마우드갈야야나였으며, 대월 대신은 바로 지금의 샤리푸트라였느니라. 그 때에도 그는 내가 죽는 것을 차마 보지 못해 나보다 먼저 죽더니, 오늘에 와서도 내가 열반에 드는 것을 차마 보지 못해 먼저 죽었느니라."

부처님께서 이렇게 말씀하시자, 현자 아난다와 여러 제자들은 부처님 말씀을 듣고 모두 부처님 공덕과 놀라운 보시행을 찬탄하였습니다. 그리고 모두 알뜰히 수행하여 네 가지 도의 결과를 얻은 이도 있고, 위없이 바르고 참된 도를 공부하려는 마음을 내는 이도 있었습니다. 그리고 모두 크게 기뻐하였습니다.

눈을 바꾼 왕

저는 이와 같이 들었습니다.

부처님께서 슈라바스티의 기타 숲 외로운 이 돕는 절에 계시던 어느 때, 세존께서 대중에게 둘러 싸여 설법하시니, 성안에 살던 사람들 가운데 법 듣기를 좋아하던 이들이 부처님의 처소에 이르러 도착한 순서에 따라 자리를 잡았습니다. 그 백성들 가운데 앞을 못 보는 바라문 한 사람이 길가에 앉아 있다가, 많은 사람들이 물밀 듯 빨리 걸어가는 소리를 듣고, 곧 길 가는 사람들에게 물었습니다.

"이렇게 많은 사람들이 어디로 갑니까?"

"당신은 아직도 모르시오. 여래께서 세상에 출현하셨답니다. 이 기회는 대단히 만나기 어렵소. 지금 우리 성에 계시면서 설법하셔서 바른 도로써 백성들을 교화하시니, 우리들은 그 분의 설법을 듣고 싶어 가고 있습니다."

이 바라문에게 한 가지 특별한 지혜가 있었는데, 그는 사람의 음성을 듣고 그 음성을 여덟 종류로 분별하여 그의 관상과 복덕을 알았습니다. 여덟 종류의 소리는 이러합니다. 첫째 까마귀 소리며, 둘째 규칙적인 까마귀 소리며, 셋째 깨어지는 소리며, 넷째 기러기 소리며, 다섯째 북 소리며, 여섯째 우레 소리며, 일곱째 금방울 소리며, 여덟째 범성梵聲입니다.

첫째 까마귀 소리를 내는 사람은 타고 난 성품이 길러준 은혜를 모르고, 마음이 청렴결백하지 않으며, 둘째 규칙적인 까마귀 소리를 내는 사람은 타고 난 성품이 흉포하여 다른 이에게 상처나 피해 입히기를 좋아하고, 남을 사랑하거나 순종함이 적으며, 셋째 깨어지는 소리를 내는 사람은 남자가 여자의 소리를 내고, 여자가 남자 소리를 냄이니, 이런 사람은 박덕하고 빈궁하고 하천하며, 넷째 기러기 소리를 내는 사람은 성품이 민첩하고 똑똑하므로 친한 벗이 많아 사방에 손을 뻗히며, 다섯째 북 소리를 내는 사람은 말솜씨가 민첩하여 도리道理를 잘 해석하니 반드시 나라의 스승이 되며, 여섯째 우레 소리를 내는 사람은 지혜가 깊어 법의 성품을 잘 분석하나니 온 세상의 교화를 맡을 만하며, 일곱째 금방울 소리를 내는 사람은 무지무지한 거부로서 그 사람은 반드시 천억의 재산을 소유하며, 여덟째 범성을 내는 사람은 복덕이 온 세상에 가득하나니 만약 집에 있으면 전륜성왕이 되고, 출가하여 도를 공부하면 반드시 부처님이 됩니다.

그 때에 바라문이 길을 가던 사람에게 말했습니다.

"나는 사람의 목소리를 식별할 수 있는데, 만약 그분이 진실로 부처님이시라면 반드시 무게 있고 맑고 밝은 소리로써 설법하실 것입니다. 그대가 나를 그 곳에 데려다 준다면 나는 그 설법을 듣고 그 분이 부처님이신지 부처님이 아닌지 알아보겠습니다."

길을 가던 사람이 그를 이끌고 점점 부처님께서 설법하시는 곳에 가까이 이르니, 그 사람은 부처님의 설법을 듣고, 목소리가 깊고 유창하며, 무게 있고 밝고 맑은 소리임이 틀림없자, 환희에 휩싸여 온 몸을 떨더니, 곧 시력이 회복되어, 붉은 금빛의 서른두 가지 상호가 밝고 맑아 태양 같음을 보고, 자기도 모르는 사이에 부처님께 예배드리고, 기쁨에 넘쳐 우두커니 서서 부처님을 우러러 뵈옵기만 했습니다. 부처님께서 그를 위해 설법하시니 지극한 마음으로써 듣다가 곧 이십억 겁의 악업이 없어지고, 스로타판나를 얻고 혜안을 얻어, 바로 출가하여 스님이 되겠다고 했습니다.

부처님께서 말씀하셨습니다.

"때를 맞춰 왔구나! 비구야."

그는 곧 스님이 되었고, 부처님께서 거듭 그에게 알맞은 설법을 자세히 하시니 즉석에서 아라한의 도를 얻었습니다. 모든 대중이 괴이쩍게 여기지 않는 사람이 없자, 어진 이 아난다가 자리에서 일어나 무릎을 꿇고 엉덩이를 든 채 허리를 펴 합장하고 부처님께 여쭈었습니다.

"세존께서 출세하셔서, 진실로 이익 됨이 많사옵니다. 눈멀고 귀먹은 중생을 건져 주시니 은혜는 말할 수 없습니다. 이 바라문이 부처님의 설법을 들은 즉시 시력을 회복하고 지혜의 눈이 깨끗해졌으니, 부처님께서 이 비구에게 대하여 은혜를 입혀 주심이 어찌 이렇게 두텁습니까?"

부처님께서 아난다에게 말씀하셨습니다.

"내가 그의 시력을 회복시켜 준 것은 오늘만 그렇게 한 게 아니다. 과거에도 내가 그에게 시력을 회복시켜 주었다."

"궁금하옵니다. 세존이시여, 과거에 시력을 회복시켜 주신 사연은 어떠합니까? 저희를 어여삐 여기셔서 갖추어 말씀해 주십시오."

"과거 헤아릴 수 있다거나 생각할 수 있는 시간이 아닌 아승기 겁 이전 어느 때, 이 잠부드비파에 부가라발이라는 큰 성에 쾌목快目이라는 임금이 있었다. 쾌목이라는 이름을 붙인

이유는 그의 눈은 밝고 깨끗하기가 견줄 이가 없었고, 담장이나 벽을 투시하되 사십 리 밖까지 보았기 때문이다. 그 임금은 잠부드비파의 팔만사천 나라와 육만 산천과 팔십억 마을을 거느렸고, 임금에게는 이만 명의 부인과 이만 명의 후궁과 일만 명의 대신과 오만 명의 왕자가 있었는데 태자는 계현戒賢이었다·

왕은 자비로써 모두를 불쌍히 생각하며, 백성과 모든 생물을 보호하되 오히려, 자식을 사랑하는 어버이 같이 교화하고 인도함에 알맞게 하였으니, 백성들은 그의 제도를 따랐고, 비가 때 맞게 내렸으며, 따뜻하고 덥고 서늘하고 추움이 조화를 이루니, 그 나라는 풍요로워 모든 백성이 그의 덕화에 감사하지 않는 사람이 없었다. 그 때에 그 왕은 생각하였다.

'나는 지난 세상에 지은 복으로써 지금 사람들의 주인이 되었고, 재물과 보배와 다섯 가지 욕락은 물론, 부유하여 온 천지를 소유하고 있으니 말만하면 교화가 이뤄짐이 바람 앞에 풀과 같지만 금생에 복들을 모두 써버리면 다시 이어질 수 없을 테니, 나는 다음 생에 궁핍하여 괴로울 것이 분명하다. 그것이 두렵다. 마치 농부가 봄에 땀 흘려 곡식을 심으면 가을에 반드시 수확이 많지만, 만약 봄에 게으름을 부려 곡식을 심지 않으면 가을이 된들 곡식을 어찌 바라겠는가? 이러한 까닭으로써 나는 지금 모든 복 밭에 때 맞춰 씨앗 뿌림을 게을리하지 않겠다.'

임금은 곧 여러 신하들에게 말하였다.

'나의 창고에 금 · 은 등 여러 가지 보배와 의복 · 음식 등 필요한 물건을 내놓고, 성문과 시내의 곳곳을 두루 다니며 나의 명령을 선포하라. 모든 백성이 꼭 필요한데도 없는 물건이 있으면 죄다 와서 가져가게 하고, 다시 팔만사천 나라에서도 역시 창고를 열고, 필요한 물건이라면 모든 백성에게 나누어 주게 하여라.'

그 때에 모든 신하들이 왕의 명령에 따라, 곧 금기를 달고 큰 징을 치며, 왕의 자비로운 명령을 기록하여 잠부드비파의 방방곡곡을 휘젓고 다녔다.

'잠부드비파 사람으로서 사문이나 바라문이나 고아나 빈곤하고 어려움에 처한 노인이나 병든 이가 꼭 얻고자 하는 물건이 있으면 베푸는 뜻을 말하고 주어라.'

모든 사람이 임금의 자비에 힘을 얻어 편안하게 즐기며 다시는 근심이 없으니 '모두가 임금님께서 덕으로써 교화하셨다.' 라고 찬탄하며 노래 불렀다.

그 때에 구석진 땅에 작은 나라가 있었는데 그 나라의 국왕은 파라타발미였다. 쾌목왕의 수도에서 거리가 먼 것을 믿고, 오만하여 왕의 교화에 복종하지 않았고, 또 나라를 다스리되, 다섯 가지 일에 법도가 없었으니, 타고 난 성품이 조급하여 조금도 생각하지 않으며, 여자에 탐닉하여 나라를 제대로 다스리지 못했고, 나라에 충성스런 어진 선비가 있어도 가서 묻지 않았고, 변방에 조세가 지나치고, 부역을 너무 심하게 시켜 백성들의 괴로움이 이만 저만이 아니었고, 외국에서 무역상이 오면 세금으로 빼앗음이 정상적인 상식을 벗어났다. 그 임금에게는 노타달이라는 신하가 있어 총명하고 지혜와 책략이 뛰어나 신하의 도리를 분명히 알고 있었다. 임금이 법도를 어기는 것을 보고 왕 앞에 나아가 간하였다.

'대왕님, 나라를 다스림에 다섯 가지 일이 있사온데, 제대로 시행하지 않으면 나라가 편안하지 못하여 반드시 재앙과 근심을 불러 이 나라를 오래 다스리지 못할까 두렵습니다. 만일 꺼리시지 않으신다면 신의 말씀을 들어보십시오.'

왕이 말했다.

'곧 바로 말씀하시오.'

곧 꿇어 앉아 왕에게 말했다.

'타고 난 성품이 조급하고 생각함이 적어, 알맞게 큰 나라를 섬기지 못하면 반드시 뒷날 후회합니다. 왕이 여자에 탐닉하여 나라 일을 돌보지 않으면 바깥세상과 막혀 감정을 다스릴 처소가 없을 수 있습니다. 나라에 충신과 현인이 있는데도, 가셔서 국사를 의논하여 가르침을 받지 않으면, 아직 일어나지 아니한 일을 방비하지 못합니다. 변방의 백성에게 부역과 조세가 많고 심하면, 곧 배반할 일만 생각하여 다른 나라에 복종하고 빌붙습니다. 무역상들의 재산을 세금으로 수탈하여 정상적인 통상을 어기면, 왔던 상인들이 미워하고 오기를 꺼려하며 물건과 돈이 유통되지 아니합니다.

이러한 다섯 가지 일이 있으면 나라가 망할 조짐이오니, 대왕께서는 몸가짐을 바꿔 백성과 함께 다시 시작하옵소서. 저 쾌목왕은 자비를 널리 베풀어 잠부드비파 사람이 다 혜택을 입었는데, 저희 나라만 독특하게 혜택을 입지 못하며 공경하고 순종하지 아니하고, 먼 곳의 백성이라 그 은혜를 입지 못하오니, 대왕께서 마음을 돌려 가셔서 받들면 곧 자손들이 오래 왕권을 유지할 수 있습니다.'

파라타발미왕은 이 신하의 말을 듣고, 마음으로써 성을 내고 얼굴빛을 바꾸며 그의 말을 무시하였고, 신하인 노타달에게 더욱 성을 내었다. 노타달은 마음속으로 생각하였다.

'왕이 정치하는 것을 보니, 두루 구원하여 교화하지 못하고, 겉으로 충성을 바쳐 서로 도우는 듯하나 반대로 성냄이 심하고, 나의 말을 무시하여 말이 이미 묵살되었으니, 갑자기 임금에게 죽임을 당하겠구나. 결단코 이를 제거하여 백성을 위해 환란을 없애야겠다.'

그러나 거사를 모의하여 시행하기 전에 일이 발각되어, 임금이 병사들을 보내어 죄를 지었다고 체포하려 했다. 그 때에 노타달은 왕이 잡아들이려는 사실을 알고, 즉시에 말을 타고 재빠르게 도망쳤다. 뒤쫓는 병사들은 노타달이 본래 그 나라에서 제일 명사수였고, 또 사람 몸에 화살이 박히면 즉사하는 열여덟 군데 급소를 잘 알기 때문에, 비록 체포하려 했으나 감히 가까이 접근하지 못했다.

노타달은 지름길로 부가라발에 도착하여 쾌목왕을 만나 인사하였다. 왕이 함께 이야기 해보니 말이 이치에 조금도 틀림이 없자, 곧 잘 대접하고 대신으로 삼았다. 점점 신용을 얻은 노타달은 그 나라에 망명한 사유를 밝히며 자기의 견해를 피력하였다. 왕이 잠자코 듣더니 여러 신하들에게 말했다.

'저 나라는 우리나라에 소속되지 않았는가?'

'모든 나라가 죄다 대왕에게 소속되어 있으나, 유독 저 나라가 먼 것을 믿고 와서 조공을 바치지 않습니다.'

노타달이 말했다.

'저 파라타발미왕은 완고하고 도리에 어둡고 흉악하여 제멋대로며, 거칠고 미혹하여 예의와 법도를 모르며, 이 곳에서 먼 것을 빙자하여 잘못을 일삼으며, 왕의 명령을 받지 않으므로 저 곳의 백성이 미워하고 싫어함이 원수와 같이 합니다. 저에게 군사를 주시면 가서 항복 받겠습니다.'

왕이 그의 말을 듣고, '그 말이 옳다.' 하고 여러 나라에 포고문을 돌리고 군사를 차출하여 빠른 시일 안에 모두 저 파라다발미왕의 나라 국경에 도착하라고 명령하였다.

그 때에 파라타발미에게 작은 나라의 왕들이 저마다 사람을 보내어 그에게 말했다.

'잠부드비파 안의 모든 나라가 칙명을 받고, 군대를 출발시켜 반드시 그대의 나라 국경에 모일 텐데, 그래도 그대는 태연히 그대로 앉았겠는가?'

파라타발미가 이 소식을 듣고 근심에 젖어 심란하였으나 어떻게 할 방법을 찾지 못했다. 어두운 방에 앉았는데, 재상인 바라문이 어두운 방에 혼자 앉아 있는 왕에게 와서 그의 근심을 물었다.

'대왕님, 무슨 근심이 있습니까? 저에게 말씀해 주십시오.'

파라타발미왕이 말했다.

'그대는 듣지 못했는가? 옛날 나의 신하였던 노타달이 도망쳐, 저 쾌목왕의 신하가 되어, 그 임금을 충동질하여 쾌목왕이 팔만사천 나라의 군사를 징발하여 나를 공격하고자 한다니 만약 그가 온다면 우리나라는 곧 멸망할 것이오.'

그 재상이 말했다.

'여러 신하를 모두 불러 함께 상의함이 좋을 듯합니다.'

곧 모여 상의하니 저마다의 의견이 각각이었다. 몇몇 바라문이 재상과 함께 말했다.

'저희들이 듣사오니, 쾌목왕은 스스로 서원하고 보시를 실천하는데, 오직 부모를 제외하고는 무엇이든지 소원이 있어 온 사람의 뜻을 거스르지 않고 보시한다 합니다. 지금 저의 나라에 앞 못 보는 바라문이 있으니, 반드시 그 나라에 가서 왕의 눈을 얻어 오도록 권유 하겠습니다. 만약 저 왕의 눈을 얻는다면 군대들이 물러갈 것입니다.'

왕이 그 계책을 듣고 실천하도록 명령을 내렸다. 재상이 사람을 보내어 앞 못 보는 바라문을 찾아 데리고 오라는 명령을 내리자 오래지 않아 데리고 왔고, 재상이 그에게 말했다.

'지금 나라에 일이 생겨 서로들 수고를 해야 할 때요. 그대는 명심하고 내 말을 잘 들으시오.'

바라문이 말했다.

'저는 앞을 못 보는 데 무엇을 할 수 있겠소.'

재상이 말했다.

'쾌목왕이 군사를 차출하여 우리나라를 침공하려 하오. 만약 그들이 침공한다면 우리들이 강대하여 비록 도망가지 않겠지만, 오히려 잔인한 살육이 일어날 것은 뻔하오. 더구나 그대는 앞을 못 보는데, 어떻게 전쟁의 와중을 벗어나겠소. 저 왕은 일체를 보시하겠다고 맹서하고 사람이 필요로 하는 모든 물건은 구하는 사람의 뜻에 따라 보시하오. 그대가 가서 저 왕의 눈을 달라고 하면, 반드시 그가 눈을 그대에게 줄 것이오. 만약 눈을 얻는다면 이 전쟁은 일어나지 않을 테니, 그대가 여기에 온 일은 매우 중차대한 것이네.'

바라문이 말했다.

'나는 볼 수 없거늘 이 일을 어떻게 할 수 있겠는가?'

왕이 직접 거듭 권유하였다.

'내가 반드시 사람을 시켜 너를 보호하여 가도록 하고, 곧

양식과 길을 가는데 필요한 모든 물자를 공급하여 불편이 없게 하겠다.'

그 때에 쾌목왕의 나라에 여러 가지 재앙과 괴변이 잇달아 일어났다. 허공이 진동하며 붕괴되는 소리가 나고, 별똥별은 꼬리를 물고 떨어지고, 음산한 안개와 천둥 벽력이 쉴 새 없고, 땅은 여기 저기 갈라지고, 공중을 날던 새들의 무리가 비명을 질러대며 그 목을 꺾고 뼈가 어긋나며 깃과 날개를 뽑고, 호랑이와 승냥이와 사자 등 길짐승들의 무리가 사람을 향하여 울부짖으며 땅에 뒹굴어 대니, 국왕이나 신하들이나 백성들이 그 이유를 괴이하게 생각했다. 그 때에 눈 먼 바라문이 차츰 쾌목왕의 성에 도착하여 궁전 앞에서 크게 소리 질렀다.

'나는 다른 나라 사람인데 이 곳 임금님의 고명한 뜻을 받들기 위하여 왔습니다. 대왕께서는 무엇이든지 보시를 하시되, '사람의 뜻을 거역하시지 않는다.' 라고 하셨기 때문에 먼 곳에서 걸어와 바라는 것을 얻고 싶습니다.'

왕이 이 말을 듣고 곧 나아가 물었다.

'먼 길을 걸어서 오느라 피곤하지 않습니까? 만약 얻고자 하는 물건이 있으면 필요에 따라 드리겠소. 나라의 보배나 마차나 임금이 타는 수레나, 의복이나 음식이나 병에 따른 약이

나 필요한 것이라면 전부 드리겠소.'

바라문이 말했다.

'몸 밖의 물건을 보시하는 복덕은 오묘하지 않고, 몸에 딸린 것을 보시해야 과보가 큽니다. 저는 실명한 지가 오래되어 지금까지 어두움에 휩싸여 살다가 대왕께서 보시하신다는 소식을 듣고 일부러 마음먹고 와서 왕의 눈을 얻고자 합니다.'

쾌목왕이 듣고 기쁨에 들떠 바라문에게 말했다.

'만약 눈을 얻고자 한다면 나는 당연히 그대에게 주겠소.'

바라문이 말했다.

'저에게 주신다면 어느 때에 주실 수 있습니까?'

'지금부터 이레째 되는 날에 반드시 그대에게 주겠소.'

왕은 곧 팔만사천 작은 나라에 널리 알렸다.

'쾌목왕이 이레 뒤에 반드시 그의 눈을 뽑아 바라문에게 보시할 테니, 보고 싶은 이들은 빠짐없이 다 와서 보아라.'

팔만사천 명의 임금과 모든 백성들이 이 명령을 듣고 나서, 모두 대왕의 처소에 와서 몸을 땅에 던지고 가슴을 치고 울부짖으며 임금에게 말했다.

'저희 잠부드비파 사람들은 대왕께서 보살피는 은혜를 입고 살아 왔는데, 만약 임금님께서 눈을 뽑아 저 바라문에게 주시면 모든 백성들이 누구를 의지합니까? 바라옵건대 뜻을 돌리셔서 한 사람을 위하여 일체 백성을 버리지 마십시오.'

만 명의 대신들 역시 땅에 엎드려 우러러 왕에게 말했다.

'어찌하여 저희를 불쌍히 여기시지 않고, 한 사람의 뜻을 위하여 저희를 버리려 하십니까? 바라옵건대 뜻을 돌리셔서 눈을 주시지 마시옵소서.'

이만 명 부인들은 머리를 땅에 대고 가슴을 치면서 왕 앞에 이르러 청원하였다.

'오직 바라옵건대 대왕께서는 뜻을 돌려 눈으로써 보시하시지 마시고, 저희들 놀란 가슴을 위로 해 주십시오.'

오만 명 왕자들이 울면서 왕 앞에 이르러

'오직 바라옵건대 하늘이신 아바마마께서 반드시 불쌍히 여기시는 마음을 가지시고, 눈으로써 보시하시지 마시고 저희를 어루만져 기뤄 주십시오.'

그 때 계현戒賢 태자가 거듭 부왕에게 말하였다.

'바라옵건대 저의 눈을 도려내어 아바마마의 눈을 대신하게 하여 주십시오. 그 이유는 저는 비록 몸이 죽어도 이 나라에 손해나 이익이 없지만 아바마마께서 눈이 없으시면 온 나라 백성이 믿고 의지할 데가 없기 때문입니다.'

그 때에 쾌목왕이 모든 왕과 신하와 부인과 태자들에게 말했다.

'내가 몸을 받아 온 이후, 지금까지 나고 죽음을 오랫동안 계속하였으니, 그 뼈 무더기는 수메룬산보다 높고, 목을 베어 흘린 피는 동 · 서 · 남 · 북 바다의 물보다 더 많으며, 먹은 어머님의 젖은 네 개의 큰 강물보다 많고, 이별하며 흘린 눈물도 동 · 서 · 남 · 북 바다의 물보다 많으며, 지옥에서 죽어진 몸과 불에 타고 지져지고 쪼개지고 찔리고 하면서 버린 눈은 헤아릴 수 없다. 또 아귀의 형체를 받아 불이 몸에서 나서 스스로를 태웠는데, 이와 같이 상처 받아 없어진 눈 또한 헤아릴 수 없고, 축생에서 서로 먹고 먹히면서 가지가지로 죽고 상처받음도 헤아릴 수 없으며, 인간의 몸을 받아 오래 살기도 했고, 일찍 죽기도 했으며, 어떤 때는 여자를 서로 사랑하려고 싸웠고, 서로 함께 죽이고 상처를 입힌 사실이 한두 번으로 끝나지 않았으니, 이와 같이 깨어지고 흩어짐이 헤아릴 수 없었으며, 바른 업을 지어 하늘에 났으나 그 수명 또한 오래 보존하지 못했다. 본래부터 받은 몸으로써 다섯 갈래를 돌고 돌되, 욕심과 성내는 마음과 어리석음으로써 몸을 버린 것이 티끌 수와 같은 데도, 옛부터 지금까지 보시하되 부처님의 도를 얻음에 사용하지 못했다.

이와 같이 냄새나는 눈은 오래 보존하지 못하니, 스스로 반드시 문드러지고 파괴된다. 지금, 이 눈으로써 보시함을 성공하려면 반드시 주지 않을 수 없다. 지금 이 눈을 가지고 보시하여 부처님의 위없는 일체 지혜의 눈을 구하겠다. 만약 나의 소원이 성취되면 당연히 너희들이 청정한 지혜의 눈을 얻을 수 있도록 하겠다. 그러니 너희들은 내가 위없는 도를 구하려는 뜻을 막지 말라.'

그 모임에 있던 이들은 잠자코 있었다. 임금이 곁에 있는 이들에게 말했다.

'누가 나의 눈을 후벼 낼 수 있겠는가?'

곁에 있던 모든 신하들 모두가 말했다.

'차라리 저의 몸을 부수어 겨자씨 같이 되게 하는 한이 있어도 대왕의 눈에 손을 댈 수는 없습니다.'

대왕이 모든 신하들에게 말했다.

'그대들은, 즉시에 눈빛이 초롱초롱하고 사물을 잘 관찰하는 사람을 머릿속에 떠올려 찾아서 곧 데리고 오시오.'

여러 신하들이 왕이 말한 그런 사람을 찾아 데리고 와서 왕 앞에 대령시키자, 왕이 칼을 주고 눈을 도려내라고 명령하였다. 눈 하나를 도려내어 왕의 손바닥에 놓으니 바로 서원을 세웠다.

'나는 이 눈을 보시하여 맹세코 불도를 구하되, 불법을 밝게 알아 반드시 불도를 증득할 것이고, 이 바라문은 나의 눈을 얻어서 즉시 앞을 볼 수 있어지리이다.'

이렇게 서원을 세우고 왕의 눈으로써 바라문의 눈자위 속에 넣으니, 바라문은 눈을 얻어 왕의 몸과 다른 대중을 보고 기쁨에 넘쳐, 곧 왕에게 말씀드렸다.

'제가 대왕의 한쪽 눈을 얻어 사물을 보오니, 한 쪽 눈은 남겨 두셔서 대왕께서 사용하십시오.'

왕이 말했다.

'나는 이미 그대에게 두 눈을 주겠다고 결정했으며, 또 말했으니 반드시 어길 수 없다.'

곧 바로, 한쪽 눈까지 도려내어 손바닥에 놓고 거듭 서원을 세웠다.

'나는 눈 보시하는 공덕을 가지고 불도를 구함에 사용하되 성불할 수 있어, 지극한 정성이 헛되지 않고, 이 바라문은 나의 눈을 얻어 반드시 앞을 훤히 볼 수 있어지리이다.'

다시 한 눈을 바라문의 눈자위에 넣으니 바라문은 눈 밝은 사람과 같았다. 이 때에 하늘과 땅이 진동했고, 모든 하늘의 궁전이 다 흔들렸다. 이 것을 보고 모든 하늘 사람들은 깜짝 놀라고 두려워하더니, 얼마 뒤에 보살이 눈을 도려내어 보시함을 보고, 모두 함께 날아 와 가까이에서 허공에 가득히 서서, 여러 가지 꽃을 뿌리고 향을 살라 공양을 올리며 찬탄했다.

'훌륭하십니다. 대왕이 하신 보시는 매우 기특합니다.'

하늘의 제석천왕이 앞에 와서 물었다.

'이런 보시를 할 수 있으시다니 진실로 기특하십니다. 무슨 과보를 구하십니까?'

왕이 대답하였다.

'마왕이나 범천왕이나 사천왕이나 제석천왕이나 전륜성왕이나 세 세계의 즐거움을 구하지 않고, 이 공덕으로써 불도를 구하여 중생을 제도하여 해탈시키고 열반의 즐거움에 이르고 싶습니다.'

하늘 임금이 다시 물었다.

'대왕 보살은 지금 눈을 도려내어 고통이 매우 심한데, 조금도 후회하거나 성나는 마음이 없으십니까?'

왕이 말하였다.

'전혀 후회하지 않으며, 또한 성내거나 한탄하지 않습니다.'

하늘 임금이 다시 말했다.

'내가 지금 대왕을 뵈니 피가 흐르고 육체는 덜덜 떠는 데도 후회나 한탄하지 않는다니, 그 말씀은 믿기 어렵소.'

왕이 곧 스스로 맹서하였다.

'제가 눈을 도려내어 보시하였는데 후회하고 한탄하는 마음 없이 불도를 구함에 써서, 반드시 열반을 증득하여 성취하려 함이 거짓이 아니라면, 저의 두 눈이 평상시와 같이 회복되어 옛날과 같아질 것입니다.'

왕의 서원이 끝나자, 두 눈이 평상시와 같아지고 밝고 맑게 보임이 앞보다 배나 더 좋아졌다. 모든 하늘 사람들과 모인 일체의 백성이 경사스러움을 기뻐하며 뛰면서 스스로의 감격을 이기지 못했다.

왕이 바라문에게 말했다.

'내가 너에게 눈을 주었는데 너는 지금 앞을 보느냐? 내가 뒤에 부처가 되었을 때 다시 반드시 너로 하여금 혜안을 얻어 진리를 보게 하겠다.'

바라문이 출발하려 하자 보배 창고에 들어가 한 짐의 보배를 주어 본국으로 돌려보냈다. 그가 본국에 이르니 파라타발미왕이 직접 나와 그를 맞이하며 먼저 물었다.

'눈을 얻었느냐?'

'눈을 얻어 저는 지금 앞을 봅니다.'

'저 왕이 지금 살았느냐? 죽었느냐?'

바라문이 대답하였다.

'모든 하늘 사람들이 왔고, 그 왕이 서원을 세우자 평상시보다 더 좋은 눈이 생겼습니다.'

파라타발미왕은 이 말을 듣자 심장이 터져서 죽었느니라."

부처님께서 아난다에게 말씀하셨습니다.

"그 때 쾌목왕이 누구인가 알고 싶으냐? 바로 지금의 나였고, 파라타발미는 지금의 제바닷타였다. 그 때에 나에게 눈을 얻었던 바라문은, 지금 이 모임에 온 저 눈 먼 바라문으로서 도를 얻은 비구다. 지나간 옛날 내가 그에게 눈을 주었고, 오늘은 나를 만난 까닭에 이미 눈을 얻었고, 다시 혜안까지 얻었다. 나는 중생들을 위하여 세세생생에 고행하여 공덕을 쌓아 오늘 부처가 되었다. 너희들도 반드시 부지런히 공부하여 고해를 벗어남이 중요하니라."

부처님께서 이 설법을 끝내셨을 때, 모인 이들은 부처님의 가르침에 감동되어 마음속으로 사욕을 누르고, 부지런히 힘써서 스로타판나 · 샤크르다가민 · 아나가민 · 아라한 도를 얻은 이도 있었고, 위없는 도를 성취하려는 마음을 낸 이도 있었습니다.

어진 이, 아난다와 모인 이들 모두가 부처님의 설법을 듣고 기뻐하였습니다.

(고려 대장경에 없는 부분임)

눈을 뜬 사람들

저는 이와 같이 들었습니다.

부처님께서 슈라바스티의 기타 숲 외로운 이 돕는 절에 계시던 어느 때, 바이샤알리에 앞을 못 보는 사람 오백 명이 구걸하며 살았습니다.

그들은 '여래께서 세상에 나오셨는데, 매우 뛰어나시고 특별하셔서, 중생으로서 그 분을 뵙기만 하면 나이가 많고 건강이 좋지 않아 백 가지 병이 있어도 죄다 낫는 은혜를 입는다. 구체적으로 앞을 못 보는 이는 앞을 보고, 소리를 듣지 못하는 이는 소리를 듣고, 말을 못하는 이는 말을 하고, 등이 굽은 이는 등이 펴지고, 다리를 못 쓰는 이는 일어서고, 정신이 이상한 이는 정상이 되고, 가난한 이는 옷과 먹을 것이 생기는 등, 근심과 괴로움에서 모두 벗어난다.' 라는 소문을 듣고, 모든 맹인들이 모여 상의하였습니다.

"우리들은 죄업이 쌓여 지독한 괴로움을 당하고 있으나, 만약 부처님을 뵙는다면 반드시 구제받을 것이다."

그들은 곁을 지나가는 사람을 불러 물었습니다.

"지금 세존께서 어느 나라에 계십니까?"

"바이샤알리에 계시오."

이 말을 들은 그들은 길가에 죽 늘어서서 비천한 말로써 자기들의 괴로움을 구원해 달라고 애걸하였습니다.

"누구든지 자비심을 가지고 저희들을 불쌍히 여겨 바이샤알리의 부처님 처소까지 데려다 주십시오."

이렇게 오랫동안 애걸복걸했으나 지나가는 사람들이 거들떠보지도 않자, 그들은 다시 상의하였습니다.

"아무런 보답도 없이 사람들에게 부탁을 하니 아무도 거들떠보지 않는다. 지금 구걸하여 각각 약간의 돈을 모아 사람을 사서 바이샤알리까지 데려다 달라고 하자."

이렇게 상의한 그들은 몇 시간을 여기저기에 흩어져 구걸을 하여, 각각 얻은 것을 모아 놓고 길가는 사람들을 향하여 말했습니다.

"어떤 사람이든지 우리들을 바이샤알리까지 데려다 주면 돈 오백 냥을 주겠소."

어떤 사람이 와서 상의하여 그렇게 하기로 결정하고, 오백 냥의 돈을 그에게 주었습니다. 그 길잡이는 모든 맹인들에게 서로 손을 잡게 하고 앞에서 그들을 이끌고 마가다에 이르러, 그들을 평지에 버려두고 도망을 쳤습니다. 그 때에 맹인들은 그들이 어느 나라 어느 곳에 있는지 모르면서 서로 손을 잡고 어떤 밭을 지나고 있었습니다.

그 밭에는 농작물이 자라고 있었는데 모두 밟아 버렸습니다. 밭 주인이 멀리서 자기 밭을 지나가는 사람들을 보고 가서 보니, 농작물이 모두 결단이 나버렸습니다. 그는 크게 성내어 외치다가 밭을 지나가는 사람들이 맹인들로서 구원해 달라고 애걸하며, 앞서 있었던 일들을 말하자, 밭주인은 그들을 가엾게 여겨 자기 집 하인 한 사람에게 그들을 바이샤알리로 데려다 주도록 하였습니다. 그렇게 하여 맹인들은 그 곳에 도착하였으나, 부처님께서 마가다에 가셨다는 소식을 들었습니다. 그들의 길잡이는 그들을 데리고 마가다에 갔습니다. 이번에는 부처님께서 바이샤알리로 가셨다는 것을 알았습니다.

길잡이는 그들을 데리고 다시 바이샤알리로 향하였습니다. 그 때에 맹인들은 모든 고통에 우선하여 부처님을 공경하고, 우러러 부처님을 뵈옵고자 하는 데 마음이 쏠려, 비록 눈으로 부처님을 뵙지 못하나, 마음의 눈으로써 이미 부처님을 뵈옵고, 기쁜 생각이 마음에 일어나자, 피로도 모르고 바이샤알리에 도착했습니다. 그러나 세존께서 마가다에 가시고, 이렇게 숨박꼭질을 일곱 번이나 하였습니다. 그 때에 여래께서 모든 맹인들의 선근이 이미 익숙하였으며, 공경하고 믿음이 순수하며 견고함을 관찰하시고, 바이샤알리에 머물러 그들을 기다리셨습니다.

길잡이가 그들을 데리고 차츰 부처님의 처소에 이르렀고, 부처님께서 놓으시는 빛이 그들의 몸에 닿으니, 그들의 놀람과 기쁨은 헤아릴 수 없었습니다. 즉시 그들의 두 눈이 밝아져, 여래께서 사부대중에게 둘러싸여 계신데 몸빛이 휘황찬란하셔서 자마금 산과 같음을 보고, 특별한 혜택에 감사하고 공경히 받들며, 기뻐서 날뜀을 이기지 못하고, 부처님의 처소에 나아가 머리와 손과 발을 땅에 대고 부처님께 절을 올렸습니다. 절을 끝내고 그들은 이구동성으로 부처님께 사뢰었습니다.

"사랑을 드리우셔서 길을 오는 도중에 있었던 사연을 들어주시옵소서."

부처님께서 그들에게 말씀하셨습니다.

"때 맞춰 왔구나! 비구들아."

그들의 머리카락과 수염은 저절로 깎였고, 가사가 몸에 입혀졌고, 부처님께서 거듭 설법하시니 그들은 즉시에 아라한이 되었습니다. 그 때에 아난다가 모든 맹인들의 눈이 밝아지고, 또 모든 번뇌를 벗어나 아라한이 된 것을 보고, 부처님 앞에서 두 무릎을 꿇고 엉덩이를 들고 합장하고 부처님께 말씀드렸습니다.

"세존께서 세상에 오심은 진실로 다시 없이 뛰어나고 특별하여, 좋은 일이 일어남이 생각하거나 말로써 다 할 수 없으십니다. 저 모든 맹인들이 특별히 뛰어난 은혜를 받아 눈이 벌써 밝아졌고, 또 지혜의 눈까지 얻었으니, 여래께서 세상에 오심은 저들을 위하심입니다."

부처님께서 아난다에게 말씀하셨습니다.

"내가 오늘만 저들의 눈을 뜨게 한 것이 아니고, 지나간 옛날 옛적에도 또한 저들의 눈을 뜨게 해주었느니라."

"저는 잘 모르겠사오니, 지난 간 옛날에 저들의 눈을 뜨게 해주신 사연은 어떠한 사연이었습니까?"

"옛날 옛적 헤아릴 수 없는 아승기 겁 이전에 이 잠부드비파에 오백 명의 상인이 함께 인적이 없는 길을 지나가고 있었는데 그 길은 험악했고, 깊은 산골짜기는 너무나 어두워 지척을 분간할 수 없었다. 상인들은 앞뒤를 분별하지 못하여 고민하고 걱정하며 재물을 잃어버릴까 두려워했다. 또 그 곳에는 도적들이 많아 무서웠다. 그들은 다 같은 마음이 되어 하늘 · 땅 · 해 · 달 · 산 · 강 · 바다의 신을 향하여 울면서 불쌍한 처지를 구해 주십사고 빌었다. 그 때에 상인을 인솔하던 우두머리가, 모든 상인들이 쩔쩔 매며 고통스러워하는 그들을 불쌍히 여겨 그들에게 말했다.

'그대들은 두려워하지 말고 각기 마음을 안정시켜라. 내가 그대들을 위하여 큰 횃불이 되겠다.'

우두머리는 흰 모포로써 자기의 두 팔을 꽁꽁 묶게 하고, 그것을 우유에서 빼낸 향유에 오래 담갔다가 불을 붙였다. 모든 상인들이 그곳을 다 지나가는데 일곱 시간이 걸렸고, 그의 팔은 일곱 시간동안 횃불이 되어 그곳의 어둠을 밝혔느니라. 상인들이 헤아릴 수 없는 은혜와 자비심에 감사드리고 공경하며, 모두가 어려운 길을 통과하여 편안하게 되자 기뻐하며 감사하였느니라."

부처님께서 아난다에게 말씀하셨습니다.

"그 때의 상인 우두머리가 어찌 다른 사람이겠느냐? 내가 바로 그 때의 우두머리였느니라. 나는 옛날부터 지금까지 나라와 처자와 살과 피로써, 항상 중생에게 베푼 공덕 때문에,

지금 특별히 존귀하게 되었느니라. 그 때의 오백 명 상인이 어찌 다른 사람이겠느냐? 지금 이 오백 명 비구들이다. 과거 세상에 나고 죽음을 초월한 마음으로써 그들에게 광명을 베풀었고, 지금 부처가 되어, 또 번뇌가 다한 지혜의 눈을 베풀어 주었느니라."

그 때에 모인 이들이 부처님의 설법을 듣고, 스로타판나 · 사크르다가민 · 아나가민 · 아라한이 된 이도 있었고, 벽지불이 되는 좋은 뿌리를 심은 이도 있고, 위없는 도를 성취하려는 마음을 낸 이도 매우 많았습니다. 지혜의 생명을 갖춘 아난다 및 모든 대중은 부처님의 설법을 듣고 기뻐하였습니다.

(고려 대장경에 없는 부분임)

이 비구는 종과 다름이 없구나

저는 이와 같이 들었습니다.

부처님께서 슈라바스티의 기타 숲 외로운 이 돕는 절에 계시던 어느 때, 방발이란 나라에 제일 부자 법군法軍이란 장자가 있었고, 장자의 아내가 아들을 낳을 때, 그 나라의 왕이 군대를 차출하여 다른 나라를 정벌하였습니다. 따라서 그 아이의 이름을 군軍이라 하였고, 뒤에 다시 아들을 낳았는데, 왕이 전쟁에서 승리를 거두자, 그 아들의 이름을 승군勝軍이라 했으며, 두 아들이 장성하자 장가를 보냈습니다. 그 때에 장자가 우연히 병이 들어 지독하게 앓으며 자주 여러 의원을 불러 치료하게 하였습니다. 의원들은 좋은 음식을 먹게 하여 병을 고치되, 의원들이 이익을 탐하여, 잔병을 남게 두는 간교한 마음을 가지고, 큰 병만 낫게 하는 약만 주어 병이 다 낫지 않게 하였습니다. 그 때에 장자의 음식과 탕약을 맡은 처녀 하인이 언제나 시간을 잘 맞추고 간병을 잘하더니, 장자에게 말했습니다.

"지금부터 저 의원들을 다시는 부르지 마십시오. 나쁜 마음으로 치료하기 때문에 병이 낫지 않습니다. 지금부터 제가 식이요법으로써 병에 필요한 공양을 올리겠사오니, 다시 의원을 부르지 마십시오."

처녀 하인이 간호를 시작한지 얼마 되지 않아, 장자는 병이 낫자, 하녀가 장자에게 간청하였습니다.

"큰 주인님. 제가 큰 주인님을 간호하고 공양을 드리면서 병환이 나으셨습니다. 저를 불쌍히 여기시고 저의 한 가지 소원을 풀어주십시오."

"그래 너는 무엇을 원하느냐?"

"큰 주인님을 하룻밤 모시고 싶사오니, 만약 큰 주인님 뜻을 어기는 일이 아니라면 저의 소원을 들어주십시오."

장자가 거역하지 않고 그녀를 받아 주었고, 얼마 뒤 하녀가 임신하여 열 달 뒤 아들을 낳았습니다. 그녀의 소원이 만족된 까닭에 이름을 만원滿願이라 하였고, 단정하며 복덕을 갖춘 상을 지닌 아이였습니다. 차츰 성장하여 철이 들자, 장사를 잘하여 재산을 늘렸으며, 여러 가지 생필품 등으로써 이익을 배나 불어나게 하였고, 그가 가는 곳마다 좋은 일만 생겼습니다.

장자의 정기로 태어나 재주와 슬기가 다른 사람들보다 출중하였지만, 천한 하녀의 몸에서 태어났기 때문에 아들의 자리를 차지하지 못하고, 하인들과 함께 살았습니다. 그런 어느 때 장자가 고질병이 도져 자리에 누워 오래 살지 못하고 죽게 되자, 두 아들에게 간곡하게 유언하였습니다.

"내가 죽고 난 뒤 너희들은 분가하지 말고 만원이를 데리고 함께 살아라."

갖은 치료와 약을 먹었으나 낫지 못하고 운명하였습니다. 두 아들은 아버지의 가르침을 따라 몇 년 동안 한 집에 살았는데, 좋은 인연을 만나 다른 나라에 가서 생활에 필요한 돈을 벌려 했습니다. 각기 집에 남겨 둔 아내와 아들을 만원이에게 부탁하였습니다.

"우리 둘을 위하여 집안 식구와 집안일을 죄다 맡아서 보살펴라."

만원은 두 주인이 시키는 대로 집안일을 돌보는데, 둘째형의 아들이 자주 점포에 와서 음식과 그 외에 필요한 것을 요구하자 그것을 사주었습니다. 그러던 어느 날 한 푼도 가지고 있지 않을 때, 갑자기 길에서 만난 둘째 형의 작은 아들이 만원에게 말했습니다.

"저는 지금 몹시 배가 고프니 음식을 사주시오."

손에는 돈이 한 푼 없어서 사정을 설명했지만 어린아이는 성을 내며 돌아가 그 어미에게 말했습니다.

"지금 만원은 마음이 넓고 평등하지 못하여 큰집 형들을 만나면 해달라는 대로 다 해주며, 내가 해달라는 것은 하나도 해주지 않습니다."

어미가 아이의 말을 듣고 원한을 품으며 말했습니다.

"이 하녀의 자식 놈이 감히 치우친 마음을 품다니…."

다른 나라에 무역 갔던 승군이 돌아오자, 그의 아내와 아이가 분한 마음을 삭이지 못하고 앞서 있었던 일들을 말하니, 이 말을 들은 그도, 부인이나 아들보다 더 성내며 큰 소리로 말했습니다.

"이 하녀의 자식인 종놈이 감히 나의 당부를 어기고, 나의 아이에게 박대하고 홀대하였으니 내가 반드시 이놈을 죽이겠다."

마음으로 결정을 내리고 형에게 분가를 요구했으나, 형은 아버지의 말씀을 명심하고 있기 때문에 동생의 요구를 일축하였습니다. 동생이 형에게 자주 분가를 졸라대자 형은 동생의 마음이 돌이킬 수 없음을 알았고, 또 아우가 성낸 마음을 가슴에 품고 만원을 죽이려는 낌새를 알았습니다. 할 수 없이 동생의 말에 따라 재산을 두 몫으로 나누되, 아우가 집안의 동산 부동산 모두를 한 몫으로 하고, 만원이를 한 몫으로 하여,

형에게 먼저 선택권을 주면서, 제가 만원이를 몫으로 챙겨 그를 죽이려 하였습니다. 형은 자비로운 마음으로써 만원이를 데리고 빈손으로 처자와 함께 집을 나와, 허름한 집에 살고 있었습니다. 만원이 형수에게 말했습니다.

"저에게 약간의 돈을 주시면, 섶나무를 사오고 싶습니다."

"나에게 얼마 안 되는 돈이 있습니다."

곧 지갑을 털어 있는 돈을 그에게 주었습니다. 그는 열 닢의 돈을 가지고 시장의 섶나무 파는 곳에 가, 한 묶음의 섶나무를 다섯 닢에 사고, 다섯 닢으로써 품꾼을 사서 나무를 지우고 뒤따라오면서 나무를 자세히 살펴보니, 섶나무 중에 우두전단 향나무가 있었습니다. 마음속으로 매우 기뻐하며, 집에 돌아가 향나무를 골라내어, 한 냥쭝씩 십 등분하여 간직하고 있었습니다. 그 때에 왕비가 매우 심한 열병이 났는데 반드시 우두전단 향나무를 간 가루를 몸에 바르고 그 향기를 맡아야 낫는 그런 열병이었습니다. 온 나라 안에 수소문하였으나 구할 수가 없자, 곧 온 나라에 광고를 했습니다.

"누구든지 우두전단 향나무 한 냥쭝을 주면 황금 천 냥을 주겠다."

만원이 왕의 명령에 따라 향나무 한 토막을 왕에게 바치니,

왕은 광고대로 상금 천 냥을 내렸습니다.

이와 같이 십 등분한 향나무를 여기저기에 죄다 팔아 만 냥을 만들어 정원과 집과 논밭과 코끼리 말과 수레 등 탈것과 노비와 가축을 사들이니, 집안이 전보다 더 부유해지고 형제가 함께 살 때보다 몇 배가 되었습니다. 그 때에 오백 명의 상인들이 큰 바다에 들어가기로 계약을 하고, 만원이를 우두머리로 초빙하자, 그가 큰 형에게 '상인들을 통솔하고 함께 바다에 가서 보배를 캐어오겠다.' 고 말하니, 형이 허락하고 필요한 물건들을 공급해 주었습니다. 동행들과 큰 바다에 도착하여 뜻하던 것만큼 보배를 캐어, 자중하면서 돌아오는 도중, 물이 깊고 파도가 험한 곳에 이르자 모든 사람들이 다 잠부드비파 안에 해 세 개가 나타났다고 괴이하게 여기며, 상인들을 인도하던 길잡이에게 물었습니다.

"지금 세 개의 태양이 솟아 있는데, 이것은 어떤 조짐입니까?"

"그대들은 꼭 아시게. 이 상황은 마갈이라는 상상할 수 없는 큰 고기를 만난 것이다. 하나는 진짜 태양이고, 두 개는 고기의 눈이며, 그 사이에 흰 것은 고기의 이빨이며, 지금 물이 컴컴한 곳으로 쏟아지듯 빨려 가는 곳은, 고기의 입이다. 가장 두려운 일이 벌어졌으니 우리들은 지금 살아날 길이 전혀 없고, 고기의 입 속에 들어가면 죽을 수밖에 없네."

이런 상황 가운데 부처님의 도를 공경하고 믿는 어떤 현명한 분이, 여러 상인들에게 말하였습니다.

"오직 반드시 경건한 마음으로서 '부처님께 귀의합니다.' 라고 부르십시오. 삼계에서 도덕이 가장 크신 분은 부처님을 지나는 분이 없고, 액난에 처하면 구제하고, 일체를 불쌍히 여기며, 고통 받는 중생을 덮어주고 보호함이 최고로 능숙하십니다. 우리가 살 방법은 오직 부처님의 신통력뿐이니 위험에서 구제해 주시기를 기원하시오."

상인들은 생명이 풀끝에 달린 이슬 같으므로, 신앙을 따질 겨를도 없이, 모두 다 죽을힘을 다하여 '부처님께 귀의합니다.'를 외쳤습니다. 마갈어는 '부처님께 귀의합니다.'는 소리를 듣자, 입을 다물고 바다 바닥으로 숨어버렸습니다. 이렇게 하여 오백 명 상인들은 편안히 돌아왔습니다. 그 때에 만원이는 큰 궤짝에 마니주 등 여러 가지 진귀한 보배를 가득히 채워, 큰형에게 주면서 꿇어 앉아 말했습니다.

"저는 이미 큰 형님을 위하여 재산과 보배를 많이 모았고, 집 등 일체 필요한 것을 모두 구비하였고, 또 이 궤 안에 귀한 보배가 가득하니, 앞으로 자손 일곱 대는 먹고 사는데 걱정이 없을 것입니다. 바라옵나니 큰 형님은 제가 출가하는 것을 허락해 주십시오."

"나는 지금까지 너와 서로 의견이 어긋남이 없었고, 또 너는 아직 성가를 하지 못해 사람으로서 윤리 도덕을 잘 모른다. 불법은 깊고 오묘하여 그것을 지키기는 매우 어렵다. 몇 년 뒤에 너의 뜻을 받아 주겠다."

"큰 형님은 아소서. 사람의 수명은 무상하여 보존하기 어렵습니다. 이번에 바다에 들어갔을 때, 마갈어를 만나 배가 그의 입으로 빨려 들어갈 즈음, 생명이 경각에 있었습니다. 그 때에 부처님의 은혜를 입어 살아났습니다. 지금 살아 있는 저는 그 때에 죽고 남은 생명이오니, 오직 생각을 돌려 제가 불도를 공부할 수 있도록 허락하여 주십시오."

형이 하는 수 없이 허락하니 그는 바다에 함께 들어갔던 오백 명과 함께 다 신심을 내어 슈라바스티에 계시는 부처님의 처소에 도착하여 절을 올리고, 지금까지의 일을 부처님께 말씀드리며 출가하기를 소원하였습니다. 부처님께서 곧 바로 불도에 들어오는 것을 허가하시며 칭찬하시는 말씀을 하셨습니다.

"때 맞춰 잘 왔구나!"

그들은 바로 스님이 되었고, 부처님께서 그들을 위하여 여러 가지 괴로움을 설법하시니, 오백 명 신바리 비구는 완전히 알고, 모든 고통에서 벗어난 아라한이 되었으나, 오직 만원이만 업장이 무거워, 부처님께서 하신 설법을 아직 확실히 통달하지 못하고, 정성을 다하여 겨우 스로타판나에 들어가 부지런히 정진하고 익히며 쉬거나 게으르지 아니했습니다. 그 때에 모든 비구들은 안거安居에 들어갈 날이 가까워지자, 부처님께 각각 마음대로 안거할 장소를 선택하도록 허락 받았습니다. 만원이도 부처님께 가서 말씀드렸다.

"저는 방발국에 가서 석 달 동안 안거하고 싶사오니 허락하여 주십시오."

"저 나라 사람들은 악하고 삿된 도리를 믿으며, 견해가 전도되어 있다. 너는 지금 불법 가운데서 처음 배우는 사람으로서 아직도 불법의 성스러운 수행력을 구족하지 못했으니, 만일 저 사람들에게 헐뜯기고 모욕을 당하면 어떻게 대처하겠느냐?"

"만일 저 사람들에게 이치에 닿지 않는 헐뜯음이나 모욕을 당해도 상해를 당하는 일은 없을 것입니다."

"저 사람들이 극악하여 상해를 입혔을 때 어떻게 하겠느냐?"

"세존이시여, 저는 아옵니다. 저 사람들이 헐뜯고 욕하고 상해를 줄지라도 저의 목숨을 끊는 일은 없을 것이니 오히려 그들에게 은혜를 입는 것입니다."

"네가 거기에 가서 갑자기 악인을 만나, 너의 생명을 끊으면 너에게 이익이 없을 텐데 어떻게 하겠느냐?

"세존이시여, 저는 아옵니다. 일체 만물로서 형체가 있으면 반드시 없음에 돌아갑니다. 저들이 만약 저를 죽이면 저의 업장으로 알고 그 죽임을 받겠습니다."

그 때에 세존께서 만원에게 말씀하셨습니다.

"저 모든 악인들이 헐뜯고 욕하고 상해를 입히고, 그리고도 아직 명줄이 끊어지지 아니한 때에 너는 반드시 저 사람들에게 성내지 않겠느냐?"

"그렇게 할 것입니다. 세존이시여, 그릇됨이 없는데도, 저 사람들이 선근이 없어, 비방이나 헐뜯음이나 욕함이나, 세상에서 더할 수 없는 불법적인 일을 하거나, 설사 칼질을 하거나 몽둥이로 상해하여 죽이거나, 아직 죽지 않고 명이 끊어지는 순간을 당해도, 끝까지 한 번도 성내는 마음을 내지 않을 것입니다."

"그곳에 가기에 알맞고 훌륭하구나. 제자들이 수행을 오직 너처럼 해야 마음이 상쾌하고 기분이 좋으니라."

'만원' 이 바루와 옷을 챙기고 부처님께 절을 올리고, 떠나서 방발국에 이르렀습니다. 다음 날 아침에 성에 들어가 걸식하다가, 어떤 큰 바라문의 집에 이르니, 바라문이 그를 보고 곧 나쁜 마음을 내어 욕하며 쫓으니, 비구는 곧 다른 집에 가서 걸식하였습니다.

다음 날 다시 그 바라문 집에 가서 걸식하자 이번에는 주먹질을 하며 때렸으나, 비구는 조금도 안색이 변하지 않았습니다. 바라문은 비구를 헐뜯고 상해를 입혀, 죽음의 그림자가 얼굴에 어른거렸지만, 비구는 원망하는 기색이나 성내는 기색이 조금도 없는 것을 보고 그는 문득 스스로 후회하고 자책하며 참회하고 사과했습니다. 만원은 저 나라에서 부지런히 수행하고 게으름을 피우지 않더니, 드디어 모든 번뇌가 다하고 마음이 홀연히 열려, 아라한의 도를 얻었습니다. 안거가 끝나자 시주들에게 감사의 말을 하고 그의 형에게 특별히 부탁하였습니다.

"큰 형님은 바다에 들어가지 마십시오. 큰 바다 가운데는 어려움이 매우 많아 헤아릴 수 없습니다. 형님의 재보는 일곱 대까지 쓸 수 있습니다."

이렇게 부탁의 말을 끝낸 만원은 부처님 처소에 돌아와서 문안드리고 뜻대로 머물렀습니다. 그의 큰 형은 동생의 당부는 생각하지 않고, 상인 여러 명이 그를 찾아와 여러 가지 말로 달래어 함께 큰 바다에 들어가자고 권하니, 거역하지 못하고 곧 함께 뱃길을 떠났습니다. 바다 가운데 어떤 섬에 도착하여 자중하며 보물을 캐었는데, 오직 군 혼자만 우두전단 향나무를 많이 베어 배 가득히 싣고 돌아오고 있었습니다. 용의 성격은 인색했고, 특히 그 향나무를 매우 아까워했습니다. 뱃길 중에 고물과 돛을 잡고 바람을 막으니 배가 나아가지 못했습니다. 모든 상인들은 죽음이 두려워 전전긍긍했으나, 군은 한결같은 마음으로써 만원이만 불렀습니다.

'지금 우리들이 고액을 만났으니, 이 위험에서 우리들을 구원해 주기를 바라네.'

그 때에 만원은 슈라바스티의 기타 숲 외로운 이 돕는 절에서 좌선 중에 하늘 귀로써 먼 곳에서 큰형이 '만원아, 만원아, 내가 위급한 상황에 처하여 일심으로써 너를 부르니 구제해다오.' 라고 하는 소리를 듣고, 곧 아라한의 신족통으로써 건장한 남자가 팔을 굽혔다 펴는 사이에 변신하여 금시조왕으로서 그 곳에 이르니 금시조를 본 용은 두려워 바다 밑으로 도망가고, 여러 상인들은 무사하게 돌아왔습니다. 만원은 형을 교화시키려고, 형으로 하여금 세존을 위해서 작은 집 한 채를 짓되, 그 지방의 나무로써 지붕을 이고, 순전히 전단 향나무로써 안을 꾸미게 하였습니다. 집을 다 짓자, '부처님을 초청하시오.' 하니 군이 물었습니다.

"부처님을 초청할 때 어떻게 준비를 해야 이치에 맞는가?"

만원은 형에게 공양을 차리는데 소홀함이 없도록 자세히 설명하고, 각각 향로를 받들고 높은 누각에 올라가 먼 곳의 기타숲 외로운 이 돕는 절을 향하여 향을 사르며, 부처님과 스님들을 초청했습니다.

'거룩한 부처님께 귀의합니다. 거룩한 가르침에 귀의합니다. 거룩한 스님들께 귀의합니다. 내일 누추한 이곳에 왕림하셔서 어리석어 몽매하고 눈멀어 캄캄한 중생들을 깨우쳐 주시옵소서.'

이렇게 빌기를 끝내니 향연이 뜻을 따라 허공으로 와서 세존의 정수리 위에 이르러 서로 엉켜 합쳐지더니 한 개의 일산이 되었다가 조금 뒤에 흔들려 물이 되어 세존의 발을 씻었고, 그 물이 또 허공으로 솟구쳐 두 갈래로 갈라져 제 마음대로 세존의 발 위에 떨어졌습니다.

그 때에 아난다가 이와 같은 광경을 보고 괴이쩍게 여기며 세존께 여쭈었습니다.

"누가 이 향연과 물을 보내었습니까?"

부처님께서 아난다에게 말씀하셨습니다.

"이것은 아라한인 만원 비구가 방발국에서 형에게 권하여 나와 스님네를 초청하기 위하여 향연과 물을 보내어 신표로 삼은 것이다."

부처님께서 아난다에게 말씀하셨습니다.

"네가 비구들에게 가서 신족통神足通이 있는 비구들한테만 산가지를 돌려라. 내일 산가지를 받은 모든 비구는 죄다 군의 공양청에 응하되 신통 변화를 나타내어 저 나라에 가도록 하여라."

아난다가 가르침을 받고 스님들께 가서 신족통이 있는 이는 내일 반드시 초청을 받도록 산가지를 돌리니, 여러 비구들이 각각 산가지를 받았습니다.

다음 날 아침에 비구들의 공양을 관리하는 속생續生 비구도 이미 아나가민 도를 얻었으나, 언제나 모든 스님들의 공양을 준비하여 드렸습니다. 그는 오른쪽 발을 왼쪽 넓적다리에 올려놓고, 왼쪽 발을 오른쪽 넓적다리에 올려놓는 앉음새로, 몸에서 광명을 사방으로 내비추며, 공양에 필요한 도구인 국자와 표주박 등과 열 말들이 큰 가마솥을 가지고, 허공을 타고 날아서 그 나라에 도착하니 군이 만원에게 물었습니다.

"이분이 너의 스승님이시냐?"

"아닙니다. 이 분은 모든 비구들의 밥을 짓는 비굽니다. 그 까닭에 부처님과 스님들의 공양 준비를 도우려고 기구들을 가지고 먼저 왔습니다."

군은 곧 꽃과 향과 음악으로써 공양을 올리자 공양을 마치고 돌아왔습니다.

다음에 군제均提를 비롯한 사미 십오 명이 각각 신족통으로써 변화로 만든 나무에서 꽃과 과일을 따는 등 가지가지 변화를 나타내며, 몸으로써 광명을 온 천지에 휘황찬란하게 널리 비추며, 허공을 밟고 가서 차례대로 도착하였습니다.

"이분들이 너의 스승님이냐?"

"아닙니다. 이 여러 사미들은 저와 스승을 같이 모시는 분들의 제자입니다. 나이 겨우 예닐곱 살이지만, 아라한 도를 얻어, 모든 번뇌가 다 없어졌고, 신족통 등을 빠짐없이 구비했기 때문에 지금 먼저 와서 꽃과 과일을 준비해 두었습니다."

곧 꽃과 향 등으로써 빠짐없이 공양을 올리자 공양을 마치고 돌아 왔습니다.

다음은 나이 많은 대아라한이 신통 변화로 머리 네 개를 가진 천 마리 용을 만들고 용들을 얽어 좌석을 만들었는데, 머리마다 우레 소리를 내어 하늘을 진동시키더니, 입으로 일곱 가지 보배를 비처럼 흩뿌리는데, 그 머리 위에 앉아 큰 보배를 베풀며, 허공을 타고 날아오며, 몸으로써 광명을 놓아 온 세상을 밝게 비추더니 그 나라에 도착했습니다.

"이 분들이 너의 스승이냐?"

"아닙니다. 이 분들은 스승님의 제자이며 교진여라고 하는 분인데, 부처님께서 처음 도를 이루시고, 녹야원에서 처음 설법하여, 널리 중생을 제도하기 시작하실 때, 이분을 비롯한 네 분이 최초로 교화를 받은 제자 가운데 제일 우두머리 되는 분이며, 신통이 구족하고 걸리는 바가 없으십니다."

군이 배가 넘도록 공경하고, 향기와 꽃과 기악으로써 공양을 올리니 공양을 마치고, 곧 돌아 왔습니다.

다음은 마하가섭이 신통변화로써 칠보강당을 만들어 칠보로써 꾸미고, 몸으로써 광명을 휘황찬란하게 사방으로 비추며, 강당과 함께 그 나라에 도착하였습니다.

"이분이 너의 스승님이시냐?"

"아닙니다. 이분은 스승님의 제자이며, 청정하고 검소하며 만족을 아시고, 항시 두타를 행하시되 모든 하천하거나 가난한 이들을 불쌍히 여기고, 그들에게서 밥을 빌어 그들의 궁핍을 없애려 하시는 분입니다."

군이 곧 향과 꽃과 기악으로써 공양을 올리니, 공양을 끝내고는 바로 돌아왔습니다.

다음에는 샤리푸트라가 천 마리 사자를 타고 앉았는데, 머리는 모두 네 개였고, 입으로써 일곱 가지 보배를 비 오듯이 퍼부으며, 뇌성벽력을 울려 천지를 진동시켰고, 그 위에 큰 보배 침대를 화려하게 장식하고, 거기에 앉아 몸으로써 광명을 놓아 사방을 고루 비추며, 허공을 타고 날라 와서 빙빙 공중을 돌다가 도착하였습니다.

"이분이 너의 스승님이시냐?"

"아닙니다. 지금 허공에서 내려오신 분은 스승님의 큰 제자로서 박학하며 큰 지혜가 있는 샤리푸트라입니다."

군이 듣고 배나 더 기뻐하고, 꽃과 향과 기악으로써 공양을 올렸고, 공양을 마치자 바로 돌아왔습니다.

그 때에 마우드갈야야나가 뒤에 출발하여 신통 변화로써 머리가 넷인 코끼리 천 마리를 만들고, 모든 코끼리의 입에는 여섯 개의 이빨이 있고, 그 이빨 끝마다 일곱 곳의 목욕하는 야외 풀장이 있었고, 낱낱의 못 가운데 일곱 개의 연꽃이 피었고, 한 송이 연꽃 위에 일곱 명의 옥녀玉女가 있어, 여러 가지로 변화해 나타나는데 그 숫자가 헤아릴 수 없었습니다. 큰 광명을 놓으니 사방이 진동하고, 그 위에 보배 평상을 두고 거기에 앉아 허공을 타고 나타났습니다.

"이분이 너의 스승님이냐?"

"아닙니다. 이 분도 스승님의 제자인 마우드갈야야나로서 제자 가운데 신통 변화가 제일이며 순수한 덕행을 갖춘 분입니다."

군이 동생의 말을 듣고 기뻐하며, 우러러 향과 꽃과 기악으로써 공양을 올렸고, 공양을 마치더니 곧 돌아왔습니다.

다음은 난타가 신통 변화로써 저절로 만들어진 일곱 가지 보배 목욕 못이 있고, 그 목욕 못 가운데 금색 연꽃이 피었으며, 꽃줄기는 칠보로써 되었고, 그 꽃 위에 결가부좌했으며, 목에서는 저녁놀에 볼 수 있는 태양 같은 광명이 비쳤는데, 천하를 비추되 광명이 비췬 곳은 죄다 금색이 되었으며, 이렇게 허공을 타고 이르렀습니다.

"이분이 너의 스승이시냐?"

"아닙니다. 이분은 세존의 아우이며 이름은 난타로서 서른 가지 잘 생긴 모습이 구족하며 순수한 덕행을 갖췄습니다."

군이 꽃과 향과 기악으로써 공양을 올리니, 공양을 마치고로 돌아왔습니다.

다음에는 수부우티가 왔습니다. 칠보산을 만들고 유리굴에 앉아 몸으로써 가지가지 잡색 광명을 놓아 천지를 비춰 밝게 하며, 그 나라에 이르렀습니다.

"이분이 너의 스승님이시냐?"

"이분은 스승님의 제자 수부티로서 넓은 지혜로써 많이 들어, 공에 대한 진리를 아는 데는 부처님의 제자 가운데 제일입니다."

곧 꽃과 향으로써 공양을 올리니, 공양을 마치고 돌아왔습니다.

다음에 분녹문타니자가 신통 변화로써 천 명의 가루라왕을 만들고 그들의 몸을 얽어 좌석을 만들고 사방으로 머리를 저으며, 입에 여러 가지 보배를 물고, 슬픈 소리를 내며, 또 그 위에 큰 보배 좌석을 만들어 거기에 앉아 허공을 타고 내려왔습니다.

"이분이 너의 스승님이시냐?"

"아닙니다. 이분은 우리 스승님의 제자로 분뇩문타니자라는 변재가 가장 뛰어난 분입니다."

곧 꽃과 향으로써 공양을 올리니, 공양을 마치고 곧 돌아왔습니다.

다음은 우바리가 신통변화로써 천 마리 기러기를 만들어, 그들을 얽고 입으로써 소리를 내되 구슬프게 화답하고, 입에는 여러 보배를 물고 허공을 날되, 그 몸 위에 뭇 보좌를 펴고 큰 광명을 놓아 사방을 멀리까지 비춰 휘황찬란한 그 위에 앉아서 이르렀습니다.

"이분이 너의 스승님이시냐?"

"아닙니다. 이분은 스승님의 제자로서 우바리란 분이며, 부처님의 제자 가운데 계율을 제일 잘 지키고 많이 아는 분입니다."

군이 꽃과 향으로써 공양을 올리니, 공양을 마치고 곧 돌아왔습니다.

다음에는 이십억이 신통변화로써 허공에 나무를 줄지어 심어 놓고, 감유리로써 경행하는 길을 만들고, 다시 칠보로써 나무 양쪽 가에 오묘한 보배를 심어놓고, 경계가 되는 길 곁에서 경행하면서 차츰 그 나라에 이르렀습니다.

"이분이 너의 스승님이시냐?"

"아닙니다. 이 분은 부처님의 제자로써 이십억이 비구라 하며 부처님 제자 가운데 정진을 제일 잘합니다."

꽃과 향으로써 공양을 올리니, 공양을 마치자 곧 돌아왔습니다.

다음은 대겁빈녕大劫賓寧이 신통 변화로써 칠보나무를 만들고, 나무 위에는 가지가지 꽃과 과일이 주렁주렁했고, 나무 아래는 칠보로 된 높은 보좌가 있고, 그 자리 위에 앉아 큰 광명을 놓으며 허공을 타고 거기에 이르렀습니다.

"이분이 너의 스승님이시냐?"

"아닙니다. 이분은 부처님의 제자인 겁빈녕으로서 힘이 월등하게 뛰어나 용맹하고 단정하기가 제일입니다."

매우 기뻐하며 꽃과 향과 기악으로써 공양을 올리니, 공양을 끝내고 곧 돌아왔습니다.

다음은 빈두로타사가 보배 연꽃에 앉아 저녁놀에 보이는 태양 같은 빛을 목에서 내 비추며, 천 가지 광명을 놓으니, 천지가 화안했으며 그러한 허공을 타고 그 나라에 이르렀습니다.

"이분이 너의 스승님이냐?"

"이분은 스승님의 제자이며 빈두로타사로써 선정에 잘 들기 때문에 선정제일이라 합니다."

향과 꽃으로써 공양을 올리니, 공양을 마치자 곧 돌아왔습니다.

다음은 나후라가 전륜성왕이 되어 칠보로써 천 명 아들을 치장시켜 앞뒤에서 따르게 하고, 그 나라에 이르렀습니다.

"이분이 혹시 너의 스승님이 아니냐?"

"아닙니다. 이분은 부처님의 아들로서 이름은 나후랍니다. 만약 출가하지 않았으면 사방의 천하를 거느렸고, 일곱 가지 보배가 스스로 왔을 것이며, 병사와 무기를 사용하지 않아도 이웃 나라가 자연히 항복했을 것입니다. 그러한 지위를 다 버리고, 출가하여 도를 배워 아라한이 되었으며, 육신통을 얻어 걸림이 없기 때문에 몸을 변화시켜 저러한 모양이 되셨으며, 인욕을 제일 잘하시는 분입니다."

군이 꽃과 향으로써 공양을 올리니, 공양을 마치자 곧 바로 돌아왔습니다.

이와 같이 신족통을 얻은 오백 명 제자가 각각 신통 변화를 나타냄이 말하거나 생각할 수 없었습니다.

세존께서 산가지를 받은 모든 제자들이 다 방발국에 다녀온 것을 아시고, 큰 광명을 놓아 온 세상을 휘황찬란하게 비추니,

빛을 받은 물체는 모두 금빛으로 번쩍이는 그때, 만원이 그 형에게 말했습니다.

"지금 세존께서 비로소 여기에 오시겠다는 뜻을 비추셨기 때문에 먼저 광명을 놓아 이러한 길조를 보이셨습니다."

세존께서 비로소 자리에서 발을 내려 땅을 디디시니, 하늘과 땅이 여섯 번을 진동하였습니다.

"형님, 지금 세존께서 비로소 자리에서 발을 내려 땅을 디디시니 그 까닭으로써 하늘과 땅이 크게 진동합니다."

그 때에 세존께서 비로소 정사精舍를 벗어나시니, 여덟 금강신장金剛神將이 여덟 방면에 머물렀고, 사천왕四天王은 부처님 앞에서 길을 인도하고, 제석천왕帝釋天王은 모든 욕계欲界의 많은 하늘 사람들과 좌측에서 모시고 지키며, 대범천왕大梵天王은 색계色界의 헤아릴 수 없는 대중과 오른쪽에 자리잡았으며, 제자 아난다는 부처님 뒤에서 모시고 있었습니다.

대중이 둘러싸고 광명을 놓아 널리 온 세상을 비춰, 휘황찬란한 상태로 허공을 타고 날아서 방발국으로 가시고 계셨습니다. 가시는 중간에 오백 명 농사꾼을 만났는데, 천 마리 얼룩소를 쟁기에 메워 밭을 갈고 있다가, 소들이 부처님께서 허공을 지나가시며, 몸으로 금색 광명을 놓아 세계를 널리 비추는 것을 보더니, 모든 소들이 지극한 마음으로써 세존을 우러르고 마음속에 돈독한 공경심을 내어 밭이랑에 서서 움쩍도 하지 않자, 농사꾼들이 소들이 하늘을 향하여 쳐다보며 놀란 까닭을 보고, 또한 그들도 부처님을 뵙고 곧 모두 꿇어앉아 부처님께 사뢰었습니다.

"저희들 다함께 지성껏 귀의하오니 여래께서 저희들을 불쌍히 생각하시옵고, 잠시 내려 오셔서 저희로 하여금 나고 죽음을 여의는 어리석음을 여의게 하시고 바른 길로 인도하여 주시옵소서."

부처님께서 자비심으로써 그들을 제도할 수 있음을 아시고, 곧 내려가셔서 여러 가지 묘한 법문을 말씀하시니 설법을 들은 농사꾼 오백 명이 마음속으로 깨달으니 이십 억 겁의 악업이 훨훨 타버려, 스로타판나의 과를 얻었고, 소들은 죽어 모두 하늘에 태어나 모두가 기뻐하였습니다.

부처님께서 그곳을 출발하셔서 방발국에 거의 도착하시려는 때 오백 명의 여고생들이 야외로 소풍을 와서 놀다가, 땅이 금빛임을 보고 우러러 그 변화를 보더니, 허공을 가로질러 지나가는 부처님을 뵈옵고, 다 기쁜 생각으로 손을 모아 하늘을 향한 채로 외쳤습니다.

"하늘 사람보다 높은 분이시여, 불쌍히 여기시는 마음을 드리우셔서 잠깐 저희들을 제도하여 주시옵소서."

부처님께서 그들이 속세에 지은 복덕이 있어 반드시 제도될 수 있음을 아시고, 곧 그 곳에 이르러 그들이 알아들을 수 있는 모든 법을 말씀하시니, 부처님의 말씀을 믿고 받아들여 마음의 문이 열리고, 법을 알아 곧 스로타판나의 도를 이뤘습니다.

그들이 변화하고 감격해 하는 것을 뒤로하고, 몇 걸음 걸으시는데, 오백 명의 선인仙人들이 근처의 숲에 있다가 광명이 널리 비추자, 땅이 죄다 금빛이 됨을 보고, 우러러 여래와 대중이 허공을 지나가고 있음을 뵙고, 마음속에 기쁨이 충만하여, 공경하는 마음이 배나 더 생겨, 우러러 부처님께 청하였습니다.

"대성인이시여, 잠깐 동안 쉬시면서 길 가시는 도중이라도 저희들을 제도하여 주십시오."

부처님께서 그들의 근본 인연을 보시고 제도하실 수 있음을 아시자, 바로 내려가 그들의 앞에 나타나니, 그들은 스님이 되기를 소원했습니다.

부처님께서 허락하시고 '때 맞춰 왔구나, 비구야!' 라고 하시니 곧 스님들이 되었고, 부처님께서 설법하시니 마음이 열려 법을 알아 모든 번뇌가 다한 아라한이 되어, 부처님 뒤를 따라 허공을 타고 방발국에 이르렀습니다. 그 때에 만원이 멀리서 부처님이 오시는데, 광명으로 천지가 빛나며, 대중이 허공에서 차례차례 내려오심을 보고 형에게 말했습니다.

"세존과 대중들이 지금 오십니다."

부처님께서 그 나라에 이르시니 군이 기뻐하며 곧 향과 꽃과 여러 가지 기악을 연주하는 등, 모든 공양을 올렸고, 공양을 끝내시자 함께 모임의 처소에 이르렀으며, 부처님께서도 그 집에 도착하셔서 여법하게 자리에 앉으셨습니다. 군의 온 가족들이 준비한 좋은 음식을 내오고, 직접 물을 돌리고 음식을 날라 부처님께서 공양하시도록 도왔으며, 공양이 끝나자 손 씻고 양치하시고, 온 나라와 군의 집안 식구를 위해 오묘한 법을 말씀하시니, 집안 식구 모두가 스로타판나의 도를 얻거나 사크로다가민의 도를 얻거나 아나가민의 도를 얻거나 아라한의 도를 얻은 이도 있고, 다시 대승에 뜻을 낸 이도 있고, 또 물러나지 않는 지위에 머문 이도 있었습니다.

부처님께서 설법을 마치시니 온 나라의 남녀로서 부처님의 제자가 된 이들이 말이나 생각으로 헤아릴 수 없을 만큼 많았습니다.

아난다가 꿇어앉아 합장하고 부처님께 여쭀습니다.

"의심스럽습니다. 세존이시여, 이 만원이는 과거 세상에 무슨 나쁜 행실을 하여 하천하게 태어났으며, 다른 사람에 소속된 노예가 되었다가 다시 무슨 복으로써 부처님을 만나 제도를 받았습니까?"

부처님께서 아난다에게 말씀하셨습니다.

"그것을 알고 싶거든 잘 듣고 잘 생각하여라. 반드시 너를 위하여 말하겠다."

"예 그렇게 하겠습니다. 빠뜨림 없이 말씀해 주십시오."

"지나 온 옛날 옛적 카샤파 때에 재산이 무지하게 많은 어떤 장자가 있었다. 부처님과 제자들을 위하여 절을 짓고 의복·음식·침구·의약 등을 공급하되 조금도 부족함이 없게 하였다. 그 때에 장자가 우연히 병이 나서 죽었다. 그 뒤 한 아이가 출가하여 그 절에서 공부하였는데 장자가 죽은 뒤 절에 공급하는 여러 가지 물품이 차츰 줄어 적어지자 여러 스님들이 흩어지니, 그 절은 황폐하여 머무는 사람이 없었다.

그 아이가 비구로서 부지런히 힘써 시주를 모으고, 아는 이를 모아 퇴락한 부분을 보수하여, 다시 많은 스님들이 모였고, 공양이 계속 답지하자 더욱 많은 대중이 그 절에 머물렀다.

모두 부지런히 정진하고 수행에 전념하여 모두 아라한과를 구족하였다. 그 때에 절을 중수한 비구가 절의 주지였고, 어떤 아라한이 일직으로써 나뭇잎이나 흙 등을 쓸어 내고 있었는데, 청소를 다한 마당 가운데 나뭇잎이 몇 개 남아 있었다. 그 때에 주지가 이것을 보고, 핀잔하는 마음으로써 질책하였다.

'지금 이 비구는 종과 다름이 없구나. 비록 청소할 줄 알지만, 쓸 줄은 모르는구나.'

아난다야, 반드시 알아라. 당시에 나쁜 마음으로써 욕했던 주지 비구가 바로 지금의 만원 비구였다. 그가 나쁜 마음으로써 아라한을 욕하고 종에 비유한 말 한마디 때문에 오백 생 동안 항상 종의 몸이 되었고, 많은 사람들에게 권선하여 절을 보수하고 많은 스님들을 모시고 공양을 올렸기 때문에 죄와 벌이 상쇄되어, 내가 있는 세상을 만나 제도를 받았다. 지금 이 나라 가운데서 교화를 받은 사람들은 다 옛날에 만원의 권선을 받았던 무리들로서, 그 때의 인연으로써 지금의 과보를 받아, 죄다 제도되어 해탈을 얻었느니라."

아난다와 모인 이들 모두가 부처님께서 말씀하신 것을 듣고 기뻐하며 실천하였습니다.

(고려 대장경에 없는 부분임)

어려운 말 풀이

ㄱ

가루라【迦樓羅】 : 범어 garuḍa. 용을 잡아 먹는다는 새. 금시조의 인도 옛말.

가사【袈裟】 : 범어 kaṣāya. 스님이 된 분들이 입는 격식에 맞는 옷.

갈마【羯磨】 : karma의 음사. 한자로는 업(業)이란 뜻. 그러나 갈마라고 표기한 경우 업이란 뜻이 아니고, 절에서 스님들이 하는 일 모두를 규칙에 의지해 제대로 처리하는 방법의 의미가 대부분임.

감로법【甘露法】 : 불법을 서정적으로 나타낸 말. 부처님의 가르침이 몸과 마음을 안락하게 하는 것이 감로라는 하늘이 내리는 단물과 같다는 뜻.

강가【恒伽】 : 갠지스강의 옛이름. 항하의 다른표기 → 항하수.

거사【居士】 : 범어 gṛhapati의 한자 역어. 세속에 살면서 부처님께 귀의하여 부처님의 가르침대로 사는 남자를 말함.

건달바【乾闥婆】 : 범어 gandharva. 하늘의 음악을 관장하는 하늘 음악신.

겁【劫】 : 범어 kalpa의 음사. 긴 시간이라 번역함. 사방 40리의 창고에 개자를 가득 채워 두고, 백년 마다 한 알갱이를 집어내어 개자를 다 집어내는 시간을 한 작은 겁이라 하고, 작은 겁 20겁을 한 중간겁이라 하고, 중간 겁 4겁을 한 큰 겁이라 한다. 영겁(永劫), 광겁(曠劫) 이라고도 한다.

게송【偈頌】 : 운문으로 표현한 부처님의 가르침.

결가부좌【結跏趺坐】 : 부처님과 제자들의 앉음새. 두 다리를 교차하여 앉는다. 먼저 오른쪽 발등이 왼쪽 허벅지를 누르게 하고, 다음 왼쪽 발등이 오른쪽 허벅지를 누르게 한다. 오른손을 가부좌한 단전에 대고, 왼손 등을 오른손 손바닥에 대고, 왼손엄지가 오른손 엄지를 누르게 하면서 배꼽아래 단전에 대는 듯하며, 눈길은 코끝을 응시하며 앉는 법이다. 전가부좌, 본가부좌 라고도 한다.

경장【經藏】 : 부처님의 가르침을 경 • 율 • 론으로 분류하고, 뒤에 모도 '장자' 를 붙여 경장 • 율장 • 논장이라 함.

경전【經典】 : 부처님의 가르침을 기록한 책.

경행【經行】 : 수행하다가 심신의 밸런스를 유지하기 위하여 일정한 장소를 조용히 걷는 운동.

계【戒】: 범어 śīla의 한자. 행위 • 습관 • 성격 등, 좋은 것을 체득하게 하는 불교의 규칙. 재가 신도가 지키는 5계 • 8계가 있고, 출가인이 지키는 5계 • 10계 • 구족계가 있으며, 자가 신도와 출가인이 공동으로 지키는 48계가 있음.

계법【戒法】: 부처님께서 제자들이 지키도록하신 규칙의 모두를 말함.

계빈국【罽賓國】: 범어 Kapiśa. 가습미라에 있던 나라이름. 지금의 카슈미르 지방. 아쇼카왕이 스님들과 불경을 이곳에 보내어 포교를 처음으로 하게 하였다.

계율【戒律】: 범어 śīla와 vinaya의 합성어. '계'는 윤리성을 나타내고, '율'은 규칙성을 나타낸다. '계'는 자율성이 강하고, '율'은 강제성을 지녔다.

계행【戒行】: 금지 시킨 내용을 행동으로 실천하여 나타내는 행위.

고다냐【拘睒尼】: 지명인데 확실히 어느 곳인지 모름.

고타마: 범어 Gotama의 음사. 한자로 구담(瞿曇), 교답마(喬答摩) 등으로 표기 했다. 부처님의 종족의 성(姓)이다.

공【空】: 범어 śūnya. 이 세상 물체는 인연을 따라 생겨났기 때문에 인연이 다하면 인연을 따라 생긴 물체도 다 없어진다. 즉 인연이 없어지면 물체가 없어지니 모든 것은 결국에 공이란 뜻이다.

공양【供養】: 범어 pūjanā의 한자어 번역. 먹는 음식에서부터 필요한 물건 또는 장엄구 등으로 삼보에게 바치는 모든 물건을 말한다. 흔히 '부처님을 공양하다' 번역을 하는데 잘못인 듯. '부처님께 공양을 올린다'라고 번역하는 것이 옳다.

과위【果位】: 깨달은 자리. 공부가 성취되어 얻는 지위. 여기서는 소승 네과의 자리를 말함.

관법【觀法】: 마음으로 법이나 진리를 관찰하는 방법.

교단【敎團】: 한 교주를 신봉하는 단체. 여기서는 부처님의 가르침을 따라 삶을 영위하는 제자들을 일컬음.

관정【灌頂】: 스님이 될 때 머리에 깨끗한 물이나 향수를 뿌려 세상의 번뇌를 씻는 의식. 부처가 되는 최후의 순간 지혜의 물로서 정수리에 뿌려 여래가 됨을 증명함.

구마라집【鳩摩羅什】: 343~413년 人名. 범어 Kumārajīva의 음사. 인도 스님으로 중국에 와서 경전 74부 380권을 번역한 최고의 번역가.

구반다【鳩槃茶】 : 범어 kumbhāṇḍa의 역어. 사천왕 중에 남방증장천왕에 속한 귀신으로서 불법을 옹호하는 신의 한 종류.

구족계【具足戒】 : 범어 upasaṃpanna의 한자 역어. 출가한 스님들로서 20세가 넘은 이들이 받는 계율. 비구계라고도 함.

권화【勸化】 : 좋은 일을 하도록 다른 사람에게 권함. ① 삼보를 믿고 공양을 올리게 함. ② 권하여 사교를 버리고 불법을 믿게 함. ③ 불법에 귀의하게 함.

귀의【歸依】 : 돌아가 몸을 의지함. 부처님과 법과 스님들께 의지함. 비슷한 말 - 귀명(歸命), 남무(南無) - 인도의 옛말. 한자어로 귀의, 귀명임.

그리드라쿠타산 : 범어 Gṛdhrakūṭa. 한자로 기사굴산(耆闍崛山) 지금의 차타(chata)산. 경전에는 영축산(靈鷲山)으로 나온다. 중인도 마갈타국에 있는 산.

금강력사【金剛力士】 : 범어 Vajrapāṇi의 역어. 금강수(金剛手)라고도 번역함. 부처님과 법과 스님들을 옹호하는 금강신 • 인왕(仁王)임. 절 문 양쪽에서 수호신으로써 신장 노릇을 하는 신.

금강밀적【金剛密迹】 : 부처님을 호위하는 천신. 손에는 늘 금강저를 들고 있음.

금강석【金剛石】 : 가장 단단하여 어떤 것으로도 깨뜨릴 수 없다는 뜻이 원 관념임.

금강저【金剛杵】 : 밀교 수행자가 사용하는 도구.

금시조【金翅鳥】 : 범어 Garuḍa의 역어. 인도인이 신격화 한 상상의 새로서 용을 잡아먹는다고 함.

기바【耆域】 : 부처님 당시의 의사로서 당시에 뇌수술을 했던 유명한 인도의 허준.

기수급고독원【祇樹給孤獨園】 : Jetavānānāthapiṇḍadasyārāma의 역어. 사위성 남쪽에 있었던 부처님. 당시 2대 가람의 하나.

기역【嗜域】 : '기바' 의 다른 표기.

기타 숲 외로운이 돕는 절 : 범어 Jetavānānāthapiṇḍadasyārāma의 우리말. 한자어로 기수급고독원(祇樹給孤獨園) • 기다수급고독원(祇多樹給孤獨園)이라 하고, 줄여 기원 • 급고독원이라고도 한다. 부처님 당시에 수닷타라는 재가 불자가, 부처님과 제자들이 한 곳에서 생활하는 데 불편함이 없도록 지은 가장 큰 절. 이 절에 얽힌 설화가 현우경에 자세히 전함.

기타태자【祈陀太子】: 부처님 당시 인도 사위성 프라세나짓왕의 태자 이름. 태자 자기 소유의 기타림(祇陀林)을 부처님께 바침.

긴나라【緊那羅】: 범어 kiṁnara. 모습이 일정하지 않은 하늘의 음악신 가운데 하나

ㄴ

나그로다【尼拘類樹】: 범어 nyagrodha의 한자 음사. 나무이름. 키가 큰 교목(喬木)으로 가지와 잎이 무성함.

나무불【南無佛】: "부처님께 귀의합니다"

나무불타【南無佛】: 나무는 귀의하다. 불타는 부처님의 뜻. 즉 부처님께 귀의한다는 뜻임.

나찰【羅刹】: 범어 rākṣasa의 한자 음사. 두려운 존재. 보호하는 이. 재빠른 귀신. 사람을 먹는 귀신 등의 우리말로 번역한다. 부처님 이전에는 나쁜 귀신이 있었으나 부처님께 귀의한 뒤부터 불법을 옹호하는 귀신이 되었다.

난다【難陀】: 범어 Nanda의 음사. 부처님 배다른 동생인 듯. 불 오백제자 자설본기경 난타품을 보십시오.

남섬부주【南贍浮洲】: 남염부제, 염부제라고도 함. 옛날 인도어 Jambu-dvipa의 음사. 불교의 세계관에 의한 현재 인류가 살고 있는 지구를 가리키는 말인 듯 함.

네 가지 공양【四種供養】: 의복, 음식, 탕약, 침구 등의 물건.

네 가지 공정【四空定】: 범어 catasra-ārūpya-samapattaya의 한자어 번역
❶ 물질의 속박을 벗어나기 위해 물질이란 생각을 버리고, 끝없이 허공을 관찰하는 공무변처정(空無邊處定)
❷ 본질을 관찰하는 앎이 넓고 커 끝이 없다라고 관찰하는 식무변처정(識無邊處定)
❸ 앎의 인식을 버리고 마음은 소유가 없다라고 관찰하는 무소유처정(無所有處定)
❹ 마음은 소유가 없다고 관찰하여 도달하는 비상비비상처전(非想非非想處定)

네 가지 마구니【四魔】:
❶ 오온(색・수・상・행・식)이 모든 고통을 유발하므로 음마(陰魔)・중마(衆魔)라고 함.
❷ 번뇌마(煩惱魔) 탐욕을 위시하여 여러 가지 번뇌는 중생의 몸과 마음을 시끄럽게 하므로 '번뇌마' 라 함.
❸ 사마(死魔) 죽음은 중생의 생명을 빼앗으므로 사마라 함.
❹ 천자마(天子魔) 욕제 제 6천의 왕은

선(善)을 방해하므로 천자마라 함.

네 가지 무량심 : 네 가지 헤아릴 수 없는 마음.

네 가지 선정【四禪】 : 범어 catvāri-dhyānāni의 역어. 사정려(四靜慮)라고도 한다. 색계 18층 하늘에서 닦는 선정 네 가지.
1 초선천 : 세 하늘에서 닦는 깨달음과 관함이 있는 선정.
2 2선천 : 세 하늘에서 닦는 깨달음은 없고 관함만 있는 선정.
3 3선천 : 세 하늘에서 닦는 깨달음과 관함이 모두 없는 선정.
4 4선천 : 아홉 하늘에서 닦는 움직이지 않는 선정.

네 가지 요소【四大】 : 범어 mahā-bhūta. 물체의 기본요소인 흙 • 물 • 불 • 바람(地水火風). 불교에서 사람 몸을 구성하는 네 가지 요소가 위의 네 가지라 함.

네 가지 은혜【四恩】 : 부모에게 입은 은혜, 중생에게 입은 은혜, 국가에게 입은 은혜, 삼보에게 입은 은혜.

네 가지 진리 : 범어 catvārisatyāni의 우리말 번역. 한자어는 사제(四諦) 또는 사성제(四聖諦)라고 한다.
1 현실의 삶은 고통이다. 고제(苦諦)
2 고통의 이유. 또는 근거니 갈애(渴愛)가 그 바탕이다. 집제(集諦)
3 깨달을 목표니 곧 이상(理想)이다. 멸제(滅諦)
4 실천 수행의 수단으로서 열반에 이르는 방법이다. 도제(道諦)
위의 내용을 부연하면 인간(중생)의 생존은 괴로움이라는 것이 불변의 진리며, 그것의 원인은 갈애에서 시작되었다는 것이 불변의 진리며, 위의 두 사실을 알고 벗어나야 열반 즉 이상에 도달하는데 그 길은 여덟 가지 바른 길을 걸어야 된다는 내용이다.

네 가지 평등한 마음 : 범어 apramāṇa. 사무량심(四無量心)을 말함. → 네 가지 헤아릴 수 없는 마음.

네 가지 헤아릴 수 없는 마음【四無量心】 : 자(慈) • 비(悲) • 희(喜) • 사(捨)의 네 가지 마음이 헤아릴 수 없음을 말함.

네 부류의 대중 : 불교 교단을 구성하고 있는 四部大衆의 우리말. 비구 • 비구니 • 우바새 • 우바이를 말함.

녹야원【鹿野苑】: 인도의 옛말. Mṛgadáva의 음사. 부처님께서 도를 깨치신 뒤, 제일 처음으로 설법하신 곳.

능인【能仁】 : 범어 Śakyamuni에서 Śākya를 석가(釋迦)라 음사하고 muni

를 모니(牟尼)라 음사하며, 석가를 능인이라 한자로 번역하고, 모니를 적묵(寂默)이라고 번역함. 한글로는 인할 수 있다. 인에는 능숙하다는 뜻으로 표현할 수 있다.

니르그란타 : 음사하여 니건(尼犍). 부처님 당시 옷을 벗고 수행하던 외도의 한 종류.

니사단나【尼師但那】 : 범어 niṣidana의 음사. 비구 스님들이 늘 지니고 다니는 걸망(乞網)과 비슷한 물건.

ㄷ

다문【多聞】 : 문자의 사용이 일반화 되지 않았던 과거에는 지식의 학습을 듣는 것을 통하여 전수했다. 따라서 많이 듣는다는 것은 요새 말로는 학력이 높다는 뜻, 아는 것이 많다는 뜻으로 생각할 수 있다. 다문제일 아난다.

다섯 가지 계율 : 불교인이 지켜야 하는 기본 계율 다섯 가지.
1 살아있는 동물을 죽이지 말라.
2 주지 않는 것을 가지지 말라.
3 혼인 관계가 아닌 상대와 섹스는 하지 말라.
4 거짓말 하지 말라.
5 정신을 가누지 못 할 만큼 술 먹지 말라.

다섯 가지 뿌리 범어 : pañcendriyāṇi 한글 번역어. 한자語로 오근(五根). 눈·귀 코·혀·몸

다섯 가지 쌓임【五蘊】 : 범어 pañca-skandha의 한글 번역어. 한자어로 '오온'. 우리말로 '다섯 가지 쌓임' 이라함. 다섯 가지가 화합하여 모인 것을 말함. 중생의 육신이 생멸 변화하는 것을 5종류로 분류하였다.
1 색온(色蘊) 가시적인 물체로서 변화생멸하며, 다른 것을 장애하는 물질.
2 수온(受溫) 괴로움·즐거움·괴로움도 아니고 즐거움도 아닌 것을 느끼는 마음의 작용.
3 상온(想蘊) 외계의 사물을 마음속에 받아들이고, 그것을 상상(想像)하는 마음.
4 행온(行蘊) 일체를 조작하는 것이니 나고 죽은 이 있는 법을 말한다. 속성은 인연으로서 생겨나 신간적으로 천류 변화함.
5 식온(識蘊) 의식하고 분별함이니, 즉 경계를 대하여 인식하는 마음의 작용이다.
위의 다섯 종류를 한자어로 '오온'. 우리말로 '다섯 가지 쌓임' 이라 함.

다섯 가지 신통【五神通】 : 초자연적 초인간적 힘으로써 하고 싶은 대로 할 수 있는 다섯 가지 불가사의 한 힘.
1 하늘 눈
2 하늘 귀
3 다른 중생의 생각을 앎

❹ 지나온 세상, 올 세상의 일을 죄다 앎
❺ 어디든지 갈 수 있는 능력

다섯 가지 쾌락【五欲樂】: 빛깔 • 소리 향기 • 맛 • 감촉에 대해 욕망을 일으켜 집착함.

다섯 가지 힘 : 범어 pañca-balāni의 한글 번역어. 한자어 오력(五力).
❶ 信力 : 믿음의 힘
❷ 動力 : 부지런히 정진하는 힘
❸ 念力 : 골똘히 생각하는 힘
❹ 定力 : 골똘한 생각이 하나에 집중된 힘
❺ 慧力 : 슬기의 힘

다섯 비구【五比丘】: 부처님께서 성도하신 뒤 제일 먼저 제도한 비국 다섯 분. 야즈나 카운디냐, 아슙비, 마하마남 → 친족. 바제, 바부 → 외족

단월【檀越】: 범어 dānapati의 음사. 물건, 또는 재화를 삼보에게 보시하는 사람을 이름.

단이슬법 → 감로법

대계【大戒】: 비구계 • 구족계라고 한다. 부처님의 출가 제자가 받이 지키는 250가지 계율을 말함.

대사【大師】: 원래 대도사(大導師)의 뜻으로 부처님과 보살과 아라한을 일컫는 말이었으나 지금은 스님들을 일반적으로 부르는 말이 되었다. 본래 인류의 사표로서 왕사 • 국사 등으로 쓰이던 말이었다.

대승【大承】: 범어 mahāyanā의 역어. 부처님의 가르침은 크게 소승과 대승으로 변별할 수 있다. 수행자가 자기의 이익만을 위하면 소승이라 하고, 수행자가 다른 이의 이익만을 위하면 대승이라 한다.

데바닷타【提婆達多】: 범어 Devadatta의 음사. 부처님의 사촌동생으로 출가하여 스님이 되었으나 늘 부처님의 자리를 차지하려고 했던 반골의 제자.

도감【都監】: 절 살림을 전부 맡아 사는 사람. 여기서는 공사 감독.

도과【道果】: 위에 나오는 아라한이 된 결과를 말함. 불법을 깨달아 열반을 얻으면 '도과를 성취했다' 고 함.

도략【道略】: 스님이름. 중국스님인 듯 한데 생몰이 묘연하나 부처님의 경전중에서 비유의 성격이 있는 것만 골라 雜比喩經이라 했고, 또 여러 경전에서 衆經撰集譬喩 上 • 下 를 모음.

도리천【忉利天】: 범어 Trāyastriṃśa의 음사. 불교의 세계관에 의하면 하늘나라를 욕계와 색계와 무색계로 나누

고, 욕계는 인간이 사는 세계와 하늘 여섯 층이 있으며, 도리천은 하늘 여섯 층 세계 가운데 2층에 있다. 인간 세계의 100년이 하루며 위의 시간에 의해 1,000년을 산다. 우리 우주에서 팔만 유순(1 유순 약 30리) 거리에 있고, 평면의 하늘나라인데 선견성(善見城)을 중심하여 4방에 여덟 개의 하늘이 있어 33천이라고도 부른다.

도솔천【兜率天】: 범어 Tuṣita-deva의 한자 음사. 욕계 여섯 하늘 가운데 네 번째 하늘. 특히 미륵보살이 사바세계에 탄생하시기 위해 기다리는 내원궁(內院宮)이 있다.

도품【道品】: 불도를 이루는 데 필요한 수행 덕목의 한 부분. 삼십칠조도품 등.

두타【頭陀】: 범어 dhūta의 음사. 닦고 다스림 깨끗이 씻음. 삼독을 버림 필요 없는 것은 저절로 없어짐 등으로 번역. 의식주에 탐착하지 않고 청정하게 수행한다는 뜻의 말로 쓰임. 스님들이 필요한 물건 18 가지를 넣어두는 부대를 두타부대라 함.

둘째하늘: 욕계 6천 가운데 두 번째에 있는 도리천을 말함.

ㄹ

라자그리하: 범어 Rājagṛha. 한자어로 王舍城이라 번역함. 마갈타국의 수도, 한자 라열기(羅閱祇)로도 표기하였음.

ㅁ

마가다: 범어 Magadha의 음사. 부처님 성도하신 곳의 고대 인도의 나라이름. 마갈제 · 마갈타라고도 함.

마갈어【摩竭魚】: 범어 makara의 음사와 번역한 글자를 융합한 말. 배를 삼키는 큰 고기의 이름. 실제어가 아닌 상상의 말.

마니【摩尼】 → 마니주

마니주【摩尼珠】: 범어 cintāmaṇi의 음사와 한자어의 융합어임. 여의보주(如意寶珠)의 다른 이름.

마야부인【摩耶夫人】: 범어 mahā-māyā의 역어. 부처님 어머님의 이름.

마왕【魔王】: 여섯째 하늘의 임금으로서, 부처님의 성도를 방해한 마왕.

마우드갈야야나:
범어 Maudgalyāyana의 음사. 부처님의 열 분 위대한 제자 가운데 신통이 가장 뛰어났던 분. 한자어로 '목건련' 이라고 함.

마음의 말【心馬】: 마음이 말처럼 가만히 있지 못하고 움직인다는 뜻.

마하살【摩訶薩】 : 범어 mahāsattva의 음사. 신역에서 대유정(大有情)이라 번역. 구역에서 대심(大心) • 중생심(衆生心)이라 하였음. 지금은 보살(菩薩)의 미칭으로 쓰임.

마하카샤파 : 범어 Mahākāśyapa. 한자로 마하가섭(摩訶迦葉)으로 음차함. 부처님의 제일 큰 제자로서 원래 불을 섬기는 외도였다. 형제 셋이 함께 귀의하여 불교 교단을 형성하는 중심역할을 하였다. 불교의 제2대 교조로 두타(頭陀) 제일이며 흔히 전불심인(傳佛心印:부처님의 마음을 전수한) '가섭존자' 로 불린다.

마하카챠야나 : 범어 kātyāyna의 한자 음사. 부처님 10대 제자 가운데 논의(論議). 제일의 가전연(迦旃延)을 말함. 한자어로 불공(不空) 또는 문식(文飾)이라고 번역함.

마후라가 : 범어 mahoraga. 뱀신, 또는 음악신. 사당신.

말법【末法】 : 부처님의 가르침이 시간이 지날수록 변하여 가는 과정을 세 시기로 분류한 것 중에 제일 나중시기. 첫째 정법(正法) 부처님 가신 뒤 일천 년 까지. 둘째 상법(像法) 부처님 가신 뒤 이천 년 까지. 셋째 말법 일만 이천 년 까지. 일천 년까지는 가르침 대로 실천하여 도를 이루는 이가 많다. 이천 년까지는 가르침대로 실천하나 도를 이루는 이가 백에 한 사람. 이천 년~일만 이천 년 사이는 가르침만 있고 실천하는 이나 도를 이루는 이는 없으며, 일만 이천 년이 지나면 가르침까지 없어진다 고 함.

말세【末世】 : 말법(末法)과 같은 뜻. 그러나 이 곳 67화에서는 '부처님께서 열반하신 뒤' 라는 뜻임.

매어 부림【煩惱】 : 중생이 번뇌에 매여 부려진다고 번뇌를 매어 부림으로 번역함.

몸속의 네 마리 독사 : 몸을 구성하고 있는 흙의 성질 • 물의 성질 • 바람의 성질 • 불의 성질을 비유로 한 말.

무명【無明】 : 범어 avidyā의 한자 번역어. 우리말로 표현할 단어는 어둡다 • 흐리멍덩하다 • 어리석다 등등이다. 사물의 이치와 인간다운 삶을 모른다는 뜻이다.

무상【無常】 : 범어 anitya 한자 번역어. 사물이나 사람의 인식작용(마음의 작용)이 조금도 가만히 있지 않고 변화되어, 나서 존재하다가 변화하여 없어진다. 따라서 국어로는 '뜻함이 없다' • '항상함이 없다' 로 해석된다.

무상게【無常偈】 : '무상은 영원히 존재

하는 것'은 아무것도 없다는 뜻. '게'는 불경 표현의 한 형식으로, 문학에서 시에 해당함.

무상정등적각【無上正等正覺】: 범어 Anuttara-samyak-saṁbodhi의 한자 번역어. 바른 진리를 바르게 깨달았다는 뜻. 가시적이거나 상상할 수 없는 것까지 일체의 진실된 모습을 모두 아는 부처님께서만 위없이 뛰어난 지혜. 깨달았기 때문에 부처님을 뜻하기도 함.

무색계【無色界】: 범어 ārūpya- dhātu의 한자 번역어. 불교에서 이 세계를 셋으로 나눈다.

1 욕계(欲界) : 인간이 사는 세계와 하늘 세계 6층까지를 말함.

2 색계(色界) : 관능적인 감각을 여읜 상태의 선정을 익힌 이들만 태어나는 하늘 7층부터 24층까지를 말함.

3 무색계(無色界) : 물질을 여의고 순정신적 조재만 있는 세계로 색계보다 고차원적인 선정을 익힌 이가 태어나 더 차원 높은 선정을 익히는 네 층의 하늘이다. 공무변처천(空無邊處天) • 식목변처천(識邊處天) • 무소유처천(无所有處天) · 비상비비상처천(非想非非想處天)

무위【無爲】: 범어 asaṁskṛta의 역어. 무위법이 같은 말이다. 인연에 의해 조작되는 것이 아니고, 나고 죽음을 떠난 상주불멸의 영원한 적멸의 세계를 뜻함. ↔ 유위.

무차대회【無遮大會】: 범어 Pañca-pariṣad의 한자 번역어. 반차우슬, 무차회로 쓰임. 귀천의 분별없이 재물과 법을 보시하는 일에 아무 제한 없이 참여하는 법회.

문수보살【文殊菩薩】: 범어 Mañjuśri의 한자 음사. 한자어로 묘길상(妙吉詳)이라고 번역하나 묘덕 • 묘수 • 보수(妙德 · 妙首 · 寶首) 등등 여섯 가지 번역이 있기 때문에 범어의 음을 사용함.

미륵부처님【彌勒佛】: 석가모니 부처님께서 입멸 후 56억 7천 만 년 뒤에 오실 부처님. 지금 욕계 4천인 토솔천 내원궁에서 하늘 사람들을 교화하신다.

ㅂ

바라나시【波羅奈】: 범어 Vārāṇasī. 갠지스 유역에 있던 나라이름. 특히 초전법륜(初轉法輪 : 처음 설교하신) 녹야원(鹿野園)이 있다.

바라문【婆羅門】: 범어 brāhmaṇa의 한자 음사. 인도의 네 계급 가운데 하나. 깨끗한 행동 • 깨끗한 마음 • 깨끗한 조상의 후예 • 밝고 맑은 뜻을 지녔다는 등의 뜻으로 쓰임. 따라서 번역하기에 부적절함. 가장 높은 계급으로 가장 상류층 사회인 제례와 국민의 스승격으로 군림한 부류들.

바루 : 범어 pātra. 발우(鉢盂), 바리, 바릿대로 쓰기도 함. 스님들이 공양을 담아 자시는 그릇.

바이슈라마나 : 범어 Vaiśravaṇa. 사천왕 가운데 한 천왕. 한자로 비사문(毘沙門)이라 음사함. 부처님의 도량을 수호하여 법문을 많이 들었다 하여 다문(多聞)이라 번역함.

반야 → 반야경

반야경【般若經】 : 구체적인 경명은 마하반야바라밀다경(摩訶般若波羅蜜多經). 범어 Mahāprajñāpārmitā-sūtra의 한자 음사. ① 마하: 크다 ② 반야: 지혜 ③ 바라밀다: 완성하다로 해석한다. 말을 만들면 '큰 지혜의 완성'. 반야경은 모두 8부로 나누어 말하지만 모두가 600권 대반야경에 들어있다. 위의 마하반야바라밀다경은 600권 가운데 421권부터 447권까지 '구마라집'이 번역하여 독립시킨 부분이다.

발원【發願】 : 소원하는 마음을 일으킴

번【幡】 : 범어 patāka의 한자 번역. 우리말로 '깃발' 임

범도【梵道】 : 청정한 선정에 들어 음욕을 끊음.

범어【梵語】 : 옛날 인도어 중에 표준어에 해당하던 말.

범지【梵志】 : 범어 Brahmacārin의 한자 번역어. 범사(士)라고도 하고 정예(淨裔: 청정한 이의 자손이란 뜻) • 정행(淨行: 청정하게 행동하라는 뜻)이라고도 한다.

범천왕【梵天王】 : 범어 brahmad의 한자 번역어. 범왕(梵王) • 대범천왕(大梵天王)이라고 함. 색계초선천을 다스리는 임금으로서 부처님이 출생하시면 제일 먼저 설법을 청하는 하늘 임금.

범패【梵唄】 : 불경은 물론 그 가운데 운문들에 고 • 저 • 장 • 단과 평 • 상 • 거 • 입의 장단에 따라 부처님의 공덕을 찬탄하는 소리.

법【法】 : 범어 dharma의 한자 역어. 부처님의 가르침을 총칭하는 말.

법공양【法供養】 : 지금은 경전을 출판하여 사람들이 읽도록 하는 것을 말한다. 그러나 지금 이 경전에서는 법을 듣기 위하여 몸을 바친다는 뜻이다.

법복【法服】 : 스님들이 입는 가사를 다르게 일컫는 말.

법신【法身】 : dharma-kāya의 한자 번역어. 불타의 진실한 본체. 영원불멸 • 불변하는 본질. 법 몸.

법약【法藥】 : 부처님의 가르침을 말함. 부처님의 말씀을 들으면 마음의 병(번뇌)이 낫게 되므로 '약' 이란 말을 사용함.

법왕【法王】 : 범어 dharmarāja. 부처님을 다르게 부르는 말.

법음【法音】 : 법을 말씀하는 소리. 또는 법 그것 자체.

벽지불【辟支佛】 : 범어 pratyekabuddha의 음사. 한자어로 연각(緣覺) • 독각(獨覺)이라 번역함. 즉 12인연을 관찰하여 깨달았다는 뜻. 누구의 가르침 없이 스스로 자연의 변화를 보고 스승 없이 깨달았음을 뜻한다.

보리심【菩提心】 : 인도의 옛말. 범어 bodhi-citta. 위없이 바르고 참된 길을 실천하려는 마음. 즉 부처님과 같은 깨달음을 성취하여 중생을 구제하려는 마음.

보살【菩薩】 : 범어 bodhi-sattva. 보리살타의 준말. 한자어로 대사(大士) • 고사(高士) • 개사(開士) • 시사(始士) • 각유정(覺有情)이라 번역함. 부처님이 되기 위하여 수행하는 분들.

보살행【菩薩行】 : 부처님이 되기 위해 공부하면서 실천하는 행위.

보시【布施】 : 범어 dāna. 다른 사람에게 내가 내 것으로서 베푸는 것을 말함.

보응【報應】 : 인과응보의 줄임 말. 선악의 행위에 대하여 받는 갚음.

보처보살【補處菩薩】 : 어떤 부처님한테서 '너 100 아승기 겁 뒤에 성불하여 ㅇㅇ부처가 되리라.' 는 수기를 받고 수행중인 부처님 후보자 위치에 있는 이들을 일컬음.

본제【本第】 : 진제(眞際) • 실제(實際) • 진여(眞如) • 열반(涅槃) 등으로 쓰이고, 가끔 과거라는 뜻으로도 쓰임.

분반좌【分半座】 : 부처님께 앉으신 자리를 약간 비켜 앉으시면서 마하가섭에게 앉게 하였다는 뜻. 선종에서 말한 다자탑전분반좌(多子塔前分半座)는 아닌 듯 함.

불과【佛果】 : 부처님의 지위. 여기서는 '수다원과' 임

불법【佛法】 : 부처님과 법, 또는 부처님께서 말씀하신 내용.

불법승【佛法僧】 :
불 : 역사적으로 존재하셨던 '실달타' 가 진리를 깨달은 뒤 불린 명칭.
법 : 부처님께서 말씀하신 진리 그 자체.
승 : 부처님의 가르침에 따라 수행하여

생사의 바다를 건너려는 출가한 제자들.

불환과【不還果】: 범어 anāgāmin의 한자 번역어. 소승 4과 중 제3과 → 아나가민 색계나 무색계에 태어나서는 번뇌가 모두 없어져 다시 범부의 지위로 돌아가지 않는다.

브라흐마【梵】: 범어 Brahman의 음사. 인도의 정통 바라문의 사상에서 우주 최고의 원리이자 만유의 근본을 '브라흐마' 라 함.

비구【比丘】: bhikṣu의 음사. 부처님의 네 부류 제자 가운데 남자로서 출가하여 250가지 계율을 받아 지키며 수행하는 스님.

비구니【比丘尼】: 범어 bhikṣuṇi의 음사와 번역 글자를 융합한 말. 즉 비구 bhiksu 음사에 ni를 번역한 니(尼:여자)를 합한말. 여자가 출가하여 348계를 받아 스님이 된 분들을 말함.

비사문천왕【毘沙門天王】: 범어 vaiśravaṇa. 많이 들은 하늘 왕. 28층 하늘 가운데 제1층 사천왕 가운데 한 분. '석가여래 탱화' 나, '신중탱화' 에 보면 왼 손에 탑을 들고 있는 분으로 재산이 대단히 많다고 한다.

비상비비상처정【非想非非想處定】: 무색계의 끝 하늘. 형이상학적인 존재여서 실제로 땅이 있지 않고 선정의 명칭에 의해 이름 붙였음.

비수갈마: 범어 Viśvakarman. 제석천왕의 신하로 예술품을 만드는 탁월한 기술을 가지고 있는 하늘 사람.

비파시인【毘婆尸】: 범어 Vipaśyin. 과거 일곱 분 부처님 가운데 제일 처음 출현하신 부처님 이름.

빈두로파라타【賓頭盧頗羅墮】: 범어 Piṇḍolabhāradvāja의 음사. '세상에 머물러 있는 아라한' 으로 번역함. 부처님께 벌을 받을 일을 하여 남섬부주에서 쫓겨나 서구야니에서 교화를 펼치려다가 다시 남섬부주로 돌아와 미륵부처님이 출생하실 때까지 남인도 마리산에 거주함. 우리나라에서는 독성(獨聖), 또는 나반존자(那畔尊者)로 불리며, 절마다 모시고 신앙하며, 대표적인 도량은 청도 운문사 사리암임.

빈래과【頻來果】: 범어 sakṛdāgāmin의 한자 번역어. 소승 4과 가운데 두 번째 과위로 천상에 한 번만 갔다 오면 앞 과위로 오르게 된다.

ㅅ

사념처【四念處】: 사념주(四念住)라고도 번역함. 범어 smṛty-upasthāna 한자 번역어. 몸(身)·수(受)·심(心)·법(法)에 대하여 몸은 부정하고, 수는 괴로움이며, 마음음 무상하고, 법은 내 것이라 할 것이 없다고 생각하여 몸은 깨끗하고, 수는 즐겁고, 마음은 항상하고, 법은 내 것이라고 하는 잘못을 없애는 공부 방법.

사다함【斯陀含】 → 사크르다가민

사대【四大】 : 네 가지 요소

사리【舍利】 : 범어 śarīra의 한자 음사. 몸・몸의 뼈・유골이라고 번역함. 부처님을 화장하였을 때 여덟 섬 네 말의 영롱한 구슬이 나왔다. 그래서 '신령스런 뼈', 즉 영골(靈骨)이라고 했다.

사리푸트라 : 범어 šāriputra 음사. 부처님의 10대 제자 가운데 지혜가 가장 뛰어났던 제자. 사리불.

사문【沙門】 : 범어 śramaṇā의 음사. 부처님 당시에는 출가하여 도를 구하여 수도하는 사람에 대한 총칭으로 쓰임. 여기서는 스님이란 뜻.

사미【沙彌】 : 범어 śrāmaṇeraka의 한자 음사. 7세에서 20세까지 불교에 귀의하여 10계를 받고 공부하는 스님들.

사선정【四禪定】 : 범어 catur-dhyāna의 한자 번역어. 사정려(四靜慮)라고도 한다.

1 유심유사정(有尋有司定)

2 무심유사정(無尋有司定)

3 무심무사정(無尋無司定)

4 사념법사정(捨念法事定)

색계의 사선천(四禪天)에 태어나기 위해 닦는 삼매를 말함. → 네 가지 선정

사슴동산【鹿野苑】 : 부처님께서 제일 처음에 설법을 하신 곳. 불교의 4대성지 가운데 하나.

사왕천【四王天】 : 욕심세계에 있는 하늘의 제일 첫 하늘로 해발 4만 유순이 되는 수미산 중턱에 있는 하늘세계. 이 하늘의 동・서・남・북에 임금이 있어 부처님 법을 보호한다. 이 하늘 사람의 하루는 인간의 50년, 즉 이 하늘의 1년은 인간세계의 17,250년이다. 이렇게 500년을 산다.

사음【邪淫】 : 혼인한 관계가 아닌 남녀가 하는 성행위.

사천하【四天下】 : 네 천왕이 다스리는 하늘의 아래.

1 동쪽을 수호하는 지국천왕

2 남쪽을 수호하는 증장천왕

3 서쪽을 수호하는 광목천왕

4 북쪽을 수호하는 다문천왕

사크르다가민 : sakṛdāgāmin. 부처님 출가 제자가 도달하는 두 번째 계단. 인간세계에 한 번만 더오면 넷째 계단에 도착하기 때문에 來라 함. → 빈래

과 과위

삼계【三界】→ 세 세계

삼귀의【三歸依】: 셋에 귀의한다. '부처님과 법과 스님 셋에 몸과 마음 전부를 맡긴다' 는 뜻.

삼귀의계【三歸依戒】: 삼은 부처님과 법과 스님을 말함. 귀의는 귀순하여 신뢰하고 의지함. 원래 부처님의 제자가 되기 위해 계를 받기 전에 먼저 '삼보' 에 귀의하며, 뒤에 계를 받는 데서 생긴 말인 듯함. 또 '삼귀의' 를 '삼귀계' 라고 했으나 그러나 이것도 '삼보' 에 귀의하기 위해 계를 받는데, 먼저 '삼귀의례' 를 하는 것을 '삼귀의계' 라고 하니 설득력 없음.

삼매【三昧】: 범어 samādhi의 한자 음사. '바른 마음으로서 실천하다', '평등하게 유지하다', '안정되다', '바르게 안정되다', '뜻을 결정하다', '조화롭고 올곧고 안정되다' 등으로 번역한다. 부연하면 마음을 외골수로 옳고 바른 방향으로 다잡아 부처님의 가르침대로 공부함을 말함.

삼보【三寶】: 범어 triratna의 한자 역어. 부처님을 '불보', 가르침을 '법보', 가르침에 따라 출가하여 스님이 되어 공부하는 분들 '승보'. 위의 셋은 세상에서 가장 소중하여 중생에게 '복 밭' 이기 때문에 보(寶)자를 붙임.

삼세【三世】: 과거 • 현재 • 미래를 말함. → 세 세계

삼악도【三惡道】: 삼악취(三惡趣)라고도 한다. 지옥(地獄) • 아귀(餓鬼) • 축생(畜生) 등 세 갈래 나쁜 데를 말함.

삼장스님【三藏】: 범어 piṭaka. 불경을 경장(經藏) • 율장(律藏) • 논장(論藏)으로 나누는데 이 세 가지에 능통한 스님을 일컫는 말.

삼천대천세계【三千大千世界】: 간단히 삼천세계라고 함. 고대 인도인의 세계관. 수메루산을 중심으로 주위에 네 개의 큰 바다가 있고, 그 둘레에 아홉 개의 산과 여덟 개의 바다가 있는데 이것을 한 세계라 한다. 이 한 세계는 색계의 초선천으로부터 아래로 풍륜(風輪)까지를 말하고, 여기에는 해 • 달 • 수메루산이 하나씩이고, 네 개의 천하와 육욕천이 네 개씩 있는데 이것 천개를 小千世界라 함. 이러한 소천세계 1,000개를 中千世界라 하며, 중천세계 천 개를 합하여 三千大千世界라 한다. 즉 삼천대천세계라는 말은 1,000이 세 개라는 말이 아니고, 1,000을 3제곱한 세계를 말하니, 한 부처님께서 교화하시는 범위를 말한다.

상【相】: 범어 lakṣaṇa의 한자 번역어.

상태・형상・모양 등의 뜻.

상법【像法】: 부처님께서 입멸하신 뒤의 세상을 세 시기로 나누어 일컫는 시기의 하나.
❶ 정법(正法) 500년(혹 1,0000년) 동안에는 부처님의 가르침, 그에 따른 실천, 깨닫는 이 등이 갖추어 있으나
❷ 상법 1,000년에는 가르침과 실천하는 이는 있으나 깨닫는 이가 없고, 상법 이후 즉, 부처님께서 돌아가신 2,000년 뒤는 부처님의 가르침만 약 10,000년 동안 존재한다는 말씀이 있음.

상수중【常隨衆】: 부처님께서 살아계실 때, 언제나 부처님을 모시고 따라다녔던 1,250분 스님들을 말함.

상좌【上坐】스님: 범어 sthavira. 많은 스님들이 함께 계시는 곳에서 법랍이 오래고 도력이 높아 제일 첫 자리를 차지하고 후배를 가르치시는 큰 스님.

상주【商主】: 상인 단체의 우두머리.

상호【相好】: 범어 Lakṣaṇa-vyañjana의 역어. 용모 또는 형상이란 뜻인데 대인의 생김새인 삼십이상(三十二相)과 팔십종호(八十種好)의 합성어.

색계【色界】 → 도리천

색구경천【色究竟天】: 범어 Akaniṣṭhadeva. 색계18천의 맨 윗층 하늘. 물질의 존재가 끝난 세계.

색・수・상・행・식【色・受・想・行・識】 → 오온(五蘊)

색신【色身】: 부모가 낳아준 몸.

서른일곱 가지 도품【三十七助道品】: 범어 bodhi-pākṣika. 불교의 지고한 깨달음의 경지에 도달하기 위해 실천해야 하는 서른일곱 가지 내용. 즉 사념처(四念處), 사정근(四正勤), 사여의족(四如意足), 오근(五根), 오력(五力), 칠각지(七覺支), 팔정도(八正道) 등 서른일곱 가지를 말함.

서원【誓願】: 소원을 이루기 위해 맹세함.

석가모니【釋迦牟尼】: 옛날 인도어 Śākyamuni의 음사. 샤카는 한자로 能仁으로 씨족의 성, 무니는 한자어로 寂默으로 이름. 능인은 어떠한 상황에서도 어질 수 있다는 뜻. 적묵은 고즈넉한 상황이니, 곧 열반인 불교의 최고 이상을 달성한 상태를 가리킴.

선근【善根】: 범어 Kuśala-mūla. 좋은 과보를 낳게 하는 착한 일.

선승도량【善勝道揚】: 부처님께서 도를 이루신 곳. 즉 보리수가 있는 주위

를 아름답게 그리고 무게 있게 지칭한 말.

선정【禪定】 : 범어 dhyāna의 한자음사인 선나(禪那)의 다른 표현. 한자어로 사유수(思維修:생각하여 공부함), 또는 정려(靜慮:고요히 생각함)라 번역함. 마음을 한군데 모아 움직이지 않게 하고 자세히 생각하는 공부 방법.

선지식【善知識】 : 올바른 도리를 가르치는 분을 말함.

설법【說法】 : 부처님의 가르침을 다른 사람에게 말하다.

설산【雪山】 : 범어 Himālaya의 번역. 히말리아산을 한자어로 번역한 말.

성문【聲聞】 : 범어 śrāvaka의 번역 한자어. 부처님의 말씀을 듣고 도를 깨달은 출가제자들을 일컫는 말.

세 가지 교리【三乘】 : 부처님의 가르침을 수행하여 성인이 되는 부류를 셋으로 나눔.
❶ 성문(聲聞) 부처님의 설법을 듣고 수행하여 도를 이룸.
❷ 자연의 변화를 관찰하여 도를 이루는 이들 연각(緣覺).
❸ 보살(菩薩) 여섯 가지 바라밀을 실천하여 부처님이 됨.

세 가지 나쁜 갈래【三惡道】 : 중생들이 사는 세계를 여섯 갈래로 나누고, 그 가운데 나쁜 곳인 지옥 • 아귀 • 축생을 삼악도 즉 세 가지 나쁜 갈래라고 함.

세 가지 독【三毒】 : 탐욕 • 성냄 • 어리석음은 중생들을 나쁜 갈래로 가게하기 때문에 독이라 한다.

세 가지 밝음【三明】 : 부처님과 아라한이 얻는 세 가지 신통.
❶ 모든 중생의 과거를 그 모습이나 심리의 변화상황까지 아는 지혜.
❷ 모든 중생의 미래를 훤히 아는 지혜.
❸ 모든 번뇌를 다 없애 버리고 모든 진리를 확실히 아는 지혜.

세 가지 재【三齋】 : 몸 • 입 • 뜻을 조심하며 부처님의 가르침인 계율을 지키는 수행법.

세 갈래 중생 : 지옥 • 아귀 • 축생 셋을 말함. 불교에서 중생 모두를 여섯 갈래 중생이라고 하는데, 여기서는 업이 무거운 셋만을 뜻함.

세간【俗】 : 불교에서 출가한 분들을 출세간에서 산다고 한다. 따라서 인간들이 사는 세상을 세간이라고 한다. 즉 세속.

세 갈래 나쁜 길【三惡道】 : 불교에서 중생의 갈래를 지옥 • 아귀 • 축생 • 아수라 • 인도 • 천도 여섯으로 누는데, 업이 무거워 고통이 많은 지옥 • 아귀 • 축생을 말함.

세 세계【三世界】: 중생들이 업에 따라 살아가는 세계를 세 종류로 구분하는 불교의 세계관.
❶ 욕계(欲界) : 지옥에서 하늘의 6층까지. 여기에 태어나는 중생은 온갖 탐욕에 탐착하므로 욕계라 함.
❷ 색계(色界) : 욕계 위에 위치하는 18층까지 하늘 세계. 여기에 태어나는 중생은 형상은 있으나 욕계처럼 탐욕이 치성하지 않고 선정을 익혀 그 선정의 얕고 깊음에 따라 태어나는 층수가 달라진다.
❸ 무색계(無色界) : 색계 위에 있는 4층의 하늘로 형상은 없고 정신세계만 있는 세계.

세존【世尊】: 범어 Bhagavat의 한자 번역어. 부처님 이름 열 가지 가운데 하나. 세상에서 가장 높은 분이란 뜻.

수기【授記】: 범어 vyākaraṇa. 부처님께서 미래에 부처가 될 분을 보면 '너는 언제 어떤 부처가 된다?' 예언하신 말씀.

수다원【須陀洹】: 범어 srota-āpanna. 인도의 옛말 → 스로타판나

수달다【須達多】 → 수닷타

수닷타 : 범어 Sudatta. 부처님 당시 남자 신도 이름. 기타 숲 외로운 이 돕는 절을 지어 부처님께 바친 대부호로 언제나 어려운 사람을 도왔기 때문에 한자어로 給孤獨이라 번역함.

수미산【須彌山】: 범어 sumeru-parvata. 고대 인도의 세계관에 나오는 우주의 중심에 있다는 산 이름. 바다 가운데 높이 솟아 물 밖으로 8만 유순의 높이라 하며, 1유순에 대한 정확한 계산은 없고 여러 가지 말이 있는 데, 덩치가 무지하게 크고 무지하게 높다는 뜻임. (1 유순 : 약 30리)

수식관【數息觀】: 범어 ānāpāna. 내쉬는 숨 들이쉬는 숨을 헤아려 산란한 마음을 방지하는 공부법.

수신제가【修身濟家】: 몸과 마음을 바르게 하여 집안을 잘 다스림.

숙명【宿命】: 육신통의 하나인 숙명통(宿命通)을 줄여서 쓴 말. 즉 숙명명(宿命明)을 말함인데 지나 온 과거의 일을 모두 아는 것을 말함. → 육신통

수메루산 : 범어 Smeru. 須彌山으로 음사. 불교의 우주관에 의하면 우리가 사는 세계를 사바세계(괴로움이 많기 때문에 참으며 사는 세계)라 하고, 사바세계를 동 • 서 • 남 • 북으로 나눌 때 중앙에 우뚝 솟은 산을 수메루산 이라

고 한다. → 수미산

슈라바스티 : 나라이름. 범어 Śrāvasti로 고대 중인도에 있던 나라의 성(城) 이름이었으나 뒤에 나라이름이 되었다. 기타 숲 절이 있고, 부처님과 동갑이었던 절대적후원자 '프라세나짓' 왕이 다스렸던 나라. 한자로는 실라벌(室羅筏)이라 음사함.

스로타판나 : 범어 srota-āpanna. 한자어로 수다원(須陀洹). 성문 4과의 첫 과로서 성인의 경지에 처음 들어간 경지.

스물 여덟 하늘【二十八天】 : 욕계 6천, 색계 18천, 무색계 4천 등을 합하여 하늘 세계를 28천으로 나눈 불교에서 하늘을 보는 세계관. → 삼천 대천 세계

승가리【僧伽梨】 : 범어 Saṁghāṭi. 스님들이 입는 큰 가사 세 종류 중에 중간 가사.

승방【僧坊】 : 僧房이라고도 함. 원래는 스님들이 거처하는 절에 대한 총칭이었으나 어느 때부터인가 비구니 스님들이 계시는 절을 일컫는 말로 와전되었음.

시봉【侍奉】 : '시자' 라고도 함. 연세가 많은 스님을 모시고, 그 분이 생활에 불편이 없도록 돌보아 드리는 이들.

식【識】 : 범어 vijñāna의 한자역어. 바깥 대상을 식별하는 인식작용. 즉 마음이 현상을 상대하여 일어나는 앎의 작용임.

시방【十方】 : 동·서·남·북과 각 간방과 위아래를 합쳐 열 방위라 함. '십방' 으로 읽지 않고 '시방' 으로 읽음.

신바리비구 : 지금 막 비구계를 받은 비구스님.

식신【識神】 : 마음, 영혼의 다른 이름.

신심【信心】 : 믿는 마음.

신장【神將】 : 팔부신장의 준말. 사람이 아닌 귀신과 하늘 사람 등 여덟 종류로서 불법을 옹호하겠다는 서원을 세운 이들.

신족통【神足通】 : 여섯 가지 신통의 하나. 마음만 먹으면 어느 곳이든지 시간과 공간에 구속받지 않고 갈 수 있는 능력.

신지【神祇】 : 사람에게 손해를 끼치지 않는 귀신

신통【神通】 : 범어 abhijñā. 무슨 일이나 못하는 일이 없이 마음대로 잘한다는 뜻.

실상법【實相法】: 모든 것이 있는 그대로의 참모습의 규칙, 또는 그 법칙.

십주【十住】: 보살이 부처님이 되기 위해 수행하는 52계위 가운데 11위에서 20위까지를 말함.
⑪ 마음을 내어 머뭄
⑫ 묘한 마음을 가지고 실천 수행하는 지위
⑬ 수행주(修行住) 수행에 머뭄
⑭ 생귀주(生貴住) 좋은 가문에 태어나 머뭄
⑮ 구족방편주(俱足方便住) 일을 잘 함에 머뭄
⑯ 정심주(正心住) 바른 마음으로 머뭄
⑰ 불퇴주(不退住) 물러나지 않음에 머뭄
⑱ 동진주(童眞住) 여자를 모름에 머뭄
⑲ 법왕자주(法王子住) 부처님의 제자에
⑳ 관정주(灌頂住) 십주의 최고에 머뭄

ㅇ

아가니타 : 인도의 옛날 문자. Akaniṣṭha의 음사. 불교의 세계관에 의한 우주의 나열 순서에서 지구에서 위로 28층의 하늘이 있고, 그 하늘 가운데 24층의 하늘 이름이다. 한자로 번역하면 有頂天이고, 형체가 존재하는 마지막 하늘이다.

아귀【餓鬼】: 범어 preta의 한자 번역어. 세 가지 나쁜 갈래의 하나. 언제나 굶주려 고통 받는 갈래. 배는 산보다 크고, 목구멍은 바늘만하여 음식이 있어도 먹기가 어렵다고 함.

아나가민 : 범어 anāgāmin. 아나함(阿那含). 소승의 네 과위 가운데 세 번째 과위. 불환과(不還果)라 번역하니 '번뇌의 세계에 다시는 돌아오지 않는다'는 뜻.

아나파나 : 범어 ānāpāna. 한자어 安郡般郡의 음사. 다섯 가지 마음을 머무는 관법 가운데 들숨과 날숨을 관하여 번뇌를 없애고, 생사를 건너는 선정의 한 가지.

아나함과【阿那含果】: 범어 anāgāmin의 한자 음사. 성문 4과위 가운데 제3위. 한자어로 번역하여 불환(不還) • 불래(不來)라 한다. '욕계에서 공부를 마치고 색계와 무색계에 나서 아라한이 되어 다시는 범부로 돌아오지 않는다'는 뜻.

아난다【阿難陀】: 부처님 10대 제자 중 한 분. 범어 Ānanda 음사. 부처님 사촌동생으로서 부처님 성도 뒤 20년부터 열반에 드실 때까지 시봉을 했고, 불교의 3대 교조가 되었으며, 다문(多聞) 제일로서 불경의 결집에 가장 큰 역할을 한 스님. 너무 미남이어서 여난이 많았다고 함.

아니룻다【阿那律】: 범어 Aniruddha의 한자어 음사. 부처님 4촌 동생으로서 출가하여 아라한이 되었다. 10대 제자 가운데 천안(天眼) 되었음.

아라한【阿羅漢】: 범어 Arhan. 소승불교의 수행으로 도달 할 수 있는 최고 경지의 이름. 보살의 7 • 8지로 생사를 벗어난 불퇴전하는 이상적인 경지.

아래 세 가지 과위: 소승의 네 가지 과위 가운데 앞의 세 가지. 수다원 • 사다함 • 아나함.

아비다르마【阿毘達磨】: 범어 abhidharma의 한자 음사. 한자로 법(法)이라 번역함. 불전(佛典)을 경전 • 계율 • 논리로 나누는 데 논리[論藏]를 뜻하지만 학술적이 아닐 때는 법이라고 보는 것이 일반적 견해임.

아비지옥: 괴로움만 존재하는 지옥 가운데 가장 고통을 심하게 받는 지옥.

아쇼카【阿育王】: 범어 Aśoka의 한자 음사. 고대 인도 마우리아 왕조의 임금. B · C 3세기 중엽에서 4세기 초말엽 인도를 거의 통일함. 초기에는 살상을 좋아하고 난폭했으나 뒤에 스님의 교화를 받아 독실한 불교인이 되어 부처님의 바른법을 지키고 널리 전파한 임금. 아육왕경(阿育王經) · 아육왕전(阿育王傳)이 있으며 지금 인도에 현존하는 불교 유적은 아쇼카가 남긴 것들이 전체라고 할 수 있다.

아수라【阿修羅】: 범어 asura의 한자음사. 사바세계의 여섯 갈래 중 하나. 언제나 무고한 중생에게 시비를 걸어 싸움박질을 하는 무리들. 부처님께 귀의하여 팔부신장이 됨. 싸움을 좋아하다(好鬪) • 하늘 무리가 아니다(非天) • 단정하지 않다(不端正) 라고 한자로 번역함.

아승기【阿僧祈】: 범어 asaṁkhya 한자 음사. 한자어 무앙수(無央數)라 번역함. 국어로 '다함없는 수' 라는 뜻. 불교의 큰 숫자 124 가운데 105에 해당함.

아유삼불【阿維三佛】: 부처님의 깨달음을 말함.

아자타사투루: 범어 Ajātaśatru의 음사. 빈바사라 왕의 둘째 왕자로 간신의 꼬임에 빠져 부왕과 형인 태자를 죽인 왕. 데바닷타와 공모하여 부처님을 배척했던 부처님. 당시의 악독한 왕. 석가족을 멸족시킨 왕.

아함【阿含】: 범어 āgama의 음사. 부처님께서 성도하시고 초기에 말씀하신 원시불교의 경전을 말함.

아흔 여섯 부류 외도【九十六種外道】:

인도에 있었던 불교 이외의 바라문교의 유파 96종.

악지식【惡知識】: 선지식의 반대. 바른 법이 아닌 나쁜 법으로 사람들을 잘못된 길로 삶을 이끄는 사람.

안거【安居】: 옛날 인도 말 vārṣika를 번역한 한자어. '원래는 비가 오는 철' 이란 말. 비가 오는 때는 다니는 것이 불편하니까 한곳에 머물러 수행을 하는 관습에서 90일간(4월 16일~7월 15일)의 수행 정진 기간으로 정했던 것이 전통으로 굳어짐. 여름 안거. 겨울 안거(10월 16일~1월 15일)로 발전하였다.

야차【夜叉】: 범어 yakṣa의 한자 음사. 포악하고 힘이 센 귀신이었으나 부처님께 귀의하여 외호신장이 되었음.

업【業】: 범어 Karman의 한자 번역어. 한자로 행위(行爲) • 소작(所作) • 조작(造作)으로 번역함. '인간이나 동물이 의지에 따라 몸과 마음으로 하는 짓' 을 뜻함.

업연【業緣】: '개인이 한 짓의 세력이 간접적인 원인임' 을 말함.

여덟 가지 바른 길【八正道】:
범어 āryāṣṭāṅga-mārga에 대한 역어.
1 정견(正見): 바른 견해, 특히 중생에게는 바른 믿음.
2 정사유(正思維): 바른 의사(義思)
3 정어(正語)
4 정업(正業): 올바른 행위
5 정명(正命): 바른 생활
6 정정진(正精進): 바른 노력
7 정념(正念): 바른 의식.
8 정정(正定): 마음이 하나에 매여 딴 생각을 하지 않음.

여덟 가지 사유 → 여덟 가지 바른 길

여덟 가지 재계 → 팔관재

여덟 가지 해탈【八解脫】: 여덟 가지 생사를 벗어나기 위하여 닦는 선정.
1 마음으로 여자를 탐하면 손상된 여자의 몸이나 시체가 퍼렇게 멍든 것을 관하여 여자를 좋아하는 마음이 일어나지 않게 함.
2 위 1의 수행을 더 깊게 하여, 여자를 탐하는 마음이 다시 일어나지 않게 함.
3 이성을 생각하는 마음을 여의고, 스스로 깨끗함을 구족하는 삼매에 듦.
4 물질인 육신을 싫어하고 가없는 허공의 자재함을 기뻐하며, 공의 이치를 알고 수행함.
5 공이 무변함을 싫어하고 식(識)과 상응하며 마음이 고정되어 움직이지 않는 정신 상태.
6 식이 세 세상에 걸쳐 끝이 없는 것을 싫어하고, 인연하는 것이 모두 가지고 있을 것이 없다고 관하는 삼매에 듦.
7 이 경지에서는 거친 생각이 없으므

로 비상(非想), 또는 비유상(非有想)이지만 세밀한 생각이 없지 않기 때문에 비비상(非非想) 또는 비무상(非無想)이라 하는 삼매.
8 멸진정(滅盡定)에 들어 수(受)와 상(想) 등을 싫어하여 무심(無心)에 머물러 해탈을 하려는 삼매에 듦.

여덟 부류의 무리 : 팔부신장(八部神將)을 번역한 말.

여래【如來】 : 범어 Tathāgata의 역어. '진리에 따라 왔다'는 뜻. 부처님 열 가지 이름 가운데 하나.

여섯 가지 경계【六入】 : 눈·귀·코·혀·몸·뜻의 여섯 뿌리와 빛깔·소리·냄새·맛·닿임·법의 여섯에 대상하는 물체. 여섯 가지로써 여섯 가지를 거두어 들인다는 뜻. 한문으로써 불경을 처음 번역할 때 여섯 뿌리를 여섯 가지 바깥에서 거두어 들임이라 함. 여섯 대상물체를 여섯 가지 안에서 거두어 들임이라 한다.

여섯 가지 바라밀【六波羅蜜】 : 범어 ṣaṭ-pāramitā의 번역 및 음사. 보살이 부처가 되기 위해 공부해야 하는 필수적인 수행방법 여섯 가지.
1 다른 이가 필요로 하는 것은 무엇이든지 베푼다.
2 계율로 제정한 것을 어기지 않는다.
3 어떤 상황에서도 참는다.
4 위 과를 얻기 위하여 노력한다.
5 선정을 익힌다.
6 모든 진리를 밝게 알기 위한 슬기를 기른다.

여섯 가지 쇠함 : '경계가 눈·귀·코·혀·몸·뜻을 통하여 사람의 참됨을 쇠퇴시킨다'는 뜻.

여섯 가지 신통【六神通】 : 부처님의 가르침을 공부하여 아라한 이상이 되면 생기는 불가사의한 힘 여섯 가지.
1 어디든지 시간과 공간에 구애되지 않고 간다.
2 어디든지 시간과 공간에 구애되지 않고 본다.
3 어디든지 시간과 공간에 구애되지 않고 듣는다.
4 중생들의 마음에 움직임을 다 안다.
5 중생들의 과거를 모두 다 안다.
6 모든 번뇌가 다 없는 상태 등임.

여섯 가지 욕심【六欲】 : 눈·귀·코·혀·몸·뜻이 경계를 대하여 생기는 여섯 가지 욕망.

여섯 가지 진동【六種震動】 : 세상에 상서가 있거나 엽기적인 사건이 있을 때 대지가 여섯 흔들리는 여섯 가지.
1 전후 좌우로 흔들림.
2 위로 오르고 아래로 내림.
3 솟아나고 녹아 내림.
4 대지가 은은하게 소리를 냄.

❺ 우당탕, 꽝하는 굉음이 들림.
❻ 사물마다 알게 하는 소리.
경전에 따라 조금씩 차이가 있음.

여섯 때【六時】: 24시간을 여섯으로 등분한 시간. 즉 4시간이 하루에 여섯 번임. 하루내내 란 뜻.

여섯 외도【六師外道】: 부처님 당시에 철학 • 종교 • 사상으로 일가를 이룬 여섯 사람.

여섯 하늘 : 욕계 6천(欲界六天)을 말함.

연화대【蓮華臺】: 불보살이 앉는 자리를 미화하여 이르는 말. 불상을 모시는 자리에 조각한 연꽃과 그 자리가 주위의 자리보다 높은 것을 볼 수 있다.

열 가지 계율【十戒】: 사미가 되기 위하여 받는 열 가지 계율.
❶ 산 것을 죽이지 말라.
❷ 남의 것을 훔치지 말라.
❸ 음행하지 말라.
❹ 거짓말을 하지 말라.
❺ 술을 먹지 말라.
❻ 꽃으로 치장하거나, 향을 바르지 말라.
❼ 노래하고 춤추고 풍류를 즐기지 말라.
❽ 높고 넓고 크고 화려한 침대를 사용하지 말라.
❾ 때 아닌 때에 먹지 말라.
❿ 금 • 은 • 보석으로 몸을 꾸미지 말라.

열 가지 선행【十善】 : 불자가 지켜야 하는 열 가지 기본 계율.
❶ 살아 있는 중생을 죽이지 않는다.
❷ 주지 않는 물건을 내 것으로 만들지 않는다.
❸ 혼인하지 않은 이성과 섹스하지 않는다.
❹ 거짓말하지 않는다.
❺ 비단같이 번드레한 말 하지 않는다.
❻ 이간질하는 말을 하지 않는다.
❼ 꾸짖는 말이나 악담을 하지 않는다.
❽ 탐욕을 부리지 않는다.
❾ 성내지 않는다.
❿ 삿된 견해를 가지지 않는다.
위의 열 가지를 저지르면 열 가지 악한 행실이 된다.

열 가지 악행【十惡】:
❶ 몸으로 짓는 세 가지 나쁜 짓. 생명을 끊는 殺生 • 남의 물건을 훔치는 도둑질 • 혼인관계가 아닌 이성과 섹스하는 행위.
❷ 입으로서 짓는 나쁜말 • 거짓말 • 겉이 다르고 속이 다른 말 • 두 말 • 악담.
❸ 뜻으로서 짓는 세 가지 나쁜 짓. 탐욕심 • 성냄 • 어리석음.

열 두 가지 인연 :
범어 dvādaśāṅga-pratītya-samutpāda.

십이인연법 • 십이연지기 • 십이연문이 라고도 한다. 열두 가지 인연이 일어나는 순서를 밝힘. 장아함경 10권에 자세히 설명되어 있다. 무명(無明) • 행(行) • 식(識) • 명색(名色) • 육처(六處: 처를 입(入)이라고도 함) • 촉(觸) • 수(受) • 애(愛) • 취(取) • 유(有) • 생(生) • 노사(老死). 무명을 반연하여 행이 생기고 행을 반연하여 식이 생기고…. 생을 반연하여 노사가 생긴다.

열두 가지 두타【十二頭陀】: 옷 • 음식 • 집을 간단하고 편리하게 하여 공부하는 열두 가지 수행법을 말함.
1 절에 머문다.
2 항상 빌어먹는다.
3 순서대로 빈다.
4 한 곳에서 먹고 다른 자리로 옮겨서는 먹지 않는다.
5 한 발우의 밥으로 만족한다.
6 정오가 지나면 과즙이나 드링크도 먹지 않는다.
7 헌옷을 깁고 깨끗이 빨아 입는다.
8 옷은 속옷 • 중간옷 • 큰옷만 소유한다.
9 절에 머물지 않을 때는 무덤사이에 산다.
10 나무 아래에 머문다.
11 습기나 독충 • 새똥을 피하여 노지(露地)에 앉는다.
12 눕지 않는다.

열반【涅槃】: Nirvāṇa의 음사. 나고 죽음의 법을 체득한 불교인 최고 경지.

열 여덟 가지 변화【十八變化】: 아라한 이상의 도력이 있는 분이 나타내는 18종 불가사의한 변화.

영락【瓔珞】: 범어 muktāhāra. 구슬 모양으로 된 보배의 하나.

오욕【五欲】:
1 재물에 대한 욕심.
2 이성에 대한 욕심.
3 음식에 대한 욕심.
4 명예에 대한 욕심.
5 수면에 대한 욕심.

오음【五陰】: 범어 pañca-skandha. 오온(五蘊)의 옛날 번역어. 다섯 가지 쌓임.
1 색(色) : 스스로 변화하고, 또 다른 것을 장애하는 물질.
2 수(受) : 괴로움 • 즐거움, 괴롭지도 않고 즐겁지도 않음을 느끼는 마음작용.
3 상(想) : 외계의 사물을 보고 듣고 받아들여서, 그것을 想像하는 마음의 작용.
4 행(行) : 인연에 따라 생겨났다가 시간에 따라 변천하여 없어짐.
5 식(識) : 의식하고 분별하는 작용.

오천축삼장【吳天竺三藏】: 강승회(康僧會). 오나라에 온 인도의 불교학자로서 경 • 율 • 론에 통달하여 많은 번역을 하였음.

왕사성【王舍城】 → 범어 Rāja-gṛha. 라자그리하

외도【外道】 : 범어 tīrthaka의 역어. 부처님 당시 인도에서 부처님의 가르침 이외의 종교적 성격을 띤 다른 교리를 믿고 공부하는 사람을 일컫는 말.

요진삼장【姚秦三藏】 : 중국의 요흥(姚興)에 수도를 삼은 진나라 때의 삼장법사. 여기서 구마라집을 말함.

욕계 → 무색계

우바국다【優婆麴多】 : 범어 Upagupta의 음사. 부처님 입멸 후 100년 뒤에 법맥을 이은 스님. 아쇼카왕을 귀의시켜 불교를 크게 유포하도록 함.

우바새【優婆塞】 : 범어 upāsaka의 한자 음사. 출가하지 않고 부처님께 귀의하여 부처님의 가르침을 따라서 바르게 사는 남자. 여자를 우바이(優婆夷)라고 한다. 범어로 upāsikā로 표기함.

우파시카 → 우바새

위 두과 : 소승으로서 수행하여 얻는 아나함과와 아라한과를 말함.

유나【維那】 : 범어 karmadāna의 한자 역어. 유(維)와 한자 음사 나(那)의 혼용. 절에서 대중을 이끌며 사무를 보는 세 분 가운데 한 분. 흔히 선방에서나 강원에서 입승(立繩)이라 한다.

유마힐【維摩詰】 : 범어 Vimalakīrti의 한자 음사. 한자로 정명(淨名) • 무구칭(無垢稱)이라 번역함. 부처님 생존시대 재가 남자 불자의 대표적 인물.

유순【由旬】 : 범어 yojana의 음사. 인도의 길의 길이에 대한 단위. 1유순 약 80리 또는 60리. 40리 라고도 함

육신통【六神通】 : 인간의 생각으로 해낼 수 없는 일들을 해내는 여섯 가지 신통.

1. 천안통 : 육안으로 볼 수 없는 것을 본다.
2. 천이통 : 어디서 나는 소리든지 장소와 시간에 구애없이 듣는다.
3. 타심통 : 다른 사람의 생각을 확실히 안다.
4. 숙명통 : 지금 사는 모양이 아닌 전생이나 후생을 훤히 통달한다.
5. 신족통 : 어디든지 마음만 내키면 갈 수 있다.
6. 누진통 : 모든 번뇌를 떨쳐 버렸다.

응진【應眞】 : 아라한의 한자어.

인과【因果】 : 원인과 결과. 좋은 원인

을 만들면 즐거운 결과가 오고, 나쁜 원인을 만들면 괴로운 결과가 온다.

일곱 가지 깨달음 → 열반에 이르기 위하여 하는 수행에 37종이 있고 그 여섯 번째에 해당하는 수행법. 부연하면, 부처님의 가르침을 실천하는데 지혜로서 참됨 • 거짓 • 선함 • 악함을 알아내는 방법 일곱 가지.

일산【日傘】 : 양산. 일종의 장엄구로 햇빛을 가리는 파라솔이다.

일 천 세계 → 삼천대천세계

일체종지【一切種智】 : 부처님께서만 지니신 지혜.

입으로 짓는 네 가지 말【口四】
1 거짓말 하지 말라.
2 꾸미는 말 하지 말라.
3 두 가지 말 하지 말라.
4 악한 말 하지 말라. 등

ㅈ

자마금【紫磨金】 : 부처님 몸에서 뻗치는 빛이 붉은색을 띤 것을 표현할 때, '자마금 빛' 이라고 한다.

자비【慈悲】 : 중생을 즐겁게 하는 자. 중생과 고통을 함께 앓는 비위 둘을 합해 '자비' . 앞에 대(大)를 붙여 '대자대비' 라 함

자자【自恣】 : 옛날 인도 말. pravāraṇa를 번역한 한자어. 여름 석달 동안, 자신이 승단의 규칙을 어긴 것 등을 고백하고 참회하며, 보고 듣고 의심했던 사실들을 물어 의심을 제거함.

작법사【作法師】: 계율에 관한 행사를 집행할 때 의식을 주관하는 이.

잠부드비파【南閻浮提】: 남섬부주(南贍浮洲)라고도 한다. 범어 Jambudvīpa의 한자 음사. 불교의 세계관에서 수미산을 중심으로 동서남북에 세계가 있는데 지구가 소속한 곳을 남섬부주라고 한다.

장로【長老】 : 범어 āyuṣmant의 한자 번역어. 한자 번역어로 상좌(上座) • 상수(上首) • 수좌(首座) • 기숙(耆宿) • 노숙(老宿)이라 한다. 학식과 덕망이 뛰어나고 법랍이 오랜 큰 스님을 말한다.

장륙금신【丈六金身】 : 열자 여섯 척의 불상이라는 말. 부처님 당시 인도인의 키는 여덟 척이었으나, 그러나 부처님의 키는 그 곱인 16척이었음.

장자【長者】 : 범어 śreṣṭha의 한자 번역어. 문벌이 높고 부귀하며 덕망이 뛰어나고 나이 많은 재가 남자 신도를 일컫는 말.

재【齋】: 범어 upoṣadha의 역어. 몸과 마음을 청결히 하고, 생각과 행위를 부처님의 가르침 대로 하는 것이 큰 의미의 재임. 재계(齋戒)에서 분리한 말. 즉 '일곱 가지 계율을 지키며 정해진 때에만 밥을 먹는다' 는 八재계에서 온 말.

재계【齋戒】: 七戒一齋. 殺・盜・妄・酒 다섯에 꽃다발 쓰거나, 여섯에 향바르고 노래하고 놀이판 벌리지 말고 가서 구경 하지도 말라. 일곱에 높고 넓고 잘꾸민 평상에 앉지말라. 등은 七戒, 때 아닌 때 먹지 말라는 齋임.

저는 아래와 같이 들었습니다.: 모든 부처님의 경전은 부처님께서 돌아가신 아난다 존자님이 외고 5백 명 제자들이 모두 틀리지 않다고 인정하는 절차를 밟아서 집대성된 것으로, 일체의 경전과 율장의 모두에 '저는 아래와 같이 들었습니다.' 가 들어 있다.

전단향【栴檀香】: 범어 candan의 음사에 한자 향(香)을 붙인 말. 향기가 좋은 나무로서 상록수. 불교에서 제일 좋은 향을 전단향이라 함.

전륜성왕【轉輪聖王】: 범어 Cakra-varti-rājan의 번역 한자어. 날아다니는 황제로 불리우는 제왕중의 제왕으로서 서른두 가지 잘생긴 모습에 최고의 신심으로 불법을 옹호하고 포교하던 왕. 불교에서는 Osoka왕이 이에 해당한다.

전륜왕 → 전륜성왕

정【定】: 범어 samādhi의 한자 번역어. 마음이 안정되어 한 곳에 집중하여 움직이지 않는 상태. 흔히 '정에 든다' 라고 한다.

정각【正覺】: 정등각(正等覺)・등정각(等正覺)・정진각(正盡覺)이라고도 한다. 부처님이 되신 분을 정각이라 함.

정거천【淨居天】: 원래 오정거천(五淨居天)이라 함. 범어 Śuddhāvāsa. 아나함이 태어나는 다섯 곳의 하늘, 즉 무번천(無煩天)・무열천(無熱天)・선현천(善現天)・선견천(善見天)・색구경천(色究竟天)으로 번뇌를 벗어난 분들이 나는 하늘 세계.

정반왕【淨飯王】: 부처님의 아버님 존함.

정사【精舍】: '수행하는 이들이 거주하는 집' 이란 뜻이니, 곧 지금의 절임.

정진【精進】 → 여섯가지 바라밀 가운데 하나

제도【濟度】: 나쁜 갈래를 벗어나 깨달음의 세계에 들게 됨.

제석천【帝釋天】: 범어 Śakrá-devānām. 욕계 두 번째 하늘의 왕을 말함.

제석천궁【帝釋天宮】: 도리천의 임금을 제석천왕이라 하고, 그의 궁을 제석천궁이라 한다. 도리천은 28층의 하늘 가운데 2층임.

제석천왕【帝釋天王】 → 제석천

종성【種性】: 범어 gotra의 한자 번역어.
1 출가나 재가를 따지지 않고 불법에 귀의하여 수행하여 도달했거나, 수행하는 종자의 성(姓)을 말한다. 성문성(聲聞姓) • 연각성(緣覺姓) • 보살성(菩薩姓)을 뜻함.
2 출신성분. 부처님 당시 있었던 네 가지 신분. ① 바라문 ② 찰제리 ③ 비사 ④ 수타라

좌선【坐禪】: 좌는 '앉다', 선은 범어 '선나'의 줄임말의 복합어. 즉 앉아서 고요히 생각한다는 뜻. 지금 우리나라 선방에서 하는 좌선과는 큰 차이가 있다.

주문【呪文】: 비밀스런 글. 즉 다라니인 진언을 일컫는 글을 말함.

죽림정사【竹林精舍】: 범어 Veṇuvana의 역어. 부처님께서 성도하신 뒤 곧바로 귀의한 가란타 거사가 대숲을 기증하자, 마갈타 국왕 빔비사라 임금이 절을 지어 부처님께 시주한 불교 최초의 사원(寺院)으로 2대 가람의 하나.

중생【衆生】: 범어 sattva의 한문 번역어. 생존하는 모든 감정을 지닌 유(類)들을 말함. 부처님이 아닌 아직 부처가 되지 못한 보살까지 포함됨.

중음【中陰】: 범어 antarā-bhava의 역어. 중유(中有) 또는 중온(中蘊)이라고도 한다. 중생이 지금 몸을 버리고 다음 몸을 받는 중간에 존재하는 영혼의 몸.

증득【證得】: 바른 지혜로서 진리를 깨달음. 부처님의 가르침에 따라 부처님이 되는 데 필요한 모든 내용을 다 앎.

지겸【支謙】: 중국 한나라 때의 큰 스님. 본 경전 외 많은 불경을 한자로 번역함.

지루가참【支婁迦讖】: 중국 후한 때 중국에 와서 반주삼매경(般舟三昧經) 등 23부 67권을 번역한 월지국(月支國) 스님. 지참(支讖)으로 표기하기도 했고, 참(讖)을 참(讖)로 표기한 예도 있다.

지옥【地獄】: 살면서 나쁜 짓을 한 중생들이 죽어 태어나서 고통을 받으며 사는 곳.

진인【眞人】: 아라한의 한자어 번역. 소승에서는 부처님도 아라한이라고 했다.

집사【執事】: 절 일을 도맡아 관리하던 이

ㅊ

찬다나 : 범어 candana. 남인도 데칸 고원에 나는 자주색과 백색이 있는 향나무. 자주색을 붉은색이라 하며 백색 보다 향기가 좋다고 함.

찬다알라 : 사형집행 등 사람이 하기 싫은 일을 도맡아 하는 제일 천한 사람을 일컫는 말. 범어 caṇḍāla. 한자어로는 전다라(旃陀羅) 등으로 씀.

찬집백연경【撰集百緣經】 :
찬집 : 시나 산문을 모아 편집하다.
백연 : 백 가지 인연.
경 : 인도의 옛날 글. 즉, 범어 sutra를 한자로 번역한 말. 일반적으로 인류에게 영원한 교훈을 주는 성인의 말씀을 모아 둔 책이란 뜻. 여기서는 부처님의 가르침을 묶은 책을 말한다.

철위산【鐵圍山】 : 범어 Cakravāḍa의 역어. 불교에서 보는 사바세계의 생김새 가운데 제일 바깥에 있는 산으로 보든 산은 다이아몬드 같은 강한 물질로 되었고, 높이는 312유순이라 하며, 산록에는 빛이 닿지 않는다.

청신녀【淸信女】 → 범어 upāsikā. 우파샤카

청신사【淸信士】 : 범어 upāsaka. 세속에 살면서 부처님의 가르침을 따르는 남자. 즉 우바새를 이르는 한자어.

축생 : 범어 tiryagyoni. 지구상의 동물들 가운데 사람을 제외한 모든 동물을 불교에서 일컫는 말.

출가【出家】 : 범어 pravrajita. 집을 떠나 부처님의 승단에 들어 비구스님이 되다.

출세간【道】 : 세속(世俗)의 반대. 일체 나고 죽음의 법을 세간 법이라 하고, 열반을 성취하는 법을 출세간 법이라 한다.

친견【親見】 : '찾아뵙는다' 는 뜻. 즉 중생이 '불 · 보살을 찾아뵙는다' 는 말인데, 절에 모신 부처님이나 절에 계신 스님을 찾아뵙는 것입니다.

칠각지【七覺支】 : 범어 saṁbodhyaṅga. 칠각문, 칠보리분, 칠각, 칠각의 등으로 쓰인다. → 일곱 가지 깨달음.

칠주【七住】 : 대승(大乘)의 마음을 낸 이가 공부하여 부처가 되는 과정 52계층 가운데 13번째 계위.

ㅋ

카사파 : 범어 Kāśyapa. 부처님의 열 분 위대한 제자 가운데 두타행(頭陀行)을 제일 잘 했던 분. 한자어로 '가섭' 이라 하며, 부처님의 상수 제자로 법맥

을 이으신 제2조임.

카필라바스투 : 범어 Kapilavastu. 부처님께서 탄생하신 옛날에 인도에 있던 나라 이름. 지금 네팔 타라이 지방.

카필라바스투국 또는 **가비라국**
→ 카필라바스투

캐슈밀 : 범어 Kapisa. 한자로 계빈(賓)이라 음사함. 북인도에 있던 나라이름.

쾌사【快士】 : 벽지불을 번역한 한자어.

큰 법 : 부처님이 되는 법

큰 보살【大菩薩】 : 부처님이 되려는 마음을 내어 수행하는 이들. 보살이 되기 위해 수행을 하여 어떤 일이 있어도 다시는 물러나지 않을 수 있는 경계에 들어 선 이들을 대보살 이라 한다.

ㅌ

타화자재천【他化自在天】 : 범어 Paranirmitavśavarti deva의 한자 음사. 욕계 6층의 하늘. 참조 → 욕계

ㅍ

파피야스【波旬】 : 범어 pāpīyas의 한자 음사. 번역하여 마군(魔軍)이라 함. 욕계 6천의 마왕.

팔관재【八關齋】 : 구체적으로 팔관재계(八關齋戒)라 함. 범어 aṣṭāṅgaśīla의 역어. 출가인이 아닌 불자가, 8일 • 15일 • 24일 • 30일(그믐날)에 24시간 동안 지키는 일곱 가지 계율과 한 가지 재법.

8만 번뇌 : 중생의 번뇌를 불교에서는 8만 4천 가지라 함.

패다라나무【貝多羅】 : 범어 pattra의 음사. 종이가 발명되기 전에 서남아시아에서 글을 썼던 나뭇잎. 초기의 불경이 대부분 패다라 잎에 썼었기 때문에 불경을 패엽이라고도 함.

포살【布薩】 : 범어 upavasatha의 음사. 한자어 공주(共住) • 정주(淨住) 등으로 번역. 스님네가 15일과 그믐날에 모여 梵網經을 설명하고 들으며, 15일 동안 잘 한일, 잘못한 일을 장양하고 참회하는 의식. 재가 신자가 6재일(8, 14, 15, 23, 29, 30)에 8계를 설명하고 들으며 선업을 키우고, 악업을 참회하는 수행법.

품【品】 : 문장의 단락을 구별하는 말. 예 : 제1장 • 제2장 등에서 '장' 에 해당하는 말로서 한 부분, 한 갈래 등의 뜻.

프라데카 : pratyekabudda 한자어로 음사하여 벽지불(辟支佛) • 연각(緣覺) • 독각(獨覺)이라 번역함. 자연의 변화를 보고 무상함을 느껴 공부하여 깨달은 이.

프라세나지트 : 범어 Prasenajit. 파사닉(波斯匿)은 음사. 부처님께서 세상에 계실 때 중인도 사위국의 임금으로서 부처님과 동갑이었다.

ㅎ

하리륵【訶梨勒】 : 범어 haritakī의 한문 음사. 열매를 약재로 사용하는 나무.

함이 없음【無爲】 : 범어 asaṁskṛta의 한자 번역어. 생사를 뛰어 넘기 위해 하는 수행 그 자체. ↔ 함이 있음

함이 있음【有爲】 : 범어 saṁskṛta의 한자 번역어. 나고 죽는 온갖 이치를 모두 말함. ↔ 무위(無爲) 조작하다. 만들어지다 등으로 번역됨. 즉, 인연으로 말미암아 만들어져 존재하는 모든 현상으로 이것을 반드시 생기고, 머물고, 파괴되고, 없어지는 불변의 이치가 있다.

항하수【恒水】 : 범어 Gaṅgā의 한자어 번역. 히말라야에서 발원하여 뱅골만으로 흘러들어가는 강. 지금의 갠지스강을 말함. 한자로 항가(恒伽) • 강가(强伽) • 긍가(兢伽)라고 표기하였음.

해탈【解脫】 : 범어 vimokṣa의 한자 역어. 나고 죽음을 벗어남. 번뇌에서 벗어남.

현겁【賢劫】 : bhadra-kalpa라는 인도의 옛말의 음사. 한자어로 賢時分, 또는 善時分, 三劫의 하나. 불교의 시간관에서 가장 긴 시간의 표현이 '겁' 이고 공간관에서 '이루어짐' • '머뭄' • '무너짐' • '빔' 의 변화를 되풀이하며, 이렇게 되풀이 하는 기간 4회를 '큰 겁' 이라 하고 지나간 큰 겁을 '장엄겁' , 현재의 대겁을 '현겁' , 미래의 대겁을 '성수겁' 이라 함.

현우경【賢愚經】 : 13권, 69부분으로 구성된 불경. 중국 스님들이 중국과 인도 사이에 있었던 우전국에 유학하여 듣고 배운 경전들을 그 곳의 글로 기록하여 〈현우인연경〉이란 이름으로 남겼다. 고려대장경에는 〈현우경〉, 중국의 대장경에는 〈현우인연경〉이라 했다. 부처님과 제자들의 전생담을 우화와 비유로 표현하여 전생이 현재를 만든 필연의 인이며 현재가 미래를 피할 수 없게 만드는 원인임을 강조한 인연법의 총서임.

현화【現化】 → 화신

화광삼매【火光三昧】 : 삼매의 이름. 몸으로서 큰 불빛을 내뿜는 삼매.

화상【和尙】 : 범어 upādhyāya. 한자 음사. 스님들을 일컫는 말.

화생【化生】 : 변화로 생기다. 불교에서는 성인이나, 큰 원력에 따라 할 일을

위해 자의로 태어남을 말함.

화신【化身】 : 범어 nirmāṇa-kāya의 한자 번역어. 석가가 중생을 구제하기 위해서 여러 모습으로 이 세상에 나타난 일.

화주【化主】 : 교화하는 중심 인물. 석가모니 부처님은 사바세계의 중생을 교화하는 化主이시다. 다른 사람에게 부처님에게 귀의하고 보시하도록 권유하는 사람. 원래는 '가방화주(街彷化主)' 또는 '공양주'라 함.

회향【廻向】 : 내가 한 일의 공을 다른 이에게 돌려 준다는 뜻. 지금은 끝낸다는 뜻으로 바뀌고 있음.

혜덕【暳德】 : 스님 이름.

현우경 上

경전시리즈 3

1판 1쇄 인쇄 2008년 8월
1판 1쇄 발행 2008년 8월

저 자 몽산(夢山) 관일(觀一)
펴낸곳 (주)두배의느낌 | 등록번호_제317-2007-46호 |
서울 송파구 방이동 22-5 잠실리시온 624호
전화02-2272-0252 팩스02-2272-0251

제 작 (주)은성프린터스

ISBN 978-89-92948-20-3 04220
ISBN 978-89-92948-19-7 (세트)